道德经新解

姜仁东 编著

企业管理出版社
EMPH ENTERPRISE MANAGEMENT PUBLISHING HOUSE

图书在版编目（CIP）数据

《道德经》新解 / 姜仁东编著 . — 北京 : 企业管理出版社，2022.5
ISBN 978-7-5164-2597-8

Ⅰ . ①道…　Ⅱ . ①姜…　Ⅲ . ①道家 ②《道德经》- 研究　Ⅳ . ① B223.15

中国版本图书馆 CIP 数据核字（2022）第 060265 号

书　　名:《道德经》新解
书　　号: ISBN 978-7-5164-2597-8
译　　解: 姜仁东
策划编辑: 赵喜勤
责任编辑: 赵喜勤
出版发行: 企业管理出版社
经　　销: 新华书店
地　　址: 北京市海淀区紫竹院南路 17 号　　邮编: 100048
网　　址: http://www.emph.cn　　电子信箱: zhaoxq13@163.com
电　　话: 编辑部（010）68420309　　发行部（010）68701816
印　　刷: 北京七彩京通数码快印有限公司
版　　次: 2022 年 10 月第 1 版
印　　次: 2022 年 10 月第 1 次印刷
开　　本: 710mm × 1000mm　1/16
印　　张: 17.25 印张
字　　数: 256 千字
定　　价: 88.00 元

前言

《道德经》有“万经之王”的美誉。2500多年来，人们对于《道德经》的研究学习从未停止过。历朝历代，多少人根据自己的人生经历和时代环境，读出了自己的“道”与“德”。真可谓一千个读者眼中就有一千种《道德经》。

为什么会这样呢？原因不外乎以下几条：

第一，《道德经》虽然只有5000余字，但文约义丰，博大精深，涵盖天地。从不同的视角、不同的纬度、不同的时代、不同的人生阅历，甚至不同的立场，都能读出不同的《道德经》。

第二，《道德经》成书于2500多年前，今天的语言环境和语言习惯已经与彼时大不相同了，以至于人们必须通过注释才能看懂《道德经》。因此，注释的准确度直接影响着人们对《道德经》的理解。而在注释的过程中，有些字词的用法和含义被误解、被忽略，导致译文不能正确反映老子的思想本意，因此造成各家、各人对《道德经》解读的多样性。

第三，《道德经》成书于2500多年前，在历史的长河中，随着自然科学的发展和人类社会的进步，人们对社会和自然的认知也在不断改变和提高，这不断影响着人们对《道德经》的认识和感悟。如今，科学技术日新月异，不断刷新着人们的思想意识，人类对于人类社会、自然万物和广袤宇宙的认知已经不能与老子及其之后那些时代同日而语了。走进科学的殿堂，站在当今自然科学最高峰，回眸科学发展的历程，再读《道德经》，品“有物混成，先天地生”之悠远，悟“道法自然”之哲理，虽是同一本《道德经》，也能悟到与以往不同的“道”与“德”。

第四，“道玄”是激励人们不断研读《道德经》的重要原因。《道德经》之所以经久不衰，除了其所包含的丰富内容和博大精深的内涵外，人们给“道”赋予“玄”的色彩，也起到了助推的作用。事物的任何玄奥，都会使人浮想联翩。好奇、探究真相或不甘无知的心理，促使人们不断地研究探索“道”，想解开“道”的玄奥本质。

“道”的玄奥性来自哪里呢？《道德经》中有三句话，对“道”有玄奥之感起到了重要的导向作用（尽管这并不是老子的本意）。

第一句：“道可道，非常道”；“玄之又玄，众妙之门”。

第二句：“道生一,一生二,二生三,三生万物”。

第三句：“天法道，道法自然”。

第一句体现了“道玄”的不可认知性和不可言传性。就目前来看，绝大多数学者认可“道可道，非常道”所表达的“道”是不能用语言表述出来的，或者，“道”一旦用语言表述出来，所表述的意思与“道”的本意就不一致了。对“道”的这种认识，反映了“道”的不可认知性和不可言传性，这就给“道”披上了神秘的面纱，尤其是加上“玄之又玄，众妙之门”这个结尾，更把人们的思绪带到了云里雾里。因此，这一句是从认识论上讲“道”是不可认知的。言外之意，“道”只可意会，不可言传。

第二句反映了“道”的超越物质性。“道”是世界万物产生的初始或本源，具有超物质性。老子在《道德经》第二十五章指出，“有物混成，先天地生”，这个“混成物”是浑然一体的，是生成“天”和“地”的“一”，“天”和“地”则是这个“一”生成的“二”，因而第二十五章说明“一”是代表物质的。“道生一”说明“道”超越了物质性。

第三句阐明了“道”的超自然力性。是从“道”的能力来讲，“道”具有控制天地运行的能力，这个能力不是人类所能想象得到的，属于超自然力。

“道”的不可认知性、超物质性和超自然力，把“道”推向了玄奥的境界。当然，能够反映这“三性”的还有其他描述，但这三句最有代表性。

这样的认识严重影响了各家解读《道德经》的思想基础，从而使他们难以走出“道玄”的禁锢，以科学的眼光看待《道德经》。这也辜负了老子当年创作《道德经》的良苦用心。

真实的“道”是玄奥的吗？当然不是。

通过《道德经》看老子，我发现老子是一个地道的唯物主义者，具有浪漫的现实主义精神；从老子的著作里几乎看不出老子有唯心主义倾向，也看不出老子是神学家。所以，老子写《道德经》的本意绝不是让人看不懂，否则，他就不会说“吾言甚易知，甚易行”了。

由于历史久远，《道德经》原本也许与我们今天看到的并不完全一样，有些内容甚至只能靠想象，因而并不准确。加之语言的时空间隔，后人难以全面了解《道德经》本来的样貌，在流传的过程中，人们自觉不自觉地就给“道”披上了神秘的面纱，而“道”玄奥神秘，更符合人们的想象力需求和某些心理需要。

“道”真的不可认知、不可言传吗？

《道德经》本身并不赞成这样的观点。因为如果是这样的话，人类要认识“道”就只能寄希望于个人的修为和悟性，“传道”就不可能实现了。在这种情况下，认识“道”的水平永远不可能在前人的基础上得到提高和发展。如果是这样的话，世人又怎么能“懂道”“尊道”“遵道”，进而“树德”和“有德”呢？

所以，“道”不可认知、不可言传说是误解和谬误。“道”是什么，老子在《道德经》里已反复论说清楚了，我们不能视而不见。

在前人的基础上，我认真地学习了《道德经》，对其进行了研究和思考，尝试了译解。译解多数章节与传统的译解有很大的不同，例如“道可道，非常道”，我的译解与原来人们的理解有根本性的不同，由此带来了之后一系列对《道德经》的新认识。例如“名可名，非常名”；“玄之又玄，众妙之门”；“挫其锐，解其纷，和其光，同其尘”；“道冲而用之，或不盈”；“生之畜之，生而不有，为而不恃，长而不宰，是谓玄德”；“此三者，以为文不足”；“孔德之容，惟道是从”；“譬道之在天下，犹川谷之于江海”；“上礼为之而莫之以应，则攘臂而扔之”；“万物负阴而抱阳，冲气以为和”；“道生之，德畜之，物形之，势成之”；“道之尊，德之贵，夫莫之命而常自然”；“塞其兑，闭其门，终身不勤”；“大邦以下小邦，则取小邦；小邦以下大邦，则取大邦”；“道者，万物之奥，善人之宝，不善人之所保”；“常知稽式，是谓玄德”；“攘无臂；扔无敌；执无兵”；“圣人不病，以其病病”；“圣人不积，既以为人己愈有，既以与人己愈多”等的译解完全不同于传统的译解，可以称作对《道德经》的新理解、新解析。

研读学习《道德经》，首先要知道老子在《道德经》中到底说了些什么，为什么这么说。知道了老子的真实想法，尔后才能理解《道德经》的深刻含义。至于从中能得到怎样的思想启迪，则是“仁者见仁，智者见智”的事情。

《道德经》新解达到了了解老子“说的是什么”这个目的，力图还原老子本来的意思和想法。在译解时，力争准确表达老子原文的真实意思，同时保持原文语言的美感。

《道德经》新解之“新”，还体现在以下三个方面：

第一，《道德经》是玄学还是科学？以往对《道德经》的解读虽然见仁见智，在具体翻译上也有所不同，但这些都是微观上的差异，就整体来看，都还是在“玄”的基础上看“道”与“德”，所以可以统称为传统的理解或翻译。《道德经》新解与传统翻译的区别在于能够站在科学的角度，用科学的眼光看《道德经》。用“科学”来概括《道德经》并不完全准确，因为《道德经》是集哲学、科学、治国理政、军事、修身养性等于一体的集大成者，所以笔者译解《道德经》时尽量在科学的基础上做到全面完整。

第二，《道德经》新解翻译后，“道”不再是玄奥、不可认知、不可言传学习的了；使《道德经》成为一部人人都能看懂的经典，启发人们对物质世界、人类社会和人类命运进行广泛思考；更有利于普通人了解和学习《道德经》博大精深的思想内涵，从《道德经》中感受古人的智慧，汲取滋养生命健康成长的精神食粮；感受老子关注民生、关爱百姓、胸怀天下的高尚人格；学习老子“知雄守雌为天下溪，知白守黑为天下式，知荣守辱为天下谷”的宽大胸怀；学习老子“塞兑闭门、挫锐解纷、和光同尘”的道德修养；学习老子“生而不有，为而不恃，长而不宰”的人生态度；品味“为无为，事无事，味无味”的人生境界，达到为而不争的思想高度，实现人民“甘其食，美其服，安其居，乐其俗”的目标。

第三，《道德经》新解的翻译与传统翻译主要语句意思有本质变化的有 61 章，达到 75%；意思接近，但语言更为流畅、更易于理解的有 20 章，约占 25%。

此外，《道德经》目前主要有以下 5 种版本。

楚简《老子》：1993 年出土于湖北荆门郭店楚墓，由荆门市博物馆整理，于 1998 年 5 月出版。该墓建于公元前 300 年左右，大大推前了《老子》可能的成书时间，甚至到春秋中晚期，距离老子过世时间不到百年，楚简《老子》为目前发现的最古的《老子》版本。楚简《老子》仅 2000 多字，是今本的 2/5，是目前已知最早的《老子》传抄本。楚简《老子》下葬时间约为公元前 374 年之前，誊抄时间为公元前 500 年至公元前 400 年之间。

帛书《老子》：1973 年出土于长沙马王堆汉墓，由国家文物局古文献研究室整理，于 1980 年 3 月出版。帛书甲本用篆书抄写，大约成书于公元前 250 年，有上下篇之分；帛书乙本用隶书抄写，大约成书于公元前 200 年，西汉汉武帝时期，有《德经》《道经》之篇名，两本下葬于公元前 150 年左右。

《老子河上公章句》：道家学术著作，著者河上丈人，不知哪国人，自隐姓名，居河之湄。据史学家考证，大约成书于东汉中后期，公元前 100 年左右。

《王弼〈老子注〉》：魏晋玄学的创始人之一王弼编注。王弼生于公元226年，卒于公元249年。《王弼〈老子注〉》在后世流传最广，影响最大，因而成为现今通行本。

《道德经》传世本：现今广泛流传于世的版本。但因为出版时间和出版商家不同，传世本的内容也不完全一致。所以，《道德经》传世本也不存在一个标准的版本。

楚简《老子》仅2000多字，其他4个版本虽然可以相互印证，但没有一个版本看起来是完美的。这是因为，没有一个版本确定是老子《道德经》的原文或"复印件"。就帛书《老子》来说，目前来看时间比较接近老子《道德经》的成书时间，但也有200~300年的间隔，并且帛书《老子》甲乙本也不完全一致。所以，除非为了研究老子《道德经》最初的样貌，否则，读老子《道德经》无须纠结以哪个版本为准，而是要看其思想内涵是否符合老子的本意。这一点必须注意，以免陷入纠结不清的境地。

此外，《道德经》各个版本虽然都有些差异，但真正影响我们理解老子核心思想的，以《王弼〈老子注〉》通行本和传世本进行比较，主要有11处。

这些差异中，以第一章、六十一章、六十三章与第七十九章最为显著，对判断老子思想的影响较大，应当给予关注。至于孰对孰错，没有定论，只能从谁的解释更接近原文整体意思或更符合老子思想来认知。《道德经》新解对这些差异也进行了解析。

我还注意到，各家解读《道德经》，在利用各个版本相互印证时，往往以自己的理解进行取舍，而很少按照版本成书时间的先后次序以较早者为准。这说明，各家解读老子《道德经》并不是机械地遵循谁更早谁正确的逻辑，而是以能表达老子的真实思想为准，这也符合《道德经》在流传过程中有不断完善的可能性的历史事实。

从《道德经》的章节看，传世本、通行本都是八十一章，帛本虽然分《德经》和《道经》，个别章次序有所不同，但加起来也是八十一章。

这说明，《道德经》分八十一章在公元前200年左右就已经确定下来了；而传世本、通行本与帛本的些许不同，也说明帛本不是流传于世的唯一版本。这一点也应给予关注。

至于断句和标点符号，因为出土文物中本身就没有这些，所以对此不必过于纠结，以更符合文意为好。此外，各个版本在个别字句上也有些差异，比如已与矣、无与毋、常与恒、于和於、后与後、溪与谿、予与与、谷与瀫、少与鲜、不与弗等，这些往往会影响表达方式或语气，但对整体思想内涵影响不明显，所以在理解老子思想时，也可忽略这些差异。

经过比较，我觉得传世本《道德经》在结构的完整性和思想的统一性上优于通行本《道德经》，也最符合老子的思想逻辑。所以本书以传世本《道德经》为底本进行译解。

姜仁东

2022年4月

目 录

第一部分

第二部分

第一部分

一、老子其人、其书、其世

1. 老子其人

学习研究《道德经》，首先应该了解老子的基本情况。

《史记》记载："老子者，楚苦县厉乡曲仁里人也，姓李氏，名耳，字聃，周守藏室之史也。""老子修道德，其学以自隐无名为务。居周之久，见周之衰，迺[1]遂去。至关，关令尹喜曰：'子将隐矣，强为我著书'。于是老子迺著书上下篇，言道德之意五千余言而去，莫知其所终。"

根据史学家的研究成果和1993年湖北郭店发掘的楚简《老子》残卷推断，《道德经》应该成书于春秋末期。老子生活的年代属于中国历史上的春秋时代，约公元前571年至公元前471年。老子的出生地苦县（今河南鹿邑县），在东周京都雒邑（今河南洛阳）以东（偏南）约360公里。这个距离，为日后老子能够到周朝的政治中心并成为东周守藏史官（管理藏书的史官）提供了有利条件。

在政治中心工作和守藏史官的职业，使老子有更多机会观察当时上层社会的状况，了解历史变迁并比较分析，从而能够"不出户，知天下；不窥牖，见天道"。

据记载，老子静思好学，知识渊博。他的老师商容给他教授知识的过程中，老子总是刨根问底，对知识非常渴望。为了解开自己的疑惑，他经常仰头观日月星辰，思考天上之天为何物，以至于经常睡不着觉。后来，商容老师推荐老子入东周京都深造。

---

① 读nǎi，同"乃"。

老子入周，拜见博士，入太学，天文、地理、人伦，无所不学，《诗》《书》《礼》《易》《乐》无所不览，文物、典章、史书无所不习，学业大有长进。博士又荐其入守藏室为吏。守藏室是周朝典籍收藏之所，集天下之文，收天下之书，汗牛充栋，无所不有。这段经历，让老子积累了丰富的学识，也使他远近闻名。

从以上记载可以看出，老子一生饱读史书，又处于政治中心，有机会阅遍天下大势变动，且自身也历经周室衰微。从《道德经》看，老子对社会有深刻的思考，对治国理政也有独到的见解。按理，凭老子的学识和名望，在周朝谋个有实权的官职应该不是难事。可是，实际上老子不仅没有什么显耀的官职，就连唯一的学术著作《道德经》还是在函谷关被关令尹喜强留而为。

如果没有尹喜的“强为”，也许老子就是一个传说！

老子是没有能力做官，还是缺乏责任感呢？我认为都不是。从《道德经》来看，老子不仅对社会有着强烈的责任感，而且希望改变当时社会的不良状况，所以才会发出“吾言甚易知，甚易行。天下莫能知，莫能行”的感慨。那是为了“知者不言，言者不知”而言行一致，宁可守中也不多言？还是老子坚持“圣人处无为之事，行不言之教”？不得而知。但留下一部《道德经》，足以让世人永世敬仰！

以上便是历史记载的老子其人。

后面，在学习《道德经》的基础上，我们要从《道德经》中品读现实中的老子是怎样一个人。

2.《道德经》其书

据司马迁《史记·老子传》记载，函谷关令尹喜对《道德经》的成书也起了巨大作用。尹喜少时即好观天文、爱读古籍，修养深厚，时任函谷关关令。一日清晨，关上旌旗招展，关下的通关之人来来往往。关令尹喜站在城楼上，手搭凉棚望东方，看到远处有紫气从东边飘移过来。尹喜欣喜若狂：紫气东来，必有贵人至。于是，他赶忙吩咐下属备好酒菜，然后急步走下城楼，虔诚相迎。

来者是一位皓首白须的老者，骑一头青牛。老者虽须发皆白，但面色红润，精神矍铄，紫气头上飘，朝霞身后照，沉静如水，清气扑面，仿若神仙一般。这便是已经86岁的老子。

关令尹喜曰："子将隐矣，强为我著书。"于是老子乃著书上下篇，言道德之意五千余言而去，莫知其所终。

这便是历史记载中《道德经》的来历。事实是否如此，我们已无从得知，况且无论过程怎样，都不影响《道德经》本身的价值。

起初，老子没有给他所著的书起一个名字，是尹喜强字曰《老子》，分上下两篇，不分章。后人则是以首字命名，把原文上篇叫《德经》、下篇叫《道经》，后又改为《道经》（前三十七章）在前，第三十八章之后为《德经》，共分为八十一章。到了宋朝，上下篇合并，称作《道德经》或《道德真经》。

可见，老子的本意还是以提高人的"德"为出发点，从而达到社会治理的目的，所以老子关心的是人和社会的和谐，这是老子的"初心"。

一个社会是不是理想的社会，主要看人的行为，而人的行为主要体现在"德"中，"德"是良好社会的基础。若没有"德"做基础，为人处世、治家、治国可能都会失败。

但是，老子在提倡人要有德时发现，不懂"道"的人，也难以做到有德，更不用说达到"上德"了。所以在老子看来，修道是手段，有德才是目的。这也许是先有《德经》、后有《道经》的原因。

老子写《道德经》是为了构建和谐社会，而不是让人们得道成仙！这可能也是《道德经》的《德经》多于《道经》的原因之一吧。当然，有德也是修道的基础，没有德的人也不会静下心去修道，修道与树德是辩证关系，相互影响。修道是手段，有德才是目的；树德是基础，有德才能真正修道；有道德才能升华。以此来看，把《道德经》叫作《德与道》可能更符合老子创作时的心意吧。

当然，无论叫什么名字，老子写《道德经》的本意和思想基础不会改变。

《道德经》传世以来，后人普遍的认识是：

《道德经》文本以哲学意义之"道德"为纲宗，论述修身、治国、用兵、养生之道，而多以政治为旨归，乃所谓"内圣外王"之学，文意深奥，包涵广博，被誉为"万经之王"。

因此大家普遍认为，《道德经》的主题思想是"道法自然"。

"道法自然"是《道德经》中老子思想的精华。"道"作为《道德经》中最抽象的概念范畴，是天地万物生成的动力源。"德"是"道"在伦常领域的发展与表现。"道"与"法"在规则、常理层面有相通点，但不同于西方自然法。"法"应效法自然之道，在辨证的反向转化之中发挥其作用。

哲学上，"道"是天地万物之始之母，阴阳对立与统一是万物的本质体现，物极必反是万物演化的规律。

伦理上，老子之道主张纯朴、无私、清静、谦让、贵柔、守弱、淡泊等因循自然的德性。

政治上，老子主张对内无为而治，不生事扰民，对外和平共处，反对战争与暴力。

这三个层面构成了《道德经》的主题，同时也使得《道德经》在结构上按"物理至哲学至伦理至政治"的逻辑层层递进，由自然之道进入伦理之德，最终归宿于对理想政治的设想与治理之道。也就是从自然秩序中找出通向理想社会秩序的光明正道。

《道德经》实际上是老子根据自己的生活体验和以王朝兴衰成败、百姓安危祸福为鉴，溯其源而写就的关于人道、世道和社会治理的警世著作。

老子思想的核心是朴素的辩证法，主张无为而治、不言之教、物极必反之理。老子是道家性命双修的始祖，讲究虚心实腹、不与人争的修持。

这些认识，是《道德经》整部著作丰富的内容所给予人们的思想启迪，无疑是正确的。

我更以为，《道德经》整部著作饱含老子对天下百姓的关心和爱护，给统治者讲“德”和“道”，是希望侯王“守道”以达到天下自定，从而使社会稳定，百姓安居乐业。

老子通过论述“道”和讲道理，来告知侯王为什么要“无为”，为什么“无为”能达到“无不治”，从而使社会达到“至治之极”和“甘其食，美其服，安其居，乐其俗”的境界。这才是《道德经》要真正要表达的思想主题！

“道”，无论代表什么、怎样深奥、如何修炼，“德”，无论是“上德”还是“下德”，也无论是关于政治，还是关于个人修养，老子论“道”讲“德”，其目的都是实现这一主题思想，都是为这一主题思想服务的。

“道”，属于自然的范畴；“德”，指符合人类价值取向的共同价值观，属于社会的范畴。“有道”，便是懂得自然，“尊道”，便是尊重自然；“有德”，便是“守道”，符合人类的共同价值观、共同行为准则。

3. 老子其世

老子大约生活在公元前571年至公元前471年，即春秋末期战国开始的时期。此时周朝式微，各路诸侯为了争夺霸主地位，战争不断。

春秋战国（约公元前770年至约公元前221年）是中国历史上的一段大分裂时期。春秋和战国的分水岭是公元前453年，韩、赵、魏三家灭掉智氏，瓜分晋国。

春秋（公元前770年至公元前476年）因鲁国编年史《春秋》而得名，相传《春秋》为孔子修订。这部史书记载了从鲁隐公元年（公元前722年）到鲁哀公十四年（公元前481年）的历史，共242年。后史学家为了方便起见，一般从周平王元年（公元前770年）东周立国起，到周敬王四十三年（公元前477年）或四十四年（公元前476年）

止[①]，称为“春秋时期”。

春秋时期，政治上，各种改革、变法连接不断，成功进行变法的国家则强大起来。通过这种政治变革，奴隶制度最终消亡，新兴的封建制度逐渐确立。

战国（公元前475年[②]至公元前221年）的时间跨度约254年。这一时期各国混战不休，故被后世称为“战国”。

从公元前633年晋文公作三军设六卿起，六卿一直把握着晋国的军政大权。到晋平公时，韩、赵、魏、智、范、中行氏六卿相互倾轧，后来赵把范、中行氏灭掉，公元前453年又联合韩、魏灭掉了智氏，晋国公室名存实亡。

公元前438年，晋哀公去世，晋幽公即位。韩、赵、魏只把绛和曲沃两地留给了晋幽公，从此韩、赵、魏称为三晋。公元前403年，周威烈王命韩虔、赵籍、魏斯为诸侯。到公元前376年，魏武侯、韩哀侯、赵敬侯瓜分了晋国公室，晋国彻底灭亡。

三家分晋后，春秋五霸变成七雄并起的局面，齐、楚、秦、燕、赵、魏、韩七国之间征伐战争更加激烈，七雄兼并的战国序幕也从此拉开，此时周天子连名义上的影响力都已丧失，中国的封建奴隶制度也开始瓦解，出现新的经济、政治制度，使得这一时期独立于其他历史时期存在。这一时期最明显的表征是七国连年的战争，这便是“战国”的由来。

老子正是生活在春秋五霸走向战国七雄兴起的年代。严酷的动乱与变迁，让老子目睹了民间疾苦。作为周朝的守藏史，他有机会提出治国安民的主张。

据史书记载，春秋242年间，有36名君主被杀，52个诸侯国被灭，有大小战事480多起，诸侯的朝聘和盟会450余次。连续不断的战争给人民带来巨大的灾难，也引起中小国家的厌倦。这都是促使老子深度思

① 也有学者认为应到《左传》记载之终（公元前468年）、三家灭智（公元前453年）或三家分晋（公元前403年）。

② 一说公元前453年或公元前403年。

考，是老子关于国家、外交、战争等思想的源泉。

《道德经》中关于治国理政、军事、外交等思想的阐述，其形成与那个纷乱的时代不无关系。甚至可以说，这一时代背景是《道德经》形成的历史渊源。

4. 老子为什么写《道德经》

老子说“知者不言，言者不知”，怎么自已洋洋洒洒写了五千言呢？

前面讲过，根据《史记》记载，老子写《道德经》的直接原因是尹喜的强为。所以，《道德经》不是老子主动要写，而是因为尹喜的强为被动写的。

这是老子写《道德经》的原因之一。

原因之二：老子是一个对社会有责任感的人，有百姓情结的人，他同情百姓、关心百姓疾苦；同时，老子又是一个知识和经历都非常丰富的人。所以，在尹喜强为的时候，就顺势而为了。这也算是老子“无为而为”的一次实践。

这两点是老子写《道德经》的外因和内因。

老子为什么能写出《道德经》呢？

一是老子有丰富的知识。他做过东周守藏史官，有机会阅读大量的典籍，积累了丰富的自然知识与社会知识。

二是老子不读死书，他把读书得到的知识加以综合分析，转化为对自然与社会运行发展规律的概括和总结。

三是老子善于观察分析一切已知的事物，从已知的事物和趋势来预判未知事物，从中得出规律性的东西。

四是老子生活的时代，种种社会现象促使老子深入思考。

二、什么是《道德经》

从《道德经》的字里行间都能发现，“道”具有自然的属性，也就是物的属性；“德”具有社会的属性，也就是人的属性。“道德”就是讲人和自然的关系问题。只有正确处理了人与自然的关系，人和人类社会才能健康发展，人才能按照自己的兴趣爱好做事情。这也许就是老子写《道德经》的本意。

1. 什么是“道”

《道德经》中所说的“道”指客观存在，代表着物质及其永恒的运动，代表着物质运动的规律性（包括自然规律和社会发展规律）。“道”是“大道”的简称或习惯叫法，“道”具有多样性和不可违背性。

2. 什么是“德”

“德”最早的本意是“七曜”[①]的自然运行轨迹，后引申为顺应自然、社会和按人类客观规律去做事。“德”是对“道”、对自然规律的认识、理解和践行。

3. 什么是“经”

“经”的本意是织布时用梭穿织的竖纱，编织物的纵线，后引申为标准和规范。比如“经书”，是指作为思想、道德、行为等标准的书。

4. 什么是“有道德”

“道”是指客观存在和客观规律，“德”则是认识和尊重客观存在、按照客观规律去践行。因此，“有道德”就是按照客观规律说话做事。客观规律包括自然规律和社会发展规律。

老子并没有对自己的著作命名，尹喜因老子作而命名为《老子》，后人根据内容分别叫作《德经》和《道经》，尔后又合成《道德经》，共八十一章。

---

① 七曜（yào）指日、月、金、木、水、火、土七星。

由此可见，是后人按照老子的核心思想理念，赋予《道德经》教育人们“遵道守德”的功能，使得《道德经》成为关于“道”和“德”的一种行为规范和标准尺度。这个标准就是世间人要树德，以德载道，遵守客观规律。

概而言之，《道德经》是“道”和“德”的行为规范和标准，后人以此来认识、学习、理解和尊崇《道德经》，符合老子“道朴莫能臣”，“道无为而无不为”，“侯王若能守之，万物将自宾”，“以道莅天下”，“天下将自定”的思想理念。

三、“道”“德”在老子时代及之前的含义

由于《道德经》产生于2500多年前，彼时的语言习惯和语言环境与今天大不相同，有些字词的用法和含义会被后人误解和忽略，有些字词的用法甚至没能传承下来，以至于今天我们读《道德经》时有些难以理解。为了更好地读懂《道德经》，很有必要先了解一下“道”和“德”这两个字在老子时代及之前的含义。

1. 关于“道”

“道”的本意主要有：①路，方向，途径；②法则、规律；③学术或宗教的思想体系；④方法，办法，技术；⑤道家；⑥道教；⑦某些迷信组织；⑧说，讲；⑨用语言表示情意；⑩线条；等等。

“道”字的这些意思，在春秋及之前那个时代是都有，还是只有一部分，是否有人做过专门的研究？目前还查不到相关的信息。

但“道”的第⑧和第⑨种用法，即“说”“讲”“用语言表示情意”，据查最早出自《史记·李将军列传》中的“万户侯岂足道哉”，而《史记·李将军列传》成书于汉朝初期，其中讲的李将军也是汉朝初期的人。

可见，《道德经》中的“道”不可能是“说”“讲”或“用语言表示

情意”的意思，因为当时“道”还没有这种用法。

所以，如果将“道可道，非常道”的第二个“道”按“说、表达”来理解，将“道可道”译为“道可以用语言来表达”或“可以用语言说出来”，都不符合那个时代的语言习惯。

这就证明：“道可道，非常道”翻译成“道”如果可以用言语来表述，那它就是常“道”，或“道”是可以用言语来表述的，它并非一般的“道”，这两种理解和译法都不符合老子的本意。

2. 关于“德”

“德”最早指七曜的自然运行轨迹，后来引申为顺应自然、社会和按人类客观规律去做事，在不违背自然规律的基础上发展社会，提升自己。“德”即是对“道”、对自然规律的认识和理解、践行、革命，是人文精神的一种传播。

“德”后来引申为：直视“所行之路”的方向，遵循本性、本心，顺乎自然，便是德；本心初，本性善，本我无，便成德；舍欲之得、得德。

“道”是在承载一切，“德”是在昭示“道”的一切。“大道”无言无形，看不见、听不到、摸不着，只有通过我们的思维意识去认识和感知它；而“德”是“道”的具体实例，是“道”的体现，是我们能看到的心性，是我们感知后所做出的行为。所以，如果没有“德”，我们就不能如此形象地了解“道”的理念。这就是“德”与“道”的关系。

德行，内外之称，在心为德。

《荀子·非十二子》：“不知则问，不能则学，虽能必让，然后为德。”就是说一个人要做到“问”“学”“让”，才能算是有“德”。

“德”指内心的情感或者信念，用于人伦，则指人的本性、品德。儒家认为，“德”包括忠、孝、仁、义、温良、恭敬、谦让等。

在西周的“礼乐文明”中，“德”是核心。“勤朴古健、果义敢为、居安思危、善始善终”就是对“德”的最好总结。

孔子当年之所以念念不忘“克己复礼”，就是因为以“德”为核心的西周之礼是儒家思想最为推崇的道德标准，而“厚德载物”仍然是中国传统文化中的优秀精神遗产，是我们构建平安和谐文化的准绳。

周人制作礼乐，隆礼重仪，确立了以“德”为先的价值原则。敬天、保民、明德、慎罚是周人的基本精神信仰。周人认为“皇天无亲，惟德是辅”。“德”和“天”是联系在一起的，个人、家族、国家有德，便能得到上天的垂顾，成为“受命之人”“受命之族”“受命之国”。

周人认为殷之所以灭亡，是因为无德，天命转移到了有德的周人身上。《周易·系辞》说：“地势坤，君子以厚德载物。”“德”是涵盖了诚信、仁义等一切美好品行的道德范畴。“德”的价值原则，被孔子发展为“道之以德，齐之以礼，有耻且格”的王道原则；被孟子发展为“民为贵，社稷次之，君为轻”的民本原则；被《礼记·大学》发展为“大学之道，在明明德，在亲民，在止于至善”的道德纲领。“德”是中国伦理体系的核心概念，是中华民族文化的核心概念。

“德”的外化即为礼，在心为“德”，发之于心而表现为行为，即为“礼”。

“德”是人间富贵根，“道”在五德之上，成仙得“道”，须先修“德”，“德”从心修，无为而求，内修清静，寡欲无争，外修天道，真气除煞。坐立不忘我道，出入皆抱善心。忠孝济世首身，节俭利人清修。古今善为道者，微妙玄通，深不可识，道士在生活上、经济上都是独立自主，自力更生，视抛家弃子而出家为罪过，是逃避责任。以慈、俭、让为指导，品行端正，致虚守静，修身养性，不易被物欲所迷惑。

可见，从古至今，尽管“德”的内涵在不断丰富，但基本意思没有改变，即顺应自然、社会和按客观规律去做事。在不违背自然规律的基础上发展社会，提升自己，是人们共同生活及行为的准则和规范。

四、“道”与“德”的称谓

当我们形容一个人好时会这样说：这个人真好、这个人比较好、这个人特别好等；如果形容一个人高，会说这个人真高、这个人比较高、这个人很高等；当形容一件事大时，一般会说这件事大、这件事很大、这件事特别大；等等。

那么，对于“道”和“德”，老子是怎样形容、怎么称呼的呢？下面是《道德经》中对“道”和“德”的一些称谓，品读这些称谓有助于正确理解《道德经》。

1. “道”怎么称呼

“非常道”和“常道”的称谓：

第一章，“道可道，非常道”，由此似乎可引申出“道”有“非常道”和“常道”之分。但这之后，老子再未提起“非常道”和“常道”，更没有对什么是“非常道”、什么是“常道”做出解释和定义。可见，“非常道”和“常道”的名称是后人错误理解“道”而产生的，原本“道”没有“非常道”和“常道”这两种称谓。

“古之道”的称谓：

第十四章，“执古之道以御今之有”，这里的“道”是指道路、方法等。因此，老子所说的“道”也不分“古之道”和“今之道”，因为“道”是客观存在，不会因为时代不同而发生变化。

“大道”的称谓：

第十八章，“大道废，有仁义”。

第二十五章，“吾不知其名，强字之曰道，强为之名曰大”。

第三十四章，“大道泛兮，其可左右”等。

因此，老子所说的“道”可叫作“大道”。“大道”是“道”的全称，“道”是“大道”的简称或习惯称谓。

第三十四章，“大道泛兮，其可左右。万物恃之而生而不辞，功成而不名有，衣养万物而不为主。常无欲，可名于小；万物归焉而不为主，可名为大”。这里后面的“大”“小”有主次的意思。因此，“小”是指小的方面，而不是“小道”，不与“大道”呼应；“大”是指大的方面，而不是"大道"。同时指出"以其终不自为大，故能成其大"，说明"道"还是叫"大道"。"天下皆谓我道大，似不肖。夫唯大，故似不肖"，进一步阐明"道"具有大的特性。

"有道"与"无道"的称谓：

第四十六章，"天下有道，却走马以粪。天下无道，戎马生于郊"，是从"道"的有无来阐述的，同时这里的"道"又具有"道路"和"道"的双重意思。

"天道"或"天之道"的称谓：

字面意思是"天走的道儿"，即天（体）的运行规律和运行轨迹，例如：

第九章，"功遂身退，天之道也"。

第四十七章，"不窥牖（yǒu），见天道"。

第七十三章，"天之道，不争而善胜，不言而善应，不召而自来，繟然而善谋。天网恢恢，疏而不失"。

第七十七章，"天之道，损有余而补不足"。

第七十九章，"天道无亲，常与善人"。

第八十一章，"天之道，利而不害"。

可见，"天道"或"天之道"的称谓是老子对"天"遵循"道"的特定表达。"天走的道"符合"道"，因为"天法道"，所以"天道"即"道"。

"人之道"的称谓：

第七十七章，"人之道，损不足以奉有余"。

当然，这个"人之道"是不符合"道"的。

"圣人之道"的称谓：

第八十一章，"圣人之道，为而不争"。

以上的"天道""人道""圣人之道"都是从"道"的属性来区分"道"的，不是"道"本身的称谓。

综上可见，老子对"道"的定义只出现在第二十五章，其名称叫"大道"。"大道"是"道"唯一正确的称谓，"道"则是"大道"的简称或习惯叫法。其他情况下用到“道”字时，一般是指道路、道理、方法等，或者是摆事实讲道理。

2. “德”怎么称呼

“玄德”的称谓：

第十章，“生之畜之，生而不有，为而不恃，长而不宰，是谓玄德”。

第五十一章，“生而不有，为而不恃，长而不宰，是谓玄德”。

第六十五章，“常知稽式，是谓玄德。玄德深矣，远矣，与物反矣，然后乃至大顺”。

老子把以上三种行为称谓“玄德”。

“孔德”的称谓：

第二十一章，“孔德之容，惟道是从”。这里的“孔德”是形容词，因此算不上对“德”的称谓。

“上德”与“下德”的称谓：

第三十八章，老子把“德”分为“上德”和“下德”。“上德不德，是以有德”，意思是具备“上德”的人是真的有德，但并不表现出来；而“下德不失德，是以无德”，即所谓“下德”并不是真正有德。

第四十一章，“上德若谷”，是指具备“上德”的人所具备的一种品格——有山谷一样的胸怀。

“广德”与“建德”的称谓：

第四十一章，“广德若不足；建德若偷”。“广德”是广泛施德的意思，“建德”是指修炼德性。这两句是说广泛施德也有达不到的地方；培养德性不能大张旗鼓，反而应像小偷一样偷偷去做。所以“广德”和“建德”是形容词。

可见，《道德经》提倡的是“上德”和“玄德”，而“玄德”属于“上德”，是“上德”的一种具体表现形式。

五、《道德经》中是怎样体现“道”和“德”的

“道”和“德”在《道德经》各章里都是怎么体现出来的呢？

我们先系统梳理一下“道”和“德”在《道德经》各章节中的具体内容和指向，这有利于理解《道德经》中的“道”和“德”。

1. 道

《道德经》中所说的“道”，是一个复杂的哲学概念，它并不是单一所指，而是有具体的内容和丰富的内涵。虽然老子在第二十五章给“道”下了定义，但是纵观《道德经》，“道”在不同章节和环境中的含义指向是不一样的，而且是通过“天道”（天之道）、“世道”和“人道”（人之道）、“圣人之道”表现出来的。

“天道”，字面意思是“天走的道儿”，即事物客观存在和发展的自然规律，也就是“天法道”。例如：

第九章：“功遂身退，天之道也”。

第七十三章：“天之道，不争而善胜，不言而善应，不召而自来，繟[①]然而善谋。天网恢恢，疏而不失”。

第七十七章：“天之道，其犹张弓与？高者抑之，下者举之；有余者损之，不足者补之。天之道，损有余而补不足”。

第七十九章：“天道无亲，常与善人”。

第八十一章：“天之道，利而不害”等。

“天道”或“天之道”的特征概括来说主要有：功遂身退、不争、不应、不召、繟然、损有余而补不足、无亲、利而不害。

“天道”即“道”，因为“天法道”。

“世道”，即人类社会发展的客观规律、人世间的道路、社会道德风

---

① 读chǎn，舒缓、坦然的意思。

尚，指纷纭万变的社会状态。例如《道德经》第二十章描述的情景：“众人熙熙，如享太牢，如春登台”；“众人皆有余，而我独若遗”；“俗人昭昭，我独昏昏。俗人察察，我独闷闷。澹兮其若海，飂兮若无止。众人皆有以，而我独顽似鄙”。

“人道”，即个人应遵循的价值观和行为规则。《道德经》中反映出的所谓“人道”或“人之道”，实际上都是不符合“道”的。例如：

第五十三章，“大道甚夷，而人好径。朝甚除，田甚芜，仓甚虚，服文采，带利剑，厌饮食，财货有余，是谓盗竽，非道也哉”。

第七十七章，“人之道，……损不足以奉有余”等。

除此之外，“道”在《道德经》中更多的是以道理、道路、方法以及讲道理的样貌出现。

2. 德

在《道德经》中，老子认为凡是“德”都符合“道”，即“德”是“道”的体现，如“孔德之容，惟道是从”。“德”在现实中有不同的表现形式，例如：

“玄德”是指“德”表现为并不被人们所察觉的高尚行为，你做了很有德的事，而别人却不知道，亦即是一种藏而不露的德性。例如：

第十章，“生之畜之。生而不有，为而不恃，长而不宰，是谓玄德”。第五十一章，“生而不有，为而不恃，长而不宰，是谓玄德”。

这两章用非常接近的句式定义“玄德”，字面意思没有什么区别，但第十章的“玄德”是指私德，第五十一章的“玄德”则是指公德。

第六十五章，“常知稽式，是谓玄德”。此处的“玄德”也是指公德。

“上德”和“下德”：第三十八章，“上德不德，是以有德；下德不失德，是以无德”；第四十一章，“上德若谷”。

“广德”和“建德”：第四十一章，“广德若不足；建德若偷”。

“修德”：第五十四章，“修之于身，其德乃真；修之于家，其德乃余；修之于乡，其德乃长；修之于邦，其德乃丰；修之于天下，其德乃普”。

“不争之德”：第六十八章，“善为士者不武，善战者不怒，善胜敌者不与，善用人者为之下。是谓不争之德”。

“有德”和“无德”：第七十九章，“有德司契，无德司彻”等。

《道德经》可分为《道经》和《德经》。

《道经》共37章，直接涉及“道”的有7章，其中纯粹属于论道的，唯有第二十五章，论述了“域中之道”的“道”的本质：物质性、运动性、永恒性和无限循环性。其他涉及论道的各章，论道也是为了说事、讲道理。

（1）第四章，“渊兮似万物之宗”，阐述“道”的深邃性；“道冲而用之，或不盈”，阐述“遵道”的好处；“挫其锐，解其纷，和其光，同其尘，湛兮似或存”，阐述怎样认识和了解“道”。

（2）第十四章，阐述“道”的形态为“无形、无声和无体”，“道”的变化具有“惚慌性”，说明认识“道”的难度很大，目的是要求统治者从前人那里学习经验，即“能知古始，是谓道纪”。

（3）第二十一章，论述了“道”的变化性、规律性及其作用，说明了“道”与“德”的关系和判断道德的标准。

（4）第二十五章，全面论述了“道”或“大道”的物质性、运动性、周期性、无限性。

（5）第三十二章，论述“道”的品质和性格，希望侯王能够遵守“道”，进而达到“民莫之令而自均”。

（6）第三十四章，论“道”的广泛性和利他品格，不争才“能成其大”。

（7）第三十七章，论“道”的作用，希望侯王能够遵守“道”并用好“道”，从而达到“天下自定”的效果。

除了以上各章外，其余各章都是纯粹在摆事实讲道理。

那么，道理讲给谁听呢？老子的理想是“无为而为，天下自定”。谁能做到这一点呢？只有侯王，只有统治者。所以，这些道理都是讲给统治者听的，这是老子在用自然现象给统治者讲道理。

老子在讲"道"的过程中，也会直接讲到"德"，例如：

第二章，"生而不有，为而不恃，功成而弗居"是讲圣人不贪功之德。

第五章，"圣人不仁，以百姓为刍狗"是讲圣人待人平等之品德。

第七章，"圣人后其身而身先，外其身而身存"是讲圣人先人后己之品德。

第十章，"生之畜之，生而不有，为而不恃，长而不宰，是谓玄德"。

第二十二章，"不自见故明，不自是故彰，不自伐故有功，不自矜故长"讲圣人不争之品德。

第二十三章，"故从事于道者同于道，德者同于德，失者同于失。同于道者，道亦乐得之；同于德者，德亦乐得之；同于失者，失亦乐得之"论述修道修德的重要性。

第二十八章，"为天下谷，常德乃足，复归于朴。朴散则为器，圣人用之，则为官长。故大制不割"讲德与制度的关系。

《道经》以上7章涉及"德"的内容，有的明写，有的暗含，怎样树德，隐含在道理中。

总而言之，《道经》是以"域中之道"为根本，以"天之道"为基础，讲现实中的道理，讲治国的道理、治国的方法、治国的策略，讲如何达到"天下自定"的治国目标。

《德经》共44章，其中明确写"德"的有11章：

（1）第三十八章，明确什么是"上德"、什么是"下德"，以及"德"与"道"的关系。

（2）第四十一章，通过"士"对"道"的态度，进一步解释"上德""广德""建德"的特点，即"上德若谷，广德若不足，建德若偷"。

（3）第四十九章，阐述什么是"德善"、什么是"德信"，即"善者，吾善之；不善者，吾亦善之"为"德善"。"信者，吾信之；不信者，吾亦信之”为“德信”。

（4）第五十一章，说明“德”对于万物的作用，万物需要“德畜之”；做到“生而不有，为而不恃，长而不宰”，是谓“玄德”。

（5）第五十四章，讲“修德”的境界，即“修之于身，其德乃真；修之于家，其德乃余；修之于乡，其德乃长；修之于邦，其德乃丰；修之于天下，其德乃普”。

（6）第五十五章，讲“厚德”的好处，即“含德之厚，比于赤子。蜂虿虺蛇不螫，猛兽不据，攫鸟不搏”。

（7）第五十九章，阐述什么叫“积德”以及为什么要“积德”，即“早服谓之重积德，重积德则无不克；无不克则莫知其极，莫知其极，可以有国；有国之母，可以长久”。

（8）第六十章，讲怎样发挥“德”的作用，即“治大国，若烹小鲜。以道莅天下，其鬼不神”，从而达到“两不相伤”，实现“德交归焉”。

（9）第六十五章，论述“玄德”的另一种表现及作用：“知此两者亦稽式。常知稽式，是谓玄德。玄德深矣，远矣，与物反矣，然后乃至大顺”。

（10）第六十八章，讲什么是“不争之德”，即何为“不武”“不怒”“不与”“为之下”。

（11）第七十九章，讲有德之人和无德之人的区别。

以上11章阐述“德”，其他各章则主要是通过论道或讲道理，或提供方法，来让人们，尤其是统治者通过认识“道”而懂得道理，进而树立德，达到和谐共处的目的。

《德经》还有13章涉及“道”：

第四十章，论“道”的运动和变化特性。

第四十一章，讲“道”的隐秘和不可捉摸。

第四十二章，论“道”是万物的创造者，以及万物成长需“遵道”。

第四十六章，论“有道”的好处和“无道”的害处。

第五十一章，论“道”在万物产生过程中的功劳（道生之，德畜之，物形之，势成之）。

第五十三章，论“正道”与“邪道”。

第五十五章，论“不道”的害处。

第五十九章，论国家“长生久视之道”。

第六十章，论“以道莅天下”的作用与好处。

第七十三章，论“道”的厉害：“天之道，不争而善胜，不言而善应，不召而自来，繟然而善谋。天网恢恢，疏而不失”。

第七十七、七十九、八十一章，论“道”的品格：“天之道，损有余而补不足”；“天道无亲，常与善人”；“天之道，利而不害”。

《德经》这13章虽然涉及“道”，但“道”的含义并不相同。其中只有第四十章为纯粹论“道”；第四十一、四十二、五十一章论述“道”是为了讲道理；第七十三、七十七、七十九、八十一章论“道”的作用与品格；第四十六、五十三、五十九、六十、八十一章讲的是人间之道。

所以，《德经》这13章涉及的“道”，只有4章论述了“道”的本质或作用。

没有直接涉及“道”和“德”的各章，则是通过讲道理来谈修身、齐家、治国的道理，涉及个人、家庭、政治、军事、制度、伦理、道德等社会生活的方方面面；有方法，有措施；有原因，有后果。这一切，用老子的话说就是“言有宗，事有君”，可见《道德经》绝不是老子信口开河之作。

《道经》与《德经》总结：

《道经》和《德经》共81章，直接涉及“道”的有20章（《道经》7章，《德经》13章），其中论“道”的本质的有12章（《道经》8章，《德经》4章，纯粹论“道”的只有2章，论“道”是为了讲道理的有10章），论“道”的作用的有8章。直接涉及“德”的有18章（《道经》7章，《德经》11章）。

没有直接论“道”，但“道”的原则精神隐含其中的有3章：第一章论述事物的变化性，第六章论自然界的循环性和周期性，第十一章论“有”和“无”的相互依存性。

其他 40 章，各章都是通过讲道理提醒人们尊道树德的重要性。

本节用这么大的篇幅来提炼和分析各章，主要目的就是帮助读者轻松地了解《道德经》到底是一部什么样的书。

正如分析的那样，《道德经》通过简洁论述“道”的本质和作用，阐明“道”与“德”的关系，进而讲明人世间的一些道理：人与自然的关系的道理，人与社会发展的道理，人生存的道理。

可见，《道德经》论道讲德是手段，讲道理、明是非是目的，谋百姓安康幸福是目标。因此，《道德经》是一部关于物质本源的哲学的书，是一部关于物质运动变化的科学的书，是一部关于治国理政的书，是一部关于外交的书，是一部关于军事的书，是一部关于家庭和个人修养的书，还是一部捎带养生知识的书。

六、“道”的七层境界

《道德经》中老子所讲的那个“道”的本质是什么呢？

纵观《道德经》，关于“道”的论述只有 12 次，其中出现在《道经》部分的有 8 次，出现在《德经》部分的有 4 次。还有 3 次没有直接论“道”，但“道”的原则精神含在其中。这 12 次论“道”如下：

（1）第四章，“道冲而用之，或不盈。渊兮似万物之宗”。阐述了“道”两方面的特性：一是“道”的深邃性，其深邃不可测，好像万物的本源；二是“道”的作用，按照“道”顺势而为，或许不会出错。

（2）第十四章，“视之不见名曰夷，听之不闻名曰希，搏之不得名曰微”，“其上不皦 (jiǎo)，其下不昧。绳绳不可名，复归于无物。是谓无状之状，无物之象，是谓惚恍”。阐述“道”无形、无声和无体（“三无”）的惚慌性和认识“道”的难度。

（3）第二十一章，“道之为物，惟恍惟惚。惚兮恍兮，其中有象；恍兮惚兮，其中有物。窈兮冥兮，其中有精”。阐述“道”虽然惚慌，但“其中有物，其中有精”且“其精甚真，其中有信”。本次论“道”，是在第二次论“道”的惚恍性的基础上，进一步提高了对“道”的认识，阐明“道”虽然惚恍，但也是有“内容”的。

（4）第二十五章，“有物混成，先天地生。寂兮寥兮，独立而不改，周行而不殆”，“强字之曰道，强为之名曰大。大曰逝，逝曰远，远曰反”，论“道”的物质性、运动性、无限性和循环性；“道”的全称叫“大道”。这是《道德经》唯一一次给“道”命名，并对“道”的本质进行解释。

（5）第三十二章，“道常无名，朴。虽小天下莫能臣也”，阐述“道”的品质：无名、朴实、倔强。

（6）第三十四章，“大道泛兮，其可左右。万物恃之而生而不辞，功成而不名有”，论“道”的广泛性和利他、不争的品格。

（7）第三十五章，“道之出口，淡乎其无味，视之不足见，听之不足闻，用之不足既”，论“道”的朴素和作用。同时把“道”的“三无”增加到“四无”：无形、无声、无体和无味。

（8）第三十七章，“道常无为，而无不为”，论“道”的能力。

（9）第四十章，“反者道之动，弱者道之用。天下万物生于有，有生于无”，论述“道”运动的相对性：“道”的运动有两个方面，循环往复性和柔弱性；物质运动有和无的相互关系，从而完善对“道”的作用的阐述。

（10）第四十一章，“道隐无名”，论述“道”含而不露的本性，暗示人们不要因为“道”看不见、听不到、摸不着、品不到而忽视了它的存在和作用，因为“天网恢恢，疏而不失”。

（11）第四十二章，“道生一，一生二，二生三，三生万物”，阐述“道”是万事万物产生的原动力。

（12）第五十一章，“道生之，德畜之，物形之，势成之”，论“道”是万事万物之母，阐明只有符合“道”，万物才可以产生。

第二次和第七次论“道”，从视觉、听觉、触觉、味觉四个方面论述了“道”的不可感知性。

从这12次论“道”可以看出，只有第二十五章、四十章是纯粹论“道”：第二十五章论“道”的属性，即给“道”下定义，使我们了解“道”的本质；第四十章论“道”的运动属性，以及“有”和“无”的相互转化。第四十章关于“有”和“无”的转化、第一章关于事物的变化、第六章关于自然的循环，其本质都是“道”的运动性的不同表现形式。其余10章论“道”，都是以论“道”为形式，说事是目的。

没有直接论“道”，但“道”的原则精神隐含其中的三章是：第一章论述事物的变化性，第六章论自然界的循环性、周期性，第十一章论同一事物“有”与“无”的相互依存性。

以上15次关于“道”的论述，体现了“道”具有以下特性：

“道”具有物质性；“道”具有运动性、无限性和循环往复性；“道”具有惚恍性，即无声、无形、无体、无味，因而“道”的作用具有广泛性；“道”具有深邃性和隐秘性；“道”具有规律性、可研究性和可利用性；“道”是万物产生的原动力。

“道”是客观存在，在表现为具体事物时具有不同的形式，因此“道”有多重含义和具体指向。

以上就是《道德经》中老子所讲的那个“道”，希望世人尤其统治者能够遵守的那个“道”，也是后人孜孜以求，却始终“仁者见仁，智者见智”的那个“道”。

这样的“道”不好理解吗？老子不是已经用文字表达出来了吗？怎么能说是“道可道，非常道”呢？

其实，老子在《道德经》中论“道”的目的是讲道理，讲治国理政的道理，讲为人处世的道理；讲政治、讲外交、讲军事、讲修养、讲修身、讲理想、讲哲学、讲方法、讲措施等，不是为了论“道”而论“道”。所以，如果“道”不可言表的话，那一定不是老子写《道德经》的本意。

根据《道德经》中“道”的具体含义，可以总结出“道”的以下七层境界：

第一层：“道”的客观存在性，即“道”是客观存在的，且是万物产生的原动力。因为“道生一”，而“一”是先天地而生的“混成物”，“混成物”是物质的，是万物的“母体”。“道法自然”即是说“道”是客观存在。客观存在更能反映出“道”的本质，是“道”的最高形式。

第二层：“道”的物质性，即“道”是物质的。“无”“混成物”“一”此三者是同一指向，分别出现在第一、二十五、四十二章。“无”不是没有，而是指“有”之前的“无”，是一种物质存在的状态，就是第一章中有天地之前的“无天地”或“无名物质”，也是第二十五章先天地而生的“混成物”，也是第四十二章中的“道生一”的“一”，这三者本质都是指“混成物”，所以说“道”是物质的。

第三层：“道”的运动性，即“道”是运动的，且永不停歇。例如“大曰逝，逝曰远，远曰反”，“反者道之动，弱者道之用”等。

第四层：“道”的规律性，即“道”是有规律的，或“道”代表规律，包括自然规律和社会发展规律。由“视之不见名曰夷，听之不闻名曰希，搏之不得名曰微”可见，“道”是一种惚慌的状态，具有这三性的只有规律，但同时，规律在宏观上是能看得见、体会得到的。例如：“水善利万物而不争，处众人之所恶，故几于道”；“功遂身退，天之道也”；“人法地，地法天，天法道”；“物壮则老，是谓不道，不道早已”；“天之道，不争而善胜，不言而善应，不召而自来，繟然而善谋”；“天之道，利而不害”；“道冲而用之，或不盈”；“大道废，有仁义”；“大道泛兮，其可左右”；“执大象，天下往”等。

第五层：“道”是道理、真理等。事物变化的道理、人做事的道理贯穿《道德经》全书，讲道理是老子表达思想的主要方法和途径。比如第一章的“道可道，非常道”，此处“道”既有道理的意思，也有道路的意思。

第六层：“道”是方法、方式，主要是指治国理政的方法和方式。例如“此三者以为文不足，故令有所属：见素抱朴，少私寡欲，绝学无忧”；“将欲歙[①]之，必固张之；将欲弱之，必固强之；将欲废之，必固兴之；将欲取之，必固与之”；“道常无为，而无不为。侯王若能守之，万物将自化。化而欲作，吾将镇之以无名之朴”；“治人事天，莫若啬。夫唯啬，是谓早服。早服谓之重积德，重积德则无不克，无不克则莫知其极。莫知其极，可以有国。有国之母，可以长久。是谓根深固柢，长生久视之道”等，这些既是方法，也是道理。

第七层：“道”是指道路、路径（交通通道、做事的路径）。例如第一章“道可道，非常道”，此处“道”既有道理的意思，也有道路的意思。第四十一章“明道若昧，进道若退，夷道若纇”，此处就专指“道路”，但隐含其中的是一个道理。

由上可见，《道德经》中的“道”是一个宽泛的概念，需要根据不同的语境正确理解“道”的含义。

从“道”的七层境界看，第一至第四层才是“道”的本质和全部含义。

为什么说“道”是客观存在？用现代科学反向推导是这样的：“道”的第四层境界代表自然界万事万物生长、生存、发展的客观规律，朴实无华，但又必须遵从，不可违背，不可改变。简单地说，“道”就是自然的规律性，是自然规律。那么自然规律又是什么呢？这就进入“道”的第三、第二层境界，“道”是物质运动性，就是指一切物质都在运动。那是什么让物质运动呢？一定有一种看不见、摸不着、听不见的东西在左右着这自然规律。能够做到这一切的就只有“力”。在自然界中，有两种自然力[②]——万有引力和电磁力，决定着宏观物质运动和微观物质运动。万有引力和电磁力又来自何方呢？一个来自物质的质量，一个来自正负电荷的相互作用。那么，为什么有质量的物质有万有引力，正负电子会带正负电荷呢？这个问题是没有答案的，因为它们都是自生自带，这大概就是第

① 读 xī，收敛的意思。

② 此观点是姜仁东的著作《中子的内部结构及微观元素诠释》中的观点，而目前普遍认可的是四种自然力。

四十二章老子说的“道”吧，也就是“道”的第一层境界：“道”是客观存在。

因此，如果说宇宙物质间的作用力、物质的运动特性、物质的运动规律随着条件的变化有不同的表现形式，那么“道”就有这诸多含义。但在老子那个时代，他不可能对物质世界了解得那么透彻，那么深刻，那么全面。所以，我认为老子《道德经》中的“道”，主要是指事物发展的规律性和变化性。

七、“道”有哪些形态、特性和作用

上一节根据老子的12次论“道”，分析了“道”的七层境界，提出了老子所说的“道”的四层境界。现在根据这一分析，来了解一下“道”的形态、特性和作用。

（1）“道”深邃：“渊兮似万物之宗”，表示“道”深邃，深奥，深不可测，难以理解。这意味着认识、理解“道”是一个艰难的过程，需要付出极大的努力。

（2）“道”惚慌：“视之不见名曰夷，听之不闻名曰希，搏之不得名曰微”；“其上不皦，其下不昧。绳绳不可名，复归于无物。是谓无状之状，无物之象，是谓惚恍”。说明“道”富于变化，难以掌握，但“道”的无形、无声、无体，来无影去无踪的特性，正是事物运动变化规律的特性。所以“道”的惚恍性，也就是指“道”的规律性。

（3）“道”多样：“道之为物，惟恍惟惚。惚兮恍兮，其中有象；恍兮惚兮，其中有物。窈兮冥兮，其中有精”。“道”虽然惚慌，但“其中有物，其中有精”且“其精甚真，其中有信”，表明“道”的表现形式多样且有规律可循。“解其纷”，也说明“道”的表现是丰富多彩的，不拘于一种或几种形式。

（4）“道”独立、运动、无限和循环往复：道先天地生。“寂兮寥兮，独立而不改，周行而不殆”，大道逝、远、反，说明了“道”的根本特性，即物质的永恒运动。

（5）“道”不可改变：“道常无名，朴。虽小天下莫能臣也”，表明“道”具有不可改变、不可抗拒性。

（6）“道”作用广泛全面：“大道泛兮，其可左右”，“天网恢恢，疏而不失”，说明任何事物的变化都受到“道”的作用。

（7）“道”无所不能：“道常无为，而无不为”，说明世间万物都是“道”作用的结果。

（8）“道”是万物产生的原动力：“道生一，一生二，二生三，三生万物”，“道生之，德畜之，物形之，势成之”，可见，只有“道”才能产生万物。

（9）“道”无争：“大道泛兮，其可左右。万物恃之而生而不辞，功成而不名有，衣养万物而不为主”，“万物归焉而不为主”，“大象无形，道隐无名”，显示“道”含而不露、万事不争的品格。

（10）“道”可利用：尊重“道”、利用“道”，“道冲而用之，或不盈”。为了有效利用“道”，就要做到“挫其锐，解其纷，和其光，同其尘”。“道常无为，而无不为。侯王若能守之，万物将自化。化而欲作，吾将镇之以无名之朴”。

（11）“道”是客观存在：“人法地，地法天，天法道，道法自然”，“道生一，一生二，二生三，三生万物”，都说明“道”高于物质而存在，“道”就是一种客观存在。

可见，“道”的形态是深邃、惚恍的（无形、无音、无体）；“道”的特性是客观存在、永恒运动、变化多端；“道”的作用是无所不在、无所不能；“道”的品格是衣养万物，隐而无名。

八、从“道”的本质看宇宙的诞生和世界万物

从《道德经》对“道”的论述中，我们了解了“道”的本质、特性、形态、品格等。同时，《道德经》也大致勾勒了宇宙的诞生过程和世界万

物遵循的自然法则。

1. 宇宙的诞生过程

宇宙诞生前的初始状态（第一阶段——道生一）：

“有物混成，先天地生”，表明天地诞生前[①]的世界只有一种物质，这种物质浑然而成、独立存在，其后来被老子称作“道”。“道”虽然独立（“寂兮寥兮”），但并不静止（“周行而不殆”）。这一阶段是“道”，是“道生一”，是“道法自然”之时。这个过程很长，但没有“时间”，或者说没有可以量化的“时间”。

宇宙诞生时期（第二阶段——一生二）：

“无名天地之始”，“道”（混成之物）经过长期的“周行而不殆”，产生了天地（实际上是诞生了宇宙），即由“混成之物”这个“一”生成天和地这个“二”（一生二）。放眼整个宇宙，宇宙天体诞生的过程与天地诞生的过程是一样的。所以，“一生二”不仅是天地诞生的过程，也是宇宙诞生的过程。

第一、第二阶段，就是第一章所表述的“无名天地之始”，也可以说“无名宇宙之始”。

2. 世界万物产生的过程

万物诞生的初期（第三阶段——二生三）：

天地诞生之后，地在阳光雨露的沐浴滋润下，无机物原子组成分子，分子进一步向高级分子组合，形成了组成生命的最基础物质——有机分子，有机分子向最初生命演化，产生细胞，不同的细胞组成了形态各异的生命。就地球上的整个生命体系而言，有机分子是生命的最基本物质；就高级生命而言，细胞是生命的基本物质。所以，“二生三”的“三”既可以是有机分子，也可以是生命细胞。这个阶段是生命从无到有（无生

① 从更广阔的视野看，天地诞生前的景象也是宇宙诞生前的景象。

有）的过程，是有（生命）生于无（没有生命）的阶段。所以，“三”代表第三类，而不是序号“三”。

万物诞生时期（第四阶段——三生万物）：

生命基本物质有机分子和细胞的产生，为生命的诞生创造了物质条件。生命基本物质（“三”）在阳光雨露的沐浴滋润下，产生了各种形态的生命，即老子《道德经》中所说的万物。

第四阶段就是第一章所表述的“有名万物之母”。

可见，第一章“无名天地之始”和“有名天地之母”从宏观上解释了宇宙和万物诞生的因果关系，第四十二章“道生一,一生二,二生三,三生万物”则描述了宇宙和万物诞生的顺序和过程。

3. 世界万物遵循的法则

万物诞生后凭什么能够健康成长呢?“万物负阴而抱阳”，万物要以大地为根本，接受阳光雨露，而且要“冲气以为和”，通过“气”的交换，使整个生命体处在平衡和谐的环境下。只有这样，才能健康持续成长。

4. 万物生长发展的必要条件

一个生命、一个物种为什么能来到这个世界?“道生之”，一个生命只有符合“道”才能产生。这个生命产生以后怎样才能生存下去?“道蓄之”，这个生命必须与其他生命和谐相处，对其他生命利而不害。生命个体如何区分?“物形之”，只有长有不同的外形才能彼此分辨。一个生命怎样才能最终达到成熟，完成物种延续的使命?“势成之”，生命只有顺应客观规律，才能最终成长达到成熟。

“道生之，德畜之，物形之，势成之”，指出了一个具体生命从产生到结果所需要的必要条件。

以上就是老子在《道德经》中给人类展示的宇宙诞生的原因、过程；生命诞生的起始、过程；生命生长、发展遵循的法则。

九、关于“孔德”“玄德”和“上德”，老子提倡什么样的“德”

1. 什么是“孔德”

第二十一章开头称“孔德之容，惟道是从”。多数学者把“孔德”翻译为“大德”“美德”，全句意为大德的形态，是由“道”所决定的。这样翻译说明两个问题：一是“大德”须有一定的形态；二是“大德”的这种形态是由“道”决定的。据此，我们也可以有两种认识：一是只有“大德”才能体现“道”，才符合“道”；二是“道”有主动作为。对于第一种认识，如果只有“大德”才能体现“道”，那么其他“德”的形态是由什么决定的呢？例如老子所提倡的“玄德”“上德”以及我们赞美的“美德”的形态是由什么决定的呢？而第二种认识，则不符合“道”无为的思想理念。

就整体而言，“孔德之容，惟道是从”是在论述“德”与“道”的关系。是“道”决定“德”，还是“德”符合“道”呢？根据《道德经》中老子对“道”的论述及前面对“道”的分析可知，“道”是客观存在，是自然规律，那么“道”就不会去决定什么。所以，“孔德”不是由“道”决定的，“孔德之容”只能服从、符合“道”的标准。

我们再来讨论“孔德”是什么样的“德”。在《道德经》中，从“德”的有无看，分“有德”和“无德”；从“德”的层级看，有“上德”和“下德”之分，还有“玄德”。“孔德”首先是“有德”，但什么样的“德”可以称为“孔德”呢？“孔”的本意是小洞，表示小。那么“孔德”是“小德”吗？这显然不符合人们对“德”的习惯称谓，虽然“德”有时用“大德”来形容，但却不以“小德”与之相对应。“孔德”到底是什么意思呢？如果“孔德”是“大德”或者“美德”，我们不禁要问，只有“大德”和“美德”才符合“道”吗？显然不是。根据我们对生活的理解和价值判断，不论大小，凡是够得上“德”的，都是应该给予赞美和肯定的。因此，我认为“孔德”所要表达的意思是：凡是有德，都应该符合“道”才是。

其实，“孔德”不是一个词，而是一个词组，“孔”是一个形容词，是“小”的意思。表达的是“德”无论看起来怎么小，怎么不起眼，凡是可称得上“德”的，它都是符合“道”的。所以，“孔德”是指一切“德”。这也进一步说明，“德”是“道”在人类活动中的自然体现。

“德”是“道”的现实体现，在生理上给人舒适，在心理上让人舒服、愉悦和快乐，在视觉上给人以美感，这些都符合“道”。所以，“孔德”是指一切德，不论大小。

2. 什么是“玄德”

有学者把“玄德”翻译为玄妙幽深的德性。德性为什么要那么玄妙幽深呢？这看起来让人匪夷所思。

要弄清楚“玄德”，还是要看看老子为什么把以下三种情况称为“玄德”。

一是“生之畜之，生而不有，为而不恃，长而不宰，是谓玄德”。这句话的基本意思是：生育子女而要养育他们，生育子女但不能作为自己的私有财产，养育子女而不居功，子女在成长的时候不加干预和主宰，这就是玄德。试想，为人父母以这样的态度对待子女的成长，那要有怎样的修行？即使是今天，又有多少父母能够这样对待自己的子女呢？如果有人真的做到了，外人有谁能觉察到或认识到他这样做了，又有谁会认为他这样做是符合“道”的行为，是一件很有“德”的事呢？这是私德。

二是“生而不有，为而不恃，长而不宰，是谓玄德”。如果你是公众人物，有一定的权力，当你促成了一件事物的发生但不把这件事情当成是自己的，你保障这件事情顺利发展而不觉得自己有功，在事情健康发展的过程中不指手画脚地干涉，同样，当事情有了好的结果时，极少有人能感觉到你在其中所起到的作用，你的行为是不是很符合“道”？能做到这样，是不是一个有德的人呢？不言而喻，这是公德。

三是“知此两者亦稽式。常知稽式，是谓玄德。玄德深矣，远矣”。这句话的本意是：知道用智治国和不用智治国的利害，并经常进行检查考核，长期坚持，就能给人民带来福分。玄德能给人类带来深远的影响。毋庸置疑，如果统治者中有人这样做了，必然会社会安定，百姓幸福，但是谁又能知道其中的原因呢？社会达到顺应自然，健康发展，进而国富民强，这是一种很有德的行为。所以，这种“玄德”也属于公德。

可见，“玄德”是一种看不见、藏而不露的德性，也可以说是一种默默无闻的德性，往往你做了很有德的事，而别人却不知道。因此，“玄德”的本质是“上德”，与玄妙幽深没有关系。

“玄德”，不是深奥、深不可测、高不可攀、一般人难以企及的“德”；不是不能理解、看不见摸不着的“德”。相反，“玄德”是只要愿意，任何人都能做到，但自己往往感觉不到，也不被别人了解、知晓的“德”！

同样，第十五章“古之善为士者，微妙玄通，深不可识”中的“玄通”也不是指难以理解的“通”，而是指学识与言行能达到完全融合的境界的“通”。

第五十六章“和其光，同其尘，是谓玄同”中的“玄同”也不是指深奥的“玄同”，而是指一种难以觉察但却相互交融的“同”，可称作水乳交融的“同”、妙不可言的“同”。

“玄德”“玄同”“玄通”中的“玄”都不代表玄奥，非指深不可测，而是指德、同、通的过程都那么自然，因而被人忽视或无法察觉。简言之，“玄德”是“德”的结果能看得见、体会得到，但其过程却不被人知晓。“玄同”是“同”的结果能被人看到，但却无法分辨其中“不同”的个体，就像白光是赤橙黄绿青蓝紫七色光产生的“同”，我们也知晓白光的“同”中含有七色的“不同”，却不能知晓七色是怎样达到了白光的“同”。“玄通”是“通”的结果让人感到自然和谐，但是不知道士是怎样把知识完美而自然地融入言行中，使世人感到那么自然贴切。

3. 什么是“上德”

“上德不德，是以有德”，意思是真正有德性的人，不把德挂在口头上，或者在表面上表现为有德，但实际行动中做符合“道”的事情。所以，“上德”也是一种含而不露的德性。

“玄德”属于“上德”，不同的是，“上德不德”具有主观性，是具有“上德”的人主观上“不德”；“玄德”则具有客观性，是具有“玄德”的人在客观上“不德”。

4. 老子提倡什么样的“德”

从整部《道德经》来看，老子提倡和尊崇的是“玄德”和“上德”，因为这两种“德”都完全符合“道”。而且具有这两种“德”的人，日常并不表现出来，甚至不被一般人察觉。因此，“玄德”和“上德”只利人不伤人。

当然，老子并不拒绝任何有德的行为，因为“孔德之容，惟道是从”，凡是有德，都符合“道”。

十、关于“善”

1. 什么是“善”

“善”的本意是吉祥，做形容词时有吉、美好、善良、慈善、应诺、慎重、高明、熟悉等意思，做动词时有擅长、修治、羡慕、认为好、赞许、友好等意思。

2. 老子所说的“善”是什么

老子《道德经》中的“善”，最主要的意思就是利他、为而不争的品格。例如：

（1）水的善。“水善利万物而不争，处众人之所恶”，意为水的善在于有利于万物而不争功；能够待在众人都厌恶的地方，其实也是一种不争的表现。

（2）人的善。“上善若水”，人类中上乘的善，就是应该像水一样为而不争、万事不争。

所以在老子看来，“善”就是利他、不争（不争功名、不争高下）、谦让、忍辱、受屈。

英国哲学家弗朗西斯·培根在《论善》中也说：“利他的品格就是善。”可见，哲学家对“善”的理解是一致的。

3. 老子为什么说“上善若水”

老子说“上善若水”，这里的“善”肯定是指人的“善”，而人的“善”一般分为两种：一种是对己，另一种是对他。对己，是一个人具有善良的品格，对人友好慈善，不做不利于他人的事，主观上没有损害他人的想法，也不在行动上损害他人。对他，则是一个人不仅善待他人、不损害他人的人格，而且遇事为他人着想，总是做有利于他人的事，并且不为此争名逐利，为他人做了好事却被误解，也不争辩，且能表现平静，继续行善不止。比较两种“善”，后者肯定高于前者，所以老子称后者为“上善”。“上善”表现出来就像水一样，“上善若水”既是指“善”的更高层境界，也是指要达到“善”的更高境界就必须像水一样。因为“水善利万物而不争，处众人之所恶”的品格也是“道”的品格，所以“上善若水”就是符合“道”的品格。人的至善是“道”，“上善若水”也接近于“道”。

4. 《道德经》中的“善”有哪些用法

（1）善良，例如：

“天下皆知美之为美，斯恶矣；皆知善之为善，斯不善矣”。

德善，即真正的善，例如“善者，吾善之；不善者，吾亦善之，德善”。

“天道无亲，常与善人”。

“善者不辩，辩者不善”。

（2）擅长，例如：

“善行无辙迹，善言无瑕谪[①]，善数不用筹策（古代计算工具）。善闭，无关楗[②]而不可开；善结，无绳约而不可解”。

（3）善于，例如：

“古之善为士者，微妙玄通，深不可识”。

“善有果而已，不敢以取强”。

“善建者不拔，善抱者不脱，子孙以祭祀不辍”。

“古之善为道者，非以明民，将以愚之”。

“江海之所以能为百谷王者，以其善下之，故能为百谷王”。

“善为士者不武，善战者不怒，善胜敌者不与，善用人者为之下”。

“天之道，不争而善胜，不言而善应，不召而自来，繟然而善谋”。

（4）利他、不争，例如：

“上善若水”；“水善利万物而不争”。

“居善地”——居住在没有争议的地方。

“心善渊”——保持心态平静，与世无争，似深渊不可测。

“与善仁”——给予仁爱，不分彼此（隐含不引起他人的纷争）。

“言善信”——说话真诚，值得相信（隐含不引起真伪之争）。

“正善治”——公正能实现治理国家的目标（公正就不会发生纷争）。

“事善能”——妥善做事，能取得效果（隐含不争）。

“动善时”——行动能够把握时机（不早不晚，也不会产生争执，是不争的一种）。

---

① 读 xiá zhé，意为缺点、过失。

② 读 jiàn，意为竖插在门闩上使闩拨不开的木棍。

5. 老子提倡什么样的“善”

（1）上乘的善——上善，“上善若水”，即上乘的善应像水一样，因为“水善利万物而不争，处众人之所恶，故几于道”。

（2）圣人之善——德善，即真正的善，“善者，吾善之；不善者，吾亦善之”。

（3）创业与守业者的善——“善建者不拔，善抱者不脱，子孙以祭祀不辍”。

（4）江海之善——“江海之所以能为百谷王者，以其善下之，故能为百谷王”。

（5）天之善——“不争而善胜，不言而善应，不召而自来，繟然而善谋”。

（6）不争之善——“天道无亲，常与善人”。因为善人不争，所以天道常与善人。

十一、什么是“无为”和“无为而为”

“无为”和“无为而为”是《道德经》中两个非常重要的概念，也是老子关于社会治理的重要理念。正确理解这两个概念，对于正确理解《道德经》至关重要。《道德经》中与这两个概念相关联的还有“处无为之事”“行不言之教”“为无为，则无不治”等，这些概念表达的真正意思是什么呢？

“无为”，字面意思是不作为、不做事，很多人也这么认为。但是老子提倡“无为”的本意完全不是这样。

《道德经》中的“无为”，是一种思想理念，即在思想意识上认为不需要作为，而不是指行动上的不作为、没有作为。从意识指导行动来看，“无为”的意思是：如果主观意识到不需要作为，在行动上就不要作为；如果主观意识层面还不清楚该不该作为，在行动上就更不要作为。因此，

《道德经》中的“无为”是基于对客观世界的正确理解与认识，认为行动上不能盲目作为和乱作为的一种思想理念。

“无为”，是指对客观世界的认知达到较高的境界，能够认识到什么该为，怎样为；什么不该为，就不为。“无为”是意识上“无为”导致行动上“无为”，是一种“主动”的“无为”，而并非情感上的“无为”导致的“无为”，比如不愿为、不想为、不敢为、不能为、不作为的被动“无为”。因此，行动上是否“无为”，完全取决于思想意识的结果。

“无为”有两种情形：一种是不主观去做世上还没有的事情；另一种是世上已经发生或存在这种事情，但不去刻意提倡或强化它。这两种“无为”，其本质都是要尊重自然或规律，让一切事物都按照“道”自然发生、自由成长。

可见，不作为、无心作为与“无为”理念是完全不沾边的。

“无为”和“为无为”并不是一般人能做到的。在《道德经》中，只有“道”、圣人、得道的人和具备“上德”的人才能做到。所以，要想做到“无为”和“为无为”，非具有高尚的品德和非凡的智慧不可，把懒政和不作为与“无为”画等号，那只是庸人的自我安慰罢了。

“无为而为”，指在思想意识上认为无须作为，在行动上则坚持“无为”；当客观情况发生变化，思想上意识到需要作为、不得不为时，在行动上一定要做到有为，否则，那就是不作为了。例如发生了干旱，农作物快要干死了，这时就要进行人工浇水；网络方便了人们的生活，但当网络上出现暴力和犯罪时，那就要立法予以纠正和预防，否则，就是不作为了。因此，“无为而为”是基于对客观世界的正确理解与认识，认为必须付诸行动、必须有所作为，但行动和作为要符合客观规律的一种思想理念。

老子提倡的“道冲而用之”，“此三者以为文不足，故另有所属”，“圣人常善救人，故无弃人。常善救物，故无弃物”，“化而欲作，吾将镇之以无名之朴”，均属于“无为而为”。反过来说，在事物正常发展时，你不需要去做什么，如果你刻意或主动去做了，就会“妄作凶”等，这些都是老子提倡“无为而为”的生动体现。这也说明，“无为”不是不作为，而是指不乱作为。

1. 处无为之事（第二章）

圣人“处无为之事”是老子在第二章根据“天下皆知美之为美……前后相随，恒也”而得出的结论。因为世间万事万物都是相对而生，人们通过比较进行判断，相对或比较的双方可以相互转化。所以，人为地去判断事物也就没有意义；既然没有意义，也就没有必要去作为，这就是“处无为之事”的原因。圣人懂得这个道理，所以圣人“处无为之事”。

根据第二章，“圣人处无为之事”是指“万物作焉而不辞”，即在万事万物自由成长的过程中不加干预，并防止外界影响妨碍万事万物自由生长。

什么叫“万物作焉而不辞”？字面意思是在万事万物自由成长的过程中不加干预，隐喻老百姓的生活和行为状态就像万物作焉，万物按时节成长发育，百姓的生活也是这样，所以，不要去干预老百姓的生活和行为方式，就像春天里万物顺势成长不需要干预一样。这就是“无为之事”。

2. 不言之教（第二章）

圣人“行不言之教”，指圣人不是用语言去说服教育别人，而是用自己的行为去感化和带动别人，从而达到教育别人的目的。此处的“教育”不是指目标，而是指客观行为的结果。“不言之教”类似于今天所说的榜样的示范作用。在《道德经》第二章，“不言之教”具体是指“生而不有，为而不恃，功成而弗居”。之后各章还有：

“不尚贤，使民不争。不贵难得之货，使民不为盗。不见可欲，使民心不乱”。

“养之覆之。生而不有，为而不恃，长而不宰”。

“为腹不为目，故去彼取此”。

“是以圣人去甚、去奢、去泰”。

“是以圣人自知不自见，自爱不自贵。故去彼取此”。

“是以圣人执左契，而不责于人”；“为而不争”等。

这些都是圣人行“不言之教”的具体表现。

3. 为无为，无不治（第三章）

此处的“无为”是指客观存在，但是如果把这种客观现实予以提倡或强化，就会导致不良的后果。所以，对于这种可能导致不良后果的客观存在，要采取“无为”的态度，即不肯定也不否定、不提倡也不打击，任其自然发展。例如第三章：社会上客观存在贤能之人，如果对贤能之人给予过多的关注，人们就会竞相去争当贤人，人和人之间就会发生“争”的不当行为。如果不崇尚贤能之人，任贤人自然存在，人们就不会产生“争”的心理和行为，就能和谐相处。

所以，做到“无为”，就能达到无所不治。“为无为，无不治”是《道德经》第三章通过推理得出的结论。

在第三章中，“无为”是指“不尚贤”“不贵难得之货”“不见可欲”。为了做到“无为”，圣人之“为”则是“虚其心，实其腹，弱其志，强其骨；常使民无知、无欲，使夫智者不敢为也”。而这些，实际上是不需要去真正作为的，也就是“无为”。这样就能达到“无不治”的结果：民不争、不盗，民心不乱，智者不敢为也。

所以，“为无为”是圣人之为，本质意思是不主观、不刻意、不有目的地作为，防止乱作为。

4. 道常无为，而无不为（第三十七章）

这是拟人的说法，形容“道”作为客观存在，从来没有主观意志，但世间万事万物的发展过程和结果都是“道”作用的结果。

5. 上德无为而无以为，下德无为而有以为（第三十八章）

“上德无为”是指主观上不主动作为；“无以为”是认为不需要作为。因此，拥有“上德”的人不作为是思想意识上认为不需要作为；具有“下德”的人不作为是内心上认为要作为，但其作为是有选择性的，有的可以为，有的可以不为。所以“上德”的“无为”和“下德”的“无为”有本质的区别。

6. 为道日损，损之又损，以至于无为，无为而无不为（第四十八章）

这是指修道人修道的结果。以“无为”的态度治理天下，就能达到

"无不为"的结果，天下就能"常以无事"。

由此可见，"无为"是指按照客观规律去作为；与之相反，"有为"则是按照人的主观愿望去作为。

"有为之事"是按照主观愿望把事情做成。

"无为之事"则是按照客观规律不使某事发生，或做符合客观规律的事。

老子提倡的"无为"，并不是不做事情，而是指不刻意、不主观、不想当然、不任意地去作为；"有为""而为"则是顺势作为，即按照客观规律去做事情，或者及时纠正不符合"道"的行为和作为。这对于统治者来说尤其重要。

从以上分析还可以看出，"无为"主要是指圣人"无为"、道通常"无为"、上德"无为"和得道者"无为"。除此之外，世间所有人都在"有为"。"有为"也许是社会发展不平衡的根源。

作为统治者、侯王、国君，除了要尊道、树德，还要在此基础上"处无为之事，行不言之教"。

"处无为之事"，首先要做到"我无为而民自化，我好静而民自正，我无事而民自富，我无欲而民自朴"。在百姓"化而欲作"时，"镇之以无名之朴"，"长之育之，亭之毒之；养之覆之"。上升至社会管理层面，在"以为文不足"的情况下，做到"令有所属"。

十二、关于"无"和"有"，"无名"和"有名"

1. "无"和"有"

"无"和"有"同"无为"和"无为而为"一样，是《道德经》中的两个重要概念，也是"道"的基本元素，是事物相互依存、相互转化的两个方面。

"无"的基本意思主要有：

（1）没有、空无。表示什么也没有或没有某种物质，比如真空，是指空间里什么也没有；杯子里无水，是指杯子里没有水这种物质等。

（2）不存在。一种事物尚未出现，比如汽车是由各种零件组成，在零件组装成汽车之前，虽然有零件，但是汽车还是属于“无”的状态。

（3）表示一种物质产生前的另一种状态，并不是没有、空无的意思。例如鸡蛋在孵化前虽然“无”小鸡，但生成小鸡的鸡蛋是客观存在的，这是有小鸡前的一种状态。

（4）不。表示否定，无辜、无为等。

“有”则与“无”相对，指事物已经存在、发生，是指世界上一切看得见、摸得着、听得到的事物。

《道德经》中的“无”和“有”是什么意思呢？

在《道德经》中，“无”和“有”往往同时出现，“无”表达的意思主要是上述第（2）和第（3）种意思。“无”不是空无、没有的意思，而是相对“有”而言，所表达的是“有”之前的“无”，是一种“有”存在的状态，因为“有”是客观存在的一种物质状态，所以“有”是“无”的物质基础，“无”是“有”的另一种存在情形。例如苹果树可以结出苹果，但苹果树在冬天是没有苹果的，苹果从无到有的过程必须有苹果树这个物质基础。所以，没有“有”，“无”也无法产生“有”，就像没有苹果树，无论如何也得不到苹果；真空里也无法诞生任何新事物，无法实现从无到有的过程。可见，《道德经》中的“无”是指“有”之前的“无”，与“有”相对应。例如：

第一章，“无”以“无名”出现，“有”以“有名”出现，即“无名天地之始，有名万物之母”。此处“无”和“有”是指事物的名称，“无名”相对于“天地”这个“有名”而言，“无名”是指不知道名称的物质，第二十五章称之为“混成物”；“有名”是指天地。因此，“无名”（物质）是“有名”（天地）之前的客观物质存在的一种形式或状态，“天地”由“无名”（物质）转变而来，是“有”物质基础的，是物质运动变化的结果。

第十一章，“三十幅共一毂，当其无，有车之用”，此处的“无”，则是空无的意思，是指车毂中间的空洞，但这个“无”也是相对于“有”而言，如果没有“毂”这个“有”，“无”也不会“有车之用”。所以，“有之以为利，无之以为用”充分说明了“有”和“无”的相互依存关系，“无”和“有”必须是同一事物的两个方面，否则其依存关系就不会存在。

第四十章，“天下万物生于有，有生于无”，此处的“有”和“无”则有以下几种意思：

（1）“有”是指天地，与第一章的“有”相对应；“无”也可以理解为第一章的“无”，指天地前的无名物质。不过，这样理解虽然是正确的，但这两句话的意思就与第一章的意思有些重复，其含义远小于本章所要表达的“有”的含义。

（2）“有”表示一种初始的状态，例如地里有麦苗、山上有树木等；“无”则表示“有”的另一种情形，如地里没有麦穗、树上没有叶子和果实等。

（3）“有”是产生万物的物质基础，没有物质基础就不会产生“万物”，这是必要条件，例如长成小麦需要有小麦种子；“无”则表示产生物质基础的先决条件，例如土壤、水、阳光和小麦的本体，这些物质都不是小麦种子，是产生小麦种子前的“无”；没有这些“无”，就不可能有小麦种子。

（4）“无”和“有”表示新兴事物的诞生。例如世上不曾有汽车，即无汽车，但是后来有了，这是汽车从无到有的过程。汽车又是怎么“生于有”的呢？有汽车是因为产生了可以组装成汽车的零件，而这些汽车零件又是由各种更原始的材料加工产生的，汽车就是这样从无到有的，即“有生于无”。

所以，“有”和“无”的关系可以是“无”—“有”—“无”，而不能是“有”—“无”—“有”。例如树上没有苹果—树上有苹果—树上没有苹果，这个过程是同一事物从无到有，从有到无的过程，过程是成立的；如果树上有苹果—树上没有苹果—树上有苹果，这个过程是不成立的。因为从树上有苹果到树上没有苹果是一件事物，树上再有苹果就是另一事物，与上次的有苹果已经不是同一件事了。

我们还可以看出，在“无”—“有”—“无”的过程中，其实“无”也是“有”，例如树上没有苹果，但是有苹果树，如果没有苹果树，也就不会有后来的苹果，这就是“天下万物生于有，有生于无”的含义。

2. 关于“无名”和“有名”

“无名”和“有名”也是《道德经》中的两个特有名词，虽然使用次数不多，但却有特定的含义。如果认识不清，会产生歧义。其中“无名”用了四次，“有名”用了两次，分别如下：

第一章：“无名天地之始，有名万物之母”，此处的“无名”特指“先天地而生的混成之物”，而“有名”相对于“无名”，特指“天地”。所以，此处既不能把“无名”和“有名”看成“没有名称”和“有名称”，更不能把“无名”分成“无”和“名”，把“有名”分成“有”和“名”。

第三十二章：“道常无名，朴”，此处的“无名”是指没有名气或没有具体的名称。

第三十七章：“化而欲作，吾将镇之以无名之朴。无名之朴，夫亦将无欲”，此处“无名”的用法与第三十二章相同。

第四十一章：“道隐无名”，此处“无名”用法与第三十二章相同。

第三十二章：“始制有名，名亦既有，夫亦将知止，知止可以不殆”，此处“有名”指事物的具体名称，即制度的名称。

十三、关于“鬼神”

老子《道德经》中有三章提到了“神”：第六章“谷神不死，是谓玄牝”；第三十九章“昔之得一者，天得一以清，地得一以宁，神得一以灵”，“神无以灵将恐歇”；第六十章“以道莅天下，其鬼不神；非其鬼不神，其神不伤人”。第六十章的“神”是指“鬼”的作用，而不是指“神”本身。

这是否意味着老子信奉“鬼神”呢？

老子讲“道”，“道”是哲学，是科学，是关于自然规律和社会发展的科学，用现代的观点看老子，他应该是一个唯物主义者，他信奉的是“道生一、一生二、二生三，三生万物”，以及“万物负阴而抱阳，冲气以为和”的自然法则。那么，“鬼神”是否属于万物呢？

“神”和神话产生在生产力水平低下的远古时代，是人们为了争取生存、提高生产能力而产生的认识自然、支配自然的积极要求。从这个意义上讲，“神”和神话也是由“天地”而产生的万事万物之一，只不过这个“物”不是物质的“物”，而是精神的“物”，是看不见、摸不着的。

神话中充满神奇的幻想，它给原始劳动者的愿望和世界万物的生长变化都蒙上一层奇异的色彩。神话中的“神”大多具有超人的力量，是原始人类的认识和愿望的理想化。它是根据原始劳动者的自身形象、生产状况和对自然力的理解想象出来的。狩猎经济比较发达的部落，所创造的神话人物大多与狩猎有关；农耕发达的部落所创造的神话人物多与农业有关。人以刀斧、弓箭为武器，神话中的人物也就变成以这种工具武装起来的英雄。神话中的主人公被想象为超人，但有时也会遇到挫折和厄运，这反映了神话幻想的现实制约性。透过神话幻想的折光，从神话人物的作为和斗争可以约略看到当时人的作为和斗争。

《道德经》中的“神”这个概念不是宗教性质的，而是个信仰概念、制度概念。纵观世界史，“神”存在于各个民族，“神”的形象与信神的民族有关。

中国的远古神有伏羲、女娲、神农、黄帝、祝融、共工、西王母等，记载于《淮南子》《山海经》《搜神记》《神仙传》等。

“鬼”，始见于商代甲骨文，其古字形像人身大头的怪物，本意是某些宗教或迷信的人认为人死后的灵魂。古人认为“鬼，归也”，人死为

"鬼"，指人回到原来的地方。后来把"鬼"看作人的异化，如屈原《九歌·国殇》"魂魄毅兮为鬼雄"，为赞美之辞。现代汉语中的"鬼"常用于指邪恶、恐怖的东西，含贬义。

夏、商、周三代都有鬼神崇拜，而商朝最重视，不论事情大小，都要问神占卜。但是殷人所崇拜的鬼神实际上是自己的祖先，也就是说，殷人相信其祖先死后会成为鬼神，而且能降福祸于子孙。

由此可见，老子所提到的"鬼"，也不是我们今天用于指代邪恶、恐怖意义的那个"鬼"，而是指死去的祖先。

《道德经》中的"神"，都没有提到具体的名称[①]，所以，我认为老子是拿"神"来说事，来强化自己的观点，并不意味着老子信奉神灵，就像我们今天常常拿鬼神来说事一样，例如鬼才相信、鬼都不信、过着神仙般的生活之类的话。

古人自商代开始"尊天事鬼"，老子处在那样一个万物有灵、崇拜鬼神的时代，讲到鬼神是很自然的。

十四、《道德经》涉及哪些思想领域

"道"，是从抽象理论层面讲自然规律，"德"则是从具体实践层面讲怎样运用自然规律或体现自然规律。

哲学本意是热爱智慧、追求真理，是一种以辩证方式，使人聪明、启发智慧的学问，是探索人与自然关系的一种方式。哲学可以看作一种尺度。这种尺度的作用在于，从理性存在物本身出发，去寻找理性的本质（本源）及自存与世界其他存在物的关系。

老子的《道德经》是一部思想的宝库，它融哲学、科学、治国、军事、外交、人生修养等于一体。这部诞生于2500多年前的著作，围绕"道"与"德"纵横论述，虽然包含哲学思想和哲学智慧，但从老子的本

① 第六章的"谷神"不是一个名词，而是一个形容词，意思是"谷"像"神"一样不死，因为在所有的神话中，"神"都是永远不死的。

意和出发点来看，更侧重于教人如何治国理政、修养品格，所以历久弥新，给我们以思想启迪和方法指导。

1. 哲学思想

唯物的世界观：道生万物；运动是永恒的，万物遵道而运动，运动永不停息、循环往复；事物是变化的，且有规律性。辩证的思想，事物对立统一的思想，“有”“无”相互生成、相互转化、相互依存等，这些都是老子哲学思想的体现。例如：

“道可道，非常道。名可名，非常名。无名天地之始，有名万物之母”；“此两者同出而异名，同谓之玄”。

“有无相生，难易相成，长短相形，高下相倾，音声相和，前后后相随”。

“道冲而用之，或不盈”。

“天地之间，其犹橐籥[①]乎？虚而不屈，动而愈出”。

“谷神不死，是谓玄牝。玄牝之门，是谓天地根。绵绵若存，用之不勤”。

“上善若水。水善利万物而不争，处众人之所恶，故几于道”。

“三十幅共一毂，当其无，有车之用”，“故有之以为利，无之以为用”。

“曲则全，枉则直，洼则盈，敝则新，少则得，多则惑”。

“希言自然。故飘风不终朝，骤雨不终日”。

“企者不立，跨者不行”。

“强字之曰道，强为之名曰大。大曰逝，逝曰远，远曰反。故道大，天大，地大，人亦大。域中有四大，而人居其一焉。人法地，地法天，天法道，道法自然”。

“重为轻根，静为躁君”。

---

① 橐，读 tuó，古代吹火器。籥，读 yuè，古代乐器，形状像笛。

“反者道之动，弱者道之用。天下万物生于有，有生于无”。

“道生一,一生二,二生三,三生万物”。

“道生之，德畜之，物形之，势成之”。

“图难于其易，为大于其细。天下难事，必作于易；天下大事，必作于细”。

“其安易持，其未兆易谋，其脆易泮，其微易散。为之于未有，治之于未乱。合抱之木，生于毫末；九层之台，起于累土；千里之行，始于足下”等。

2. 科学性、科学态度与科学精神

“常无欲以观其妙；常有欲以观其徼”——科学态度。

“玄之又玄，众妙之门”——科学精神。

“致虚极，守静笃。万物并作，吾以观复”——科学态度。

“有物混成，先天地生。寂兮寥兮，独立而不改，周行而不殆”——科学性。

“万物负阴而抱阳，冲气以为和”——科学性等。

3. 治国理念

“为无为”：“万物作焉而不辞”；“不尚贤”“不贵难得之货“不见可欲”；“无为而无不为”。

“无为而为”：“虚其心，实其腹，弱其志，强其骨”；“执古之道以御今之有”；“绝圣弃智；绝仁弃义；绝巧弃利。此三者以为文不足，故令有所属：见素抱朴少私寡欲，绝学无忧”；“以正治国，以奇用兵，以无事取天下”；“治人事天，莫若啬”；“行无行，攘无臂，扔无敌，执无兵”；“治大国，若烹小鲜。以道莅天下”；“为之于未有，治之于未乱”等。

这些治国的思想理念，除了“为无为”还不被人们理解和采纳应用，其他的都能在现实社会中用到。例如2020年初新冠肺炎疫情突袭而至，中国政府立即采取应对措施，使疫情蔓延势头得到及时控制，证明了“为之于未有，治之于未乱”的正确性和重要性。

4. 军事思想

《道德经》涉及军事方面的观点主要是：不主动挑起战争，但要积极防御；战争没有真正的胜利者，不得已动用武力，要适可而止。例如：

“不以兵强天下”。

“兵者不祥之器，非君子之器，不得已而用之，恬淡为上。胜而不美，而美之者，是乐杀人”。

对于战争，应“以悲哀泣之；战胜，以丧礼处之”。

“以正治国，以奇用兵，以无事取天下”。

“善为士者不武，善战者不怒，善胜敌者不与”。

“吾不敢为主而为客，不敢进寸而退尺”。

“是谓行无行，攘无臂，扔无敌，执无兵。祸莫大于轻敌，抗兵相若，哀者胜矣”等。这些军事思想今天人们仍在用、仍在发挥作用。

5. 外交思想

《道德经》中涉及的外交思想主要为：国家不论大小，都不应互相干涉内政，要相互尊重，大国尊重谦让小国，小国尊重礼让大国。例如：

“大邦者下流”。

“大邦以下小邦”。

“小邦以下大邦”。

“大邦不过欲兼畜人，小邦不过欲入事人。夫两者各得所欲，大者宜为下”。这种外交思想今天依然适用。

6. 道德修养

在个人修养方面，老子提倡：

“生而不有，为而不恃，功成而弗居”。

“后其身而身先，外其身而身存”。

“上善若水。水善利万物而不争，处众人之所恶，故几于道。居善地，心善渊，与善仁，言善信，正善治，事善能，动善时。夫唯不争，故无忧”。

“不自见故明，不自是故彰，不自伐故有功，不自矜故长”。

做人的最高境界是“生之畜之，生而不有，为而不恃，长而不宰”。

“知其雄，守其雌，为天下谿。为天下谿，常德不离，复归于婴儿。知其白，守其黑，为天下式。为天下式，常德不忒，复归于无极。知其荣，守其辱，为天下谷”。

“善建者不拔，善抱者不脱，子孙以祭祀不辍。修之于身，其德乃真；修之于家，其德乃余；修之于乡，其德乃长；修之于邦，其德乃丰；修之于天下，其德乃普”。

“治人事天，莫若啬”。

“轻诺必寡信，多易必多难”。

“我有三宝，持而保之。一曰慈，二曰俭，三曰不敢为天下先。慈故能勇；俭故能广；不敢为天下先，故能成器长”。

“知不知，尚矣；不知知，病也”。

“是以欲上民，必以言下之；欲先民，必以身后之。是以圣人处上而民不重，处前而民不害”。

“故不可得而亲，不可得而疏；不可得而利，不可得而害；不可得而贵，不可得而贱；故为天下贵”等。

《道德经》是一部思想的宝库，其中涉及的思想不只是以上提到的几个方面，仔细品读，会有更多感悟。

十五、《道德经》为社会治理开出了哪些妙方良策

核心理念：处无为之事、行不言之教；为无为、无为而为。

处无为之事：万物作焉而不辞。

行不言之教：生而不有，为而不恃，功成而弗居。

主要方法与措施有：

方法之一：不尚贤，不贵难得之货，不见可欲。

相应措施：虚其心，实其腹，弱其志，强其骨；常使民无知、无欲，使夫智者不敢为也。

方法之二：道冲而用之。

相应措施：挫其锐，解其纷，和其光，同其尘，湛兮似或存。

方法之三：以百姓为刍狗。

相应措施：多言数穷，不如守中。

方法之四：守信，信不足焉，有不信焉。

相应措施：悠兮其贵言。

方法之五：绝圣弃智；绝仁弃义；绝巧弃利。

相应措施：见素抱朴，少私寡欲，绝学无忧。

方法之六：将欲歙之，必固张之；将欲弱之，必固强之；将欲废之，必固兴之；将欲取之，必固与之。

相应措施：国之利器不可以示人。

方法之七：对百姓德善德信——善者，吾善之；不善者，吾亦善之。信者，吾信之；不信者，吾亦信之。

相应措施：歙歙焉为天下浑其心。

方法之八：加强自身修养要塞其兑，闭其门；挫其锐，解其纷；和其光，同其尘。

相应措施：不可得而亲，不可得而疏；不可得而利，不可得而害；不可得而贵，不可得而贱。

方法之九：以正治国，以奇用兵，以无事取天下。

相应措施：无为而治——无为民自化；好静民自正；无事民自富；无欲民自朴。

方法之十：其政闷闷，其政察察。

相应措施：方而不割，廉而不刿，直而不肆，光而不耀。

方法之十一：治人事天，莫若啬。

相应措施：早服积德。

方法之十二：治大国，若烹小鲜。

相应措施：以道莅天下。

方法之十三：大邦者下流（外交）。

相应措施：大邦以下小邦，小邦以下大邦。大邦不过欲兼畜人，小邦不过欲入事人。两者各得所欲，大者宜为下。

方法之十四：为之于未有，治之于未乱。

相应措施：慎终如始，则无败事。

以上是老子在《道德经》中为统治者提供的一些主要的治国理政方法与措施。这些方法和措施，体现了老子“处无为之事，行不言之教”的思想理念，与我们现在提倡的法制社会有许多不同。哪种方法更好，要看是否适应当时的历史阶段。从人类的理想和发展的终极目标看，“无为而为”更符合“人的全面而自由的发展目标”。

十六、《道德经》给我们透露了哪些信息

1. 借古论今

老子在《道德经》中多次提到古人，例如：第十四章“执古之道以御今之有”、第十五章“古之善为士者”、第二十二章“古之所谓曲则全者”、第六十二章“古之所以贵此道者何”、第六十五章“古之善为道者，非以明民，将以愚之”等。

古人，通常区别于当世的人，即过去的人、古代的人，也可指古代的圣贤或者古人类。

随着时间的推移，只要到人世间来过一趟的人都要成为古人。差别只在于生活的时代不同。另外，古人也曾指古代的圣贤（有时也指普通的人），在社会上有一定影响的名人，例如老子、孔子、李时珍、李白、杜

甫、宋徽宗、李清照。当然，这些古代圣贤，老子在世时有的还没有出世，只是我们眼中的古人。所以，老子眼中的古人肯定指那些已经过世的圣贤。

在2500年后的我们看来，老子是相当有智慧的古代圣贤。老子那样一个有智慧的人，还得借古喻今，难道是他的智慧不足吗？当然不是，老子之所以要借古喻今，说明两个问题：一是古人确实有“今人”（当时的今人）值得学习和借鉴的方面，因为他们曾经做得很好，比如第三十九章“昔之得一者，天得一以清，地得一以宁，神得一以灵，谷得一以盈，万物得一以生，侯王得一以为天下贞”；二是人们往往不相信本世有圣贤，而更愿意相信前世的圣贤，正所谓“仆人眼中无伟人”，距离近了，就不显伟大。所以，再伟大的人，再正确的观点和道理，有时也需要借古人的面子，人们才肯相信。这就是古人也要借古人之名的道理。

因此，老子也需要“借古论今”。

2. 对当下的不满和失望反映出当时统治阶级及社会的状况

老子在《道德经》第三十九章描绘了“昔之得一者”的美好情景和状态，并指出与之相反的情景，透露出当下社会不可言状的政治生态和令人极度失望的社会现实。对社会现状的不满也许是老子写出《道德经》的外部原因，抨击社会弊端和统治者的不德行为，或直接或暗示，在《道德经》尤其是《德经》中随处可见。

老子在《道德经》中对社会时弊进行了针砭，透露出统治阶级的腐败和腐朽，体现在以下几个方面：

“不尚贤，使民不争。不贵难得之货，使民不为盗。不见可欲，使民心不乱”，显示当时“尚贤、贵难得之货、见可欲”之风很浓，由此产生了不良社会风气，即“民争、民盗、民心乱”。

“载营魄抱一，能无离乎？专气致柔，能如婴儿乎？涤除玄鉴，能无疵乎？爱民治国，能无为乎？天门开阖，能为雌乎？明白四达，能无知乎？”老子连发六问，表现出他对当时统治者言行不一、求全责备、胡乱作为、争强好胜、傲慢无知的尖锐批评与厌恶。

“五色令人目盲，五音令人耳聋，五味令人口爽，驰骋畋猎令人心发狂，难得之货令人行妨”，反映出统治阶层奢靡的生活状况。

“大道废，有仁义；智慧出，有大伪；六亲不和，有孝慈；国家昏乱，有忠臣”，不良的政治气氛、社会环境一目了然。

“唯之与阿，相去几何？善之与恶，相去若何？人之所畏，不可不畏。荒兮，其未央哉！众人熙熙，如享太牢，如春登台。我独泊兮，其未兆，如婴儿之未孩；儡儡兮，若无所归。众人皆有余，而我独若遗。我愚人之心也哉！沌沌兮。俗人昭昭，我独昏昏；俗人察察，我独闷闷”，描述当时世风日下的境况。

“奈何万乘之主，而以身轻天下”，抨击统治者治理天下朝令夕改。

“将欲取天下而为之，吾见其不得已。天下神器，不可为也，为者败之，执者失之”，“师之所处，荆棘生焉；大军之后，必有凶年”，“兵者不祥之器，非君子之器，不得已而用之，恬淡为上。胜而不美，而美之者，是乐杀人。夫乐杀人者，则不可得志于天下矣”，反映春秋时期诸侯国相互兼并、连年战争。老子对那些不考虑百姓疾苦，违反社会发展规律，以不当的方式获取天下的统治者进行了批判。

“昔之得一者，天得一以清，地得一以宁，神得一以灵，谷得一以盈，万物得一以生，侯王得一以为天下贞”，以“昔之得一者”的清明状况对比抨击当时社会的浑浊状态。

“人之生，动之于死地，亦十有三。夫何故？以其生生之厚”，反映了上层社会生活富足奢靡及其所带来的不良后果。

“大道甚夷，而人好径。朝甚除，田甚芜，仓甚虚，服文采，带利剑，厌饮食，财货有余，是谓盗竽。非道也哉！”这样的社会状况和现实，着实令老子厌恶。

“民不畏威，则大威至。无狎其所居，无厌其所生”，“若民恒且不畏死，奈何以杀惧之”，“民之饥，以其上食税之多，是以饥。民之难治，以其上之有为，是以难治。民之轻死，以其上求生之厚，是以轻死”。可见百姓已到居无定所、没有生路的地步。

以上种种不良社会现象，是老子耳闻目睹的现实写照，是老子观察社会、分析社会的生动体现，是老子思想的源泉，也是老子写成《道德经》的重要原因，更是老子心系百姓的内在动力和外在体现，是老子强烈社会责任感的体现。

3. 圣人情结

老子改造社会的幻想与希望——寄希望于圣人。

从《道德经》来看，老子是很有圣人情结的。《道德经》八十一章中有25章涉及“圣人”，32次提及“圣人”。

在中国传统文化中，“圣人”是指知行完备的至善之人，是有限世界中的无限存在。

一般情况下，“圣人”是指被大众认为具有特别美德和神圣的人。“圣人”的界定经常出现在诸子百家之书籍。有的宗教专门通过一定的仪式加封“圣人”，但也有的“圣人”直接被大众尊奉为“圣人”。在中国，古代圣明的君主帝王，及后世道德高尚、儒学造诣高深者，均称“圣人”。总的来说，“才德全尽谓之圣人”。

“所谓圣人，必须达到自身的品德与宇宙的法则融为一体，智慧变通而没有固定的方式。对宇宙万物的起源和终结已经彻底参透。与天下的一切生灵，世间万象融洽无间，自然相处，把天道拓展入自己的性情，内心光明如日月，却如神明般在冥冥之中化育众生，凡夫俗子永远不能明白他的品德有多么崇高伟大，即使了解一点，也无法真正明白他精神的边际到底在哪里。达到这种境界的人才是圣人”。

“圣贤之所以成为圣贤，那是因为他们不断地使性情保持恭良温逊乃至尊敬不恶！同时又能对自己以及周边事物的美好形态表示赞赏和依依不舍！他们每天日以继夜地致力学习、实践、辩证怀疑，每天不断地交流、审问以反思自己！为的就是让行为有所彰显、感应，而思念、精神永传不朽！”

老子的目的其实也不是要“圣人”治国，而是因为当时社会处于“大道废，有仁义；智慧出，有大伪；六亲不和，有孝慈；国家昏乱，有忠臣”的不良状态，他不得已产生了一种寄托与幻想，希望有“圣人”那样的人物来治理和拯救社会。

“圣人治国”的希望能实现吗？会有“圣人”吗？老子之前都有哪些“圣贤”或“圣人”呢？

中国古代典籍中记载的、著名的、比较受认可的圣人主要有：伏羲、黄帝、炎帝、颛顼、帝喾、尧、皋陶、舜、禹、伊尹、傅说、商汤、伯夷、周文王、周武王、周公、柳下惠等。而在《道德经》中，老子并没有提到他们当中的任何一位，可见，老子心目中的“圣人”并不是指现实中的“圣人”，而是老子想象中的“圣人”，是老子塑造的一个懂“道”而且具有完美人格的理想人物。

老子是在自喻吗？根据老子的见识和品格，老子自喻“圣人”是有可能的。从第七十章不难看出，老子也有怀才不遇的感慨，否则，就不会有“圣人被褐而怀玉”的感受了。

老子把治理社会、改造社会的希望寄托在“圣人”身上，能实现吗？当然不能。因为世上本来就少有“圣人”，偶尔有一个，在当世也未必会被统治者赏识。也许老子正是意识到了自己的理想难以实现，才出关隐居的。

所以，老子的最终目的还是要“消灭圣人”，建成“天下自定”，百姓“甘其食，美其服，安其居，乐其俗”，“小国寡民，邻国相望，鸡犬之声相闻，民至老死不相往来”的理想社会。

虽然老子把改造社会的希望寄托于“圣人”，但他并不认为“圣人”是完美无缺的，相反，他认为“圣人”的存在本身就是社会不正常的一种表现，是对百姓的伤害，因为没有比较就没有伤害，“圣人”本身就是比较的结果。所以老子认为“以道莅天下，其鬼不神；非其鬼不神，其神不伤人；非其神不伤人，圣人亦不伤人。夫两不相伤，故德交归焉”。

可见老子的最终目标还是要“绝圣弃智”，因为这样可以“民利百倍”。不仅要“绝圣弃智”，还要“绝仁弃义、绝巧弃利”，因为“圣智、仁义、巧利”是百姓“羡慕虚荣、生不孝慈之心、有盗窃之举”的原因。并且，对“此三者以为文不足”，需“令有所属”，使百姓“见素抱朴，少私寡欲”，使社会达到“绝学无忧”的状态和境界。

老子虽有“圣人”情结，但真正的目的还是希望统治者能有“圣人”的品格和治国之道。

4. “道”在老子之前已经存在

“古之善道者”，透露出在老子之前，“道”已经在社会上流行或流传了。第二十五章有“吾不知其名”，说明老子说的“道”与古人的“道”是有区别的。

所以，“道”并不是老子的首创，但老子是把“道”系统化、科学化的第一人，也是能用文字赋予“道”内涵并表达出来的第一人。

5. 检查考核源自老子的思想

《道德经》第六十五章有“以智治国，国之贼；不以智治国，国之福。知此两者亦稽式。常知稽式，是谓玄德。玄德深矣，远矣，与物反矣，然后乃至大顺”，老子在此提出要做到“不以智治国”，必须制定检查考核的制度，并称落实这样的制度为“玄德”，可见老子对检查考核是多么重视。这个检查考核的制度，实际上就是我们今天反复强调的执行与落实。没有执行，再好的制度也是没有用处的。

这么好的制度设想，可惜在之后 2500 多年的传承中被人们忽视了！

十七、《道德经》中的“圣人”是怎样的

《道德经》八十一章中有 25 章涉及“圣人”，32 次提及“圣人”。《道德经》中的圣人到底是指什么人呢？

我们先了解一下普遍意义上的圣人。

“圣人”是一个汉语词语，其意思有七方面的指向：一指品德最高尚、智慧最高超的人；二专指孔子；三指君主时代对帝王的尊称；四称皇后、皇太后；五泛称佛、菩萨等得道者；六是对有异术的仙道、方士等的尊称；七是清酒的别称，亦指酒之清者。

在中国传统文化中，圣人指知行完备的至善之人，是有限世界中的无限存在。总的来说，“才德全尽谓之圣人”。这个词语最初出于对“至善”“至美”的人格追求，所以圣人原意是专门指向完美的。

其中，圣人代表帝王最早出现在《礼记·大传》：“圣人南面而治天下，必自人道始矣。”《礼记》的成书时代不太明确，一般认为是在西汉前期。可见，老子在《道德经》中反复提到的圣人不可能指当时的统治者——帝王。

那么，老子《道德经》中的圣人是什么样的人呢？老子赋予他们哪些“职”和“能”，他们有什么特点、品格，做什么事情，对“道”的态度如何，又是怎样用“道”的呢？

（1）圣人的行为：“圣人处无为之事，行不言之教”。所谓“无为之事”，指“万物作焉而不辞”；所谓“不言之教”，指“生而不有，为而不恃，功成而弗居”。

（2）圣人治理社会的办法，即“圣人之治”：“虚其心，实其腹，弱其志，强其骨；常使民无知、无欲，使夫智者不敢为也”。

（3）圣人的仁：圣人的仁同天地的仁，因为天地按“道”运行，本质上没有仁，所以圣人也是没有仁的，因为“大道废，有仁义”，所以“圣人不仁，以百姓为刍狗”。

（4）圣人的德：不自生，“圣人后其身而身先，外其身而身存”；谦逊、隐忍、朴素，“知其雄，守其雌”；“知其白，守其黑”；“知其荣，守其辱”；“大制不割”，好的制度离不开德。“圣人不积，既以为人己愈有，既以与人己愈多”。

（5）圣人的修身与修养：自律，“为腹不为目”；“是以圣人自知不自见，自爱不自贵。故去彼取此”。为人，“是以圣人方而不割，廉而不刿，直而不肆，光而不耀”。

（6）圣人的行为规范：不争，“不自见故明，不自是故彰，不自伐故有功，不自矜故长”。

（7）圣人之善：“圣人常善救人，故无弃人；常善救物，故无弃物”。

（8）圣人的能：“不出户，知天下；不窥牖，见天道”。“是以圣人不行而知，不见而明，不为而成”。

（9）圣人的善与信：德善，“善者，吾善之；不善者，吾亦善之”。德信，“信者，吾信之；不信者，吾亦信之”。

（10）圣人的理想：“我无为而民自化，我好静而民自正，我无事而民自富，我无欲而民自朴”。

（11）圣人的不足：伤人，“非其神不伤人，圣人亦不伤人”，圣人也不是完美的，世上有圣人，是因为统治者没有“以道莅天下”；圣人的存在，本身就是对俗人的伤害。所以，统治者若能“以道莅天下”，则“其鬼不神”，“非其神不伤人，圣人亦不伤人”。

（12）圣人成其大的原因之一：“圣人终不为大，故能成其大”，“圣人犹难之，故终无难矣”。

（13）圣人成其大的原因之二：善下与不争，“是以欲上民，必以言下之；欲先民，必以身后之”。“圣人处上而民不重，处前而民不害”。

（14）圣人的委屈与外在：“天下莫能知，莫能行”；“知我者希，则我者贵”；唯有“被褐而怀玉”了。

（15）圣人无能为力的事：对于“勇于敢则杀，勇于不敢则活”，“圣人犹难之”，因为这两者是“天之所恶”，即违反了“天道”，圣人也不能拯救。

（16）圣人的观点：“受国之垢，是谓社稷主；受国不祥，是为天下王”正言若反。

（17）圣人的道：“圣人之道，为而不争”。

由此可见，老子赋予圣人很多能力和人格魅力。圣人是游离于社会之外的人士，他们既做教育感化人的事，又做管理人、管理社会的事，还做统治人的事，圣人无所不能。圣人是懂道的人、遵道的人、有德的人；圣人是遵道树德，谦逊自律，为而不争的人；圣人是德善德信之人，是道与德的完美化身。

这便是《道德经》中圣人的形象。

十八、老子的百姓情结

老子认为，人是“域中”四大之一，是一种客观存在，老百姓不是教育的对象，而是管理的对象；老百姓好与不好，不是老百姓的问题，而是管理者、统治者的问题。需要提高管理能力和管理水平的是社会管理者，也就是处在社会最高层的统治者、国君、侯王。社会的一切问题和不良现象，如德与无德、善与不善、美与不美、仁与不仁、义与不义、慈与不慈、孝与不孝等，都是“大道”被遵守还是废弃的问题。而能够废弃“大道”的，只有统治者、侯王、国君！

在老子的心目中，老百姓是什么？

在老子看来，老百姓就是春天生机勃勃的万物，在温暖的阳光照耀下，在春雨的滋润下，按照自然规律生长和发展的客观存在。老百姓不需要统治者，因为“功成事遂，百姓皆谓我自然”。

老子在《道德经》中从来没有要求百姓做什么，该怎么做。老百姓本来就是按“道”生存、生活和发展。“道常无名，朴。侯王若能守之，万物将自宾”；“天地相合，以降甘露，民莫之令而自均”；“道常无为，而无不为。侯王若能守之，万物将自化”；“天下神器，不可为也，为者败之，执者失之”。

从这个侧面也可以看出，《道德经》是写给统治者看的，只有统治者才需要懂得这些道理；统治者看懂了、明白了、践行了，社会将自定。

十九、老子的“宇宙观”与“世界观”

1. 老子的宇宙观

宇宙一般是指客观时空内的一切，包含“时间”和“空间”两个重要的概念。宇宙观是指在承认客观时空的本源性的情况下，即在唯物主义的前提下讨论宇宙。宇宙观侧重于物理含义。

老子的宇宙观——“域中”是宇宙吗?

在《道德经》中，老子把无限空间用“域中”表示，那“域中”能不能理解为宇宙呢?“宇”指无限空间，“宙”指无限时间。所以，“宇宙”是一个合成词，表示无限的空间和无限的时间。

在我国古代典籍中，“宇宙”一词最早出自《文子·自然》:“往古来今谓之宙，四方上下谓之宇”。另有《庄子·庚桑楚》:“出无本，入无窍。有实而无乎处，有长而无乎本剽，有所出而无窍者有实。有实而无乎处者，宇也；有长而无本剽者，宙也”。《尸子》:“上下四方曰宇，往古来今曰宙”。《淮南子》:“往古来今谓之宙，四方上下谓之宇”。

《文子·自然》是先秦时道家的书。先秦泛指中国古代秦朝以前的历史时代，起自远古人类产生时期，从传说中的三皇五帝到战国时期这个阶段，直至公元前221年秦始皇统一六国为止。

狭义的先秦史研究的范围，包含我国从进入文明时代直到秦王朝建立这段时间，主要指夏、商、西周、春秋、战国这几个历史时期。

有研究者指出，要真正理解《道德经》，不可不读《文子》，因为“《文子》是《道德经》的解释，而且文子是老子的亲传弟子，他的解释应该是最权威的。如果嫌《文子》解释得还不够详细明白，还可以配合《淮南子》来阅读。根据王利器的说法，《淮南子》是《文子》的解释。当然，说后者是对前者的解释未必恰当，但后者能够阐明前者的很多义理，那是肯定无疑的”。

"如果能够通读《文子》和《淮南子》，不但会极大地减少对道家文化的曲解和误解，而且还能增进对道家文化的崇敬和仰止"。

可见，《文子》成书时间晚于老子生活的年代，老子时期"宇宙"一词尚未出现。

中国古代就有"盖天说""宣夜说""浑天说"，在春秋战国时期民间已有"嫦娥奔月"的传说。汉代学者张衡提出了"宇之表无极，宙之端无穷"的无限宇宙概念。

把"宇"和"宙"组合起来当一个词用，最早大概出自我国古代著名哲学家墨子（公元前468年至公元前376年）。他用"宇"指东、西、南、北，四面八方的空间，用"宙"指古往今来的时间。合在一起便是指天地万物，不管它是大是小，是远是近；是过去的，现在的。

也有说"宇宙"二字连用，始见于《庄子·齐物论》："旁日月，挟宇宙，为其吻合"。

无论哪种说法正确，都表明老子时代"宇宙"二字还没有连用，也就是说，老子还没有形成宇宙观。

另外，在16世纪以前，西方社会一直认为地球是宇宙的中心，其宇宙观是以绝对空间为背景的，而对应这种宇宙观的社会学说是宗教。那时的人们关心哪儿是天堂，哪儿是地狱。后来，伽利略、牛顿创建了经典物理学，打破了绝对空间的宇宙观，建立了以绝对时间为背景的宇宙观。而对应这种宇宙观的社会学说是哲学。这时的人们关心什么在先，什么在后。而今天，绝对时间被阿尔伯特·爱因斯坦、霍金打破了。今天的宇宙观是以绝对光速和不确定原理为背景的，这样的宇宙存在一个由大爆炸而开始的诞生点，而对应这种宇宙观的社会学说不应该是哲学，也不会是宗教，应该有一个新名字。

关于时间问题，老子的著作中未涉及相关的概念，说明"什么是时间"这一问题还没有进入老子的视界，还不是他思考的范畴。

关于空间问题，老子表示空间最大的概念是"域中"，它包含了"道、天、地、人"，由此可以推断，老子心目中的"天"，应该是抬头仰望，目之所及的一切，包括太阳、月亮、星星，也包括天空中的尘、雾、云等可见之物和可想象之物，目所不及的，则用“域中”表示，它是一个无限的、不可量测的空间，而且是循环的：“大曰逝，逝曰远，远曰反”。另外，“域”也许与“宇”相通，或者根本就是一个意思。

尽管如此，在老子的时代，人们对星星的认识也许是有限的，或许还不能把星星想象成太阳一样的恒星。大家对于星星的认识，也许像小时候大人给小孩讲的那样：星星就像大树上的果子，如果有足够高的梯子，真的可以像摘果子那样摘个星星下来玩。所以，即使我们把“域中”勉强理解为“宇宙”，那时候“宇宙”的内涵也不同于今天人类所认识的“宇宙”，即彼“宇宙”非今“宇宙”。

可见，老子的宇宙观，主要还是指无限的空间，对于时间的本源性，《道德经》中尚未涉及。

2. 老子的世界观

世界包含主观、客观的一切。世界观有唯物主义与唯心主义之分。日常语境中，宇宙观侧重于物理含义，就是对宇宙的认识；世界观侧重于哲学含义，就是对世界的看法。

老子的世界观是唯物的，还是唯心的呢？

老子说：“天下万物生于有，有生于无”；“无名天地之始，有名万物之母”。我们可以理解为：我们所知道和想象得到的一切客观存在，都是“有”和“无”相互转化的结果，例如“无名”生成天地，“有名”（天地）生成万物；“夫物芸芸，各复归其根。归根曰静，是为复命”。老子又说“域中有四大，而人居其一焉”，说明老子认为人是万物之一，是从无到有的。所以，人来自客观物质世界，是物质运动变化的结果。

老子认为，侯王若能守“道”，“万物将自宾”“万物将自化”，因为“道”是客观存在，即“道法自然”。

老子认为，世界上之所以有万物，是因为“道”的作用，“道生一，一生二,二生三,三生万物”。万物的产生是一个从无到有，从简单到复杂，从小到大的变化过程。万物的生长要靠天靠地，即“万物负阴而抱阳”；万物的健康生长不能走极端，必须“冲气以为和”。

老子认为，任何生命要达到生长的目标，都必须符合“道”，必须有德，必须顺势，因为“道生之，德蓄之，物形之，势成之”。只有这样，才能“莫之命而常自然”。

综上所述，万物源自自然的变化，人是万物之一，是万物变化的结果；人健康成长要依赖大地和阳光，做到自身平衡，不走极端；人要有德，顺势而为才能达到目标。这一切完全是唯物的，所以我认为，老子的世界观是唯物的，老子是个彻底的唯物主义者。虽然《道德经》中老子偶尔也提到了鬼神，但那只是用来说事明理。自商代开始“尊天事鬼”，老子处在那样一个万物有灵、崇拜鬼神的时代，讲到鬼神是很自然的。

二十、《道德经》中老子的品格和行为

老子善于观察自然，态度极其认真虔诚。如第一章“常无欲以观其妙；常有欲以观其徼”。第十六章“致虚极，守静笃。万物并作，吾以观复”。态度诚恳，且不厌其烦，反复观察，分析推导，从而得出“归根曰静，是谓复命。复命曰常，知常曰明。不知常，妄作，凶。知常容，容乃公，公乃全，全乃天，天乃道，道乃久，没身不殆”。

老子善于学习古人，从古人那里获取知识。如第二十一章“孔德之容，惟道是从。道之为物，惟恍惟惚。惚兮恍兮，其中有象；恍兮惚兮，其中有物。窈兮冥兮，其中有精；其精甚真，其中有信。自古及今，其名不去，以阅众甫。吾何以知众甫之状哉！以此”。

老子善于观察社会现象，进行思考。如第五十七章“吾何以知其然哉？以此：天下多忌讳，而民弥贫；人多利器，国家滋昏；人多伎巧，奇物滋起；法令滋彰，盗贼多有”。老子能够对此进行合理分析并做出推

理，从而得到“以正治国，以奇用兵，以无事取天下”的结论。

此外，第二十二章“曲则全，枉则直，洼则盈，敝则新，少则得，多则惑”；第二十三章“希言自然。故飘风不终朝，骤雨不终日。孰为此者？天地。天地尚不能久，而况于人乎？故从事于道者同于道，德者同于德，失者同于失。同于道者，道亦乐得之；同于德者，德亦乐得之；同于失者，失亦乐得之。信不足焉，有不信焉”；第二十四章“企者不立，跨者不行”；第三十六章“将欲歙之，必固张之；将欲弱之，必固强之；将欲废之，必固兴之；将欲取之，必固与之”，“柔弱胜刚强。鱼不可脱于渊，国之利器不可以示人”；第四十三章“天下之至柔，驰骋天下之至坚”；第五十章“出生入死。生之徒，十有三；死之徒，十有三；人之生，动之于死地，亦十有三”。这些都是老子观察社会现状，深入思考后得出的结论。

老子能够遵循共同的价值观。如第二十一章“人之所畏，不可不畏”；第四十二章“人之所教，我亦教之”。

从《道德经》中也可以看出老子特立独行、心灵孤寂，例如“众人熙熙，如享太牢，如春登台。我独泊兮，其未兆，如婴儿之未孩；儡儡兮，若无所归。众人皆有余，而我独若遗。我愚人之心也哉！沌沌兮。俗人昭昭，我独昏昏；俗人察察，我独闷闷……众人皆有以，而我独顽似鄙。我独异于人，而贵食母”。

老子为人处世谦虚谨慎，例如第五十三章“使我介然有知，行于大道，唯施是畏”。

老子遇事勇敢，为人大方，做人谦逊，胸怀宽广，博采众长。例如第六十七章“我有三宝，持而保之。一曰慈，二曰俭，三曰不敢为天下先。慈故能勇；俭故能广；不敢为天下先，故能成器长”。

老子有江湖义气和英雄气概，例如第七十四章“若民恒且不畏死，奈何以死惧之。若民恒且畏死，则为奇者，吾将得而杀之，夫孰敢矣”。

老子也怀才不遇，不被理解。例如第七十章“吾言甚易知，甚易行。天下莫能知，莫能行。言有宗，事有君，夫唯无知，是以不我知。知我者希，则我者贵。是以圣人被褐而怀玉”。这里老子有以圣人自喻的意思。

从上面这些表现看，圣人具备的品格，老子基本上都具有了。

二十一、老子的核心思想理念

《道德经》的核心思想是：尊道、遵道、守道；树德、有德、守德。老子提倡做有道德的人，无论是普通个体还是统治者，大家都做到遵道有德，社会才会达到真正的健康和谐。

治理国家要“以道莅天下”，基本方法是“无为”和“无为而为”，效果是“无为而治”，最终目标是“天下自定”。

什么是“天下自定”？即社会处于“至治之极”的状态，人民“甘其食，美其服，安其居，乐其俗。邻国相望，鸡犬之声相闻，民至老死不相往来”。

为了达到这样的目标，老子通过《道德经》向世人，尤其是统治者讲述什么是道，为什么要尊道，怎样遵道；讲述治国的理念、方法、举措；讲述什么样的人能够承担治国的重任等。

从《道德经》看，老子具有百姓情结，有以人民为中心的思想理念。在老子看来，个体的人是人类社会的独立自然物，人们按照道自然成长，无须干预而能够自化，统治者必须做到“万物作焉而不辞”。

此外，《道德经》还给我们提供了一些至今仍然适用的认识世界的观点和方法：

（1）用“动”的而不是“静止”的观点看待世界和万物。比如“道可道，非常道；名可名，非常名”；“此两者同出而异名，同谓之玄”；“反者道之动，弱者道之用”。

（2）用辩证的思维和方法认识事物。比如“天下皆知美之为美，斯恶矣；皆知善之为善，斯不善矣”；“有无相生，难易相成，长短相形，高下相倾，音声相和，前后相随”。

（3）社会中存在的各种问题，是由于统治者的“有为”，即胡乱作为所致，因而应提倡“无为而治”。比如“天下多忌讳，而民弥贫；人多利器，国家滋昏；人多伎巧，奇物滋起；法令滋彰，盗贼多有”；“以智治国，国之贼；不以智治国，国之福”。

（4）社会风气浑浊不堪，是因为统治者的骄奢淫逸、飞扬跋扈造成的。比如“朝甚除，田甚芜，仓甚虚，服文采，带利剑，厌饮食，财货有余，是谓盗竽。非道也哉”。

（5）治理国家要遵循道。例如“执大象，天下往。往而不害，安平太。乐与饵，过客止”；“道常无为，而无不为”；“以道莅天下，其鬼不神”。

（6）统治者要治理好国家，必须“无为而为”。例如“道常无为，而无不为。侯王若能守之，万物将自化。化而欲作，吾将镇之以无名之朴。无名之朴，夫亦将无欲。不欲以静，天下自定”；“天之道，不争而善胜，不言而善应，不召而自来，繟然而善谋”。

（7）国家的统治者要知足，否则就会引来灾祸。例如“罪莫厚于甚欲，咎莫憯于欲得，祸莫大于不知足”；“天下有道，却走马以粪。天下无道，戎马生于郊”；“甚爱必大费，多藏必厚亡”。

（8）做任何事情不能走极端，否则就会早早走向反面。例如“物或损之而益，或益之而损”；“强梁者不得其死”；“物壮则老，是谓不道，不道早已”。

（9）圣人按道来修身养性和行不言之教，并以“无为”的方式治理国家，但最终还是要“绝圣弃智”，因为圣人也会伤人。

（10）百姓是世间万物之一，按道而生，需用德来养育，个体各有不同，应顺势而为，健康成长的加以培养和爱护，发生异常的按道进行处置。生育而不据为己有，养育而不自持有功，培养而不干涉。统治者要有这样的高尚品德。例如“道常无名，朴。虽小天下莫能臣也。侯王若能守之，万物将自宾。天地相合，以降甘露，民莫之令而自均”。

（11）在老子看来，世间的礼仪不符合道，礼仪正是致乱之根源，是道废所致。例如“故失道而后德，失德而后仁，失仁而后义，失义而后礼。夫礼者，忠信之薄，而乱之首”。

老子观察社会后，认为当时社会存在的种种问题、弊端是由于统治阶级的过多干预和过多不当示范造成的，即乱作为的结果。所以老子在《道德经》中才反其道而行之，提出了“无为而为”的治国理念。“无为而为”，就社会实践和人的本性而言是很难做到的，但不乱作为是值得肯定的。

老子讲道是为了树德，树德是为了德政，德政是为了百姓安宁。这就是《道德经》给我们的启迪。

二十二、《道德经》给谁看

老子写《道德经》给什么人看呢？我们先来梳理一下《道德经》中都写了哪些人物，为什么要写这些人物，然后就会从中了解老子《道德经》到底是为谁而写的了。

（1）人（第一章）。“人”是《道德经》中第一个出场的“人物”，泛指具有独立人格的任何个体。但第一章同其他章节一样，在提到“人”这个概念时，老子并没有直接把“人”作为主语进行阐述，但我们能够从句意中感觉到。例如“常无欲以观其妙；常有欲以观其徼”，这里我们能够体会到主语是人，尤其是专业人士。之后《道德经》中涉及“人”时，都是以这种暗示的方式出现。例如第四章“挫其锐，解其纷，和其光，同其尘，湛兮似或存”；第五章“多言数穷，不如守中”；第八章“居善地，心善渊，与善仁，言善信，正善治，事善能，动善时”；第九章“持而盈之，不如其已……功遂身退，天之道也”；第五十四章“修之于身，其德乃真”等都是关于普通人遵道修德方面的要求。这些要求都是对一般人的要求，不分职位、不分身份。当面对道时，人应抱有的态度和做法具有普遍性和普遍意义。同时，这些对普通人的要求主要是个人修养方面的，而不是社会责任方面的。而且，涉及一般人的情况，也主要出现在以上几章的几个方面，虽然不多，但都是正道，今日仍有借鉴意义。

（2）圣人（第二章）。圣人是《道德经》中第二个出场的人物，是老子在《道德经》里重点突出的、提及最多的人物，是道与德的化身，是完美人格的代表。在中国传统文化中，圣人指知行完备的至善之人，是有限世界中的无限存在，即“才德全尽谓之圣人”。

圣人在《道德经》各章出现时往往有不同的概念和代表性。例如：

在第二章，圣人以“道”“德”皆有、“处无为之事”的完美化身出现，不代表任何阶层，只是一个理想人物。

第五章中圣人随天而行，不讲究人间之仁，公平对待百姓，少言守中。可见圣人是遵守天道的代表。

第七、七十一、七十二、七十七、七十九章，讲圣人之德：是无我、不自生，是理想的代表；“圣人不病，以其病病”；“是以圣人自知不自见，自爱不自贵”；“圣人为而不恃，功成而不处，其不欲见贤”；“圣人执左契，而不责于人”。

第十二章，圣人在自身修养方面“为腹不为目”，从个人修养角度看，圣人可以看作普通人学习的榜样，也可以看作对统治者提出的希望。

第二十二、二十七、二十九、五十、六十、六十四、六十六章，说的是圣人的行为规范，也是众人学习的榜样。

第二十八章讲圣人坚持自律谦逊的朴素作风，应被百官效仿。

第四十七章讲圣人善学，足不出户知天下事，强调学习的重要性。

第四十九章讲圣人之心与百姓之心相通，故掌管天下时能做到无为而为，此处圣人代表统治者，也可能是一种假设。如果是映射现实，则是指某个好的侯王。

第五十七章“我无为而民自化，我好静而民自正，我无事而民自富，我无欲而民自朴”，是借圣人之言暗喻统治者应遵循的行为标准。

第七十章讲圣人“言有宗，事有君，夫唯无知，是以不我知”，表达了怀才不遇的郁闷。

第七十三章讲圣人不是万能的，也有做不到的事，例如“勇于敢则杀，勇于不敢则活”；“天之所恶，孰知其故？圣人犹难之”。

第七十八章讲圣人忠告国王“受国之垢，是谓社稷主；受国不祥，是为天下王”。

第八十一章讲“圣人之道，为而不争”。

令人疑惑的是，圣人这么完美，老子为什么还要“绝圣弃智”呢？是因为“圣人也会伤人”吗？

（3）民，百姓（第三章）。百姓、人民是社会的主体，是被统治和治理的对象。社会发展自有其内在规律，统治者要尊重规律才能管好国家。可以说，自从有了阶级之后，被统治者和统治者的关系就是一对不可调和的矛盾。本章就是讲怎样让百姓过上无知无欲、健康快乐的生活。要真能达到这样的目标，百姓自然是求之不得。可惜的是，当时的统治者乱作为，这才有老子提出的圣人治国之思想。本章的民是被动的，由“使民”二字可以看出。本章之后，民和百姓在第五、十九、三十二、四十九、七十二、七十四、八十章也出现过，其意思基本与本章相同，是统治者管理的对象。从这个角度看，老子的《道德经》是一部教育统治者如何治理社会、管理百姓的书。百姓也属于“万物”，统治者若能按道而治，做到“万物作焉而不辞”，对待百姓能够“致虚极，守静笃。万物并作，吾以观复”，则“万物将自宾”“万物将自化”，最终达到“无为而治”。

（4）神（第六章）。在老子心目中，神是与天地一同产生的，是“道一”。在老子生活的时代，信神是普遍存在的，老子信不信神不得而知，但拿神来说事，无可厚非。如第三十九章、六十章都是拿神来说事（此处也暂将神作为“人物”之一）[①]。

所以，西周时期“神”这个词已经在使用了，当时的神不是指天帝，

---

① 据考证，“神”最早出现在西周时期铸造的钟鼎的铭文中。例如周昭王时期的《宗周钟》中记载：“唯皇上帝百神，保余小子。”大意就是周王的统治得到了天帝和百神保佑。周穆王时代的《伯㦰簋》中记载：“惟用绥神，怀乎前文人。”

而是指风神、雨神、雷神等众神。

（5）善人或善良的人（第八章）。本章没有解释什么是善人或善良的人。善，如果是擅长的意思，善人就是指擅长做某事的人；如果是利他、为而不争的品格，这种善则是圣人之善；如果指善良，则不分阶层、不分你我，都需要提倡。

（6）统治者（第十章）。这是一个宽泛的概念，文中没有明示，但可以体会到是在暗指统治者。总的来说，凡是涉及统治者的，不论是明指还是暗示，都是要求统治者如何爱民、如何治国的。例如第十四章暗指统治者要遵循古训；第十七章指出国家统治的四种境界，是对统治者的要求和警示；第十九、二十六章等均是在教导、暗示统治者怎样治理国家、统治百姓。

（7）吾（第十三章）。吾一般指我，本人，但联系《道德经》第十章的上下文，可发现吾在此处是指特殊人群。第十六章老子用第一人称，把自己摆进去，但这里还是应该指所有人。第二十章首次用了“我”，以我的行为与众人的行为相比较，说明我与众人的不同之处是“得道”，了解了人生的真谛。第二十一章中的“我”也有指众人的意思。第四十三、五十三、五十四、五十七章中，吾指老子本人。第六十八章我的“三宝”其实也是用来教育统治者的。第七十章我的话很容易理解但却不被理解，此次是老子以圣人自比。

（8）士（第十五章）。士原本是指专志道业，真正有学问的人，可理解为今天我们通常所说的大儒，但还达不到道人的水平。士的特点是“微妙玄通，深不可识”。士在外表上异于常人，行为上也异于常人，是因为他们达到了大智若愚的境界。从第四十一章可知，士有上士、中士、下士之分，上士属于老子认可的士。《道德经》中也有指士兵、人士的意思。例如第六十八章的士是指士兵。

（9）君子（第二十六章）。指人格高尚、道德品行兼好之人。君子在社会各个阶段、各个阶层都有，“君子终日行不离辎重。虽有荣观，燕处超然”。所以国君要向君子学习治理国家的方法。

（10）万乘之主（第二十六章）。指国家的统治者，此章是被批评的对象。

（11）以道佐人者（第三十章）。实际也是指懂道、遵道、守道之人，在本章特指辅佐君主的人。

（12）佳兵者（第三十一章）。擅长使用武力、统领军队的人，应指国家最高统治者和掌握军权的人。

（13）侯王（第三十二章）。此处与之后的第三十七、三十九章中，侯王都是指一般的统治者，讲他们如何遵道、统治国家。

（14）大丈夫（第三十八章）。本意是能屈能伸，拿得起放得下，有包容心的男人。本章“处其厚，不居其薄；处其实，不居其华”是大丈夫的一种处事风格。

（15）王公（第四十二章）。周朝时指天子与诸侯。

（16）鬼（第六十章）。老子借用鬼来说事，其作用同神。

（17）道者（第六十二章）。指有道的人，得道的人。

（18）天子（第六十二章）。指国家的最高统治者。

（19）三公（第六十二章）。三公是中国古代最尊显的三个官职的合称。周代已有此词，文经学家根据《尚书大传》《礼记》等书认为，西汉至今，三公指司马、司徒、司空。

（20）用兵的人（第六十九章）。掌握兵权的人，指国家统治者中拥有兵权的最高统治者。

老子在《道德经》中大致提到了以上20种人物（包括鬼神）。从中可以看出，圣人和统治者（包括侯王）等是老子提到次数最多的，有25章32次提到圣人，统治者和侯王被提过22次，其他各类人物提到时仅用来说明事情，不是老子赞扬、教育或批评的对象。

圣人是老子树立的正面人物，具有道德兼备的人格；统治者多半是被批评教育的对象，而且老子对他们有明确或隐含的道德行为要求；民、百姓是社会的主体，是统治者存在的基础，是圣人和统治者需要真心对待的那个群体。《道德经》全书没有对百姓提出过什么要求，提到百姓时，都是影射统治者或圣人不应使百姓做什么，是针对统治者或圣人而言的。

由此可以认为，老子写《道德经》是为了给统治者看，因为圣人自身是道和德的代表与化身，实际是不需要《道德经》的。

在老子眼中，天下百姓是统治者管理的对象，用今天的话来说就是服务的对象。百姓的存在与成长都能“自宾”“自化”，处在统治地位的人要尊重百姓，为百姓服务，而不是相反。

老子的核心思想理念是“无为”“无为而为”和“无为而治”，从中也可以看出《道德经》是针对统治者的。因为只有统治者需要，也能做到“无为”“无为而为”，最终达到“无为而治”。

二十三、老子对当时社会各个阶层的态度

老子在《道德经》中还对当时社会各阶层的人物进行了描绘，对他们的人格、地位、行为和作用等进行了赞美或批评。

（1）社会的最顶层——统治者或统治阶层。主要指天子、侯王、万乘之主、王公等，他们最能决定社会的发展方向，但却做着与身份不符的事情，是老子批评教育的对象。

例如第十章，通过6个设问句表达了对统治者修养和治国之道的不满；第十四章暗指统治者要遵循古训；第十七章指出治理国家的四种境界，对统治者提出要求和警示等；第十九、二十六等16个章节，均是在教导或暗示统治者应该怎样治理国家、统治百姓。

（2）社会的中间层——管理层和知识分子。他们代表统治者管理百姓、治理社会，老子对他们给予赞美或警示。其中管理层包括：①三公。周代称太师、太傅、太保为“三公”，西汉至今，文经学家根据《尚书大传》《礼记》等，认为三公指司马、司徒、司空。②以道佐人主者（文官）。第三十章描写“以道佐人主者”，即文官不炫耀武力、不逞强的品格。③佳兵者、善为士者、用兵的人（此三种人均为武官）。第

三十一、六十八、六十九章中有兵权的人，即武官，其行为或行为的结果是不符合“道”的，所以不被君子所喜欢。

以上两类人是国家的“在编”人员，一文一武，构成社会管理的骨架，有职有权，是体现国家意志和统治的主要力量和象征。

知识分子包括圣人、道者、士者、知者。

圣人，是完美的化身。《道德经》中有 32 次涉及圣人，但只有 1 次，即第七十一章赞美圣人的高尚品格，其他都是赞美圣人“处无为之事”和“行不言之教”的美德。

道者，第六十二章中表示得道的人，赞美得道之人能懂万物之奥秘，提倡人们尊重道者；第六十五章讲道者为人处世和治国的方略。

士者，第十五章描述士者的“微妙玄通，深不可识”及其品格；第四十一章通过不同等级的士对道的态度，阐明“道隐无名”。

知者，在第五十六章代表知识分子阶层，此处阐述知识分子的品格修养。

以上四类人虽不属于国家治理机构的组成部分，却是社会文明进步的重要力量，无论在知识上、社会认知上、思想境界上，还是在道德修养上，他们不仅高于普通的百姓，还高于统治阶层，能够影响社会的发展方向。

（3）社会的主体，也是社会的底层——百姓、人民。他们虽然处在社会的最底层，却是“轻则失根”的“根”，是社会的主体，需要统治者的关爱和尊重，需要管理者的关心和关注。如果统治者“狎其所居，厌其所生”，那就会出现“民之难治”而“大威至”的局面。

二十四、老子的人格魅力

老子在《道德经》中论道讲德，使我们看到了一个热爱百姓，关注民生，胸怀天下，极具社会责任感的老子；看到了一个治国有方，文韬武略，才高八斗的老子；看到了一个通天晓地，知古论今，知识渊博的老子；看到了一个朴素尚俭，自律不争，具有高尚人格的老子。

（1）利他、不争。老子的利他思想是一贯的、不容置疑的。例如“天地所以能长且久者，以其不自生，故能长生。是以圣人后其身而身先，外其身而身存”；“水善利万物而不争，处众人之所恶”；“功遂身退，天之道也”；“故贵以身为天下，若可寄天下。爱以身为天下，若可托天下”；“圣人常善救人，故无弃人；常善救物，故无弃物”；“譬道之在天下，犹川谷之于江海”；“大道泛兮，其可左右。万物恃之而生而不辞，功成而不名有”；“圣人常无心，以百姓之心为心”；“孰能有余以奉天下，唯有道者”；“天之道，利而不害；圣人之道，为而不争”。这些句子，有的是在说圣人，有的是在说天，有的是在指道，有的是指有道者，但无一不表达出老子希望统治者乃至普通人都能做到利他，最终达到也利己的目标。

（2）中庸。老子不追求极端，不赞成过分之举，例如“多言数穷，不如守中”；“上善若水”；“是以圣人去甚、去奢、去泰”；“企者不立，跨者不行”；“甚爱必大费，多藏必厚亡”；“物壮则老，是谓不道，不道早已”；“强梁者不得其死”；“是以圣人方而不割，廉而不刿，直而不肆，光而不耀”；“兵强则灭，木强则折。强大处下，柔弱处上”。

（3）以百姓为中心。例如“不尚贤，使民不争。不贵难得之货，使民不为盗。不见可欲，使民心不乱”；“圣人不仁，以百姓为刍狗”；“太上，下不知有之；其次，亲而誉之”；“功成事遂，百姓皆谓我自然”；“绝圣弃智，民利百倍；绝仁弃义，民复孝慈；绝巧弃利，盗贼无有”；“天地相合，以降甘露，民莫之令而自均”；“我无为而民自化，我好静而民自正，我无事而民自富，我无欲而民自朴”；“其政闷闷，其民淳淳；其政察察，其民缺缺”；“民不畏威，则大威至。无狎其所居，无厌其所生”；“若民恒且不畏死，奈何以杀惧之”；“民之饥，以其上食税之多，是以饥。民之难治，以其上之有为，是以难治。民之轻死，以其上求生之厚，是以轻死”；“人之道，则不然，损不足以奉有余”；“甘其食，美其服，安其居，乐其俗”。这些都彰显了老子对百姓的关注、关心和同情。

（4）尊重科学（道）。老子尊道，体现了他尊重科学的精神，例如“玄之又玄，众妙之门”；“道冲而用之，或不盈”；“道之为物，惟恍惟惚。惚兮恍兮，其中有象；恍兮惚兮，其中有物。窈兮冥兮，其中有精；其精甚真，其中有信”。

（5）科学的方法。老子不仅尊重科学，还主张使用科学的方法，例如“故常无欲以观其妙；常有欲以观其徼”；“挫其锐，解其纷，和其光，同其尘，湛兮似或存”；“致虚极，守静笃。万物并作，吾以观复”；“天下有始，以为天下母。既得其母，以知其子；既知其子，复守其母，没身不殆”。

（6）平等。追求平等是老子思想的重要组成部分，例如“天地不仁，以万物为刍狗。圣人不仁，以百姓为刍狗”。

（7）提倡俭朴。在个人修身养性方面，老子提倡简单朴实的生活，例如“为腹不为目”；“治人事天，莫若啬。夫唯啬，是谓早服。早服谓之重积德”。

（8）主客观都不害人。老子不仅提倡利他不争，反对主观害人，更看重客观不害人，例如“圣人不病，以其病病。夫唯病病，是以不病”。

（9）尊重前人，尊重历史和古人的成就。老子不仅提倡科学精神、科学研究，也提倡借鉴前人的智慧和成果，例如“执古之道以御今之有。能知古始，是谓道纪”；“自古及今，其名不去，以阅众甫。吾何以知众甫之状哉！以此”；“人之所畏，不可不畏”；“人之所教，我亦教之”；“始制有名，名亦既有，夫亦将知止，知止可以不殆”。

（10）个人修养（德）方面，老子提倡“生而不有，为而不恃，功成而弗居”；“生之畜之，生而不有，为而不恃，长而不宰”；“不自见故明，不自是故彰，不自伐故有功，不自矜故长。夫唯不争，故天下莫能与之争”；“自见者不明，自是者不彰，自伐者无功，自矜者不长”；“塞其兑，闭其门，终身不勤。开其兑，济其事，终身不救”；“塞其兑，闭其门；挫其锐，解其纷，和其光，同其尘，是谓玄同。故不可得而亲，不可得而疏；不可得而利，不可得而害；不可得而贵，不可得而贱；故为天下贵”。

老子的这些品格，闪烁着人性的光芒，值得每个人学习践行。

二十五、老子提倡怎样的个人修养

讲究个人修养，是《道德经》最重要的内容之一。老子提倡的个人修养包括圣人的修养、统治者的修养和普通人的修养。

（1）圣人的修养有：

“处无为之事，行不言之教。万物作焉而不辞，生而不有，为而不恃，功成而弗居”（第二章）。主要讲圣人无为、无为而为以及为而不争的品格。

“以百姓为刍狗”（第五章）。主要讲圣人平等对待百姓的品格。

“后其身而身先，外其身而身存”（第七章）。主要讲圣人无私忘我的精神。

“为腹不为目，故去彼取此”（第十二章）。主要讲圣人追求朴实简单的生活方式。

“豫兮若冬涉川，犹兮若畏四邻，俨兮其若容，涣兮若冰之将释，敦兮其若朴，旷兮其若谷，浑兮其若浊”（第十五章）。主要讲士的行为和品格。士虽然在修养上达不到圣人的境界，但是远超过一般人。

“不自见故明，不自是故彰，不自伐故有功，不自矜故长”（第二十二章）。主要讲圣人做事不主观的品格。

“自见者不明，自是者不彰，自伐者无功，自矜者不长”。第二十四章与第二十二章讲的是同一件事，但意思相反。

“君子终日行不离辎重。虽有荣观，燕处超然”（第二十六章）。主要讲君子能够不受外界事物影响而自保淡定的品格。

“知其雄，守其雌；知其白，守其黑；知其荣，守其辱”（第二十八章）。主要讲圣人忍辱负重、甘于为下的品格。

“圣人去甚、去奢、去泰”（第二十九章）。主要讲圣人追求中庸的精神境界。

“圣人不行而知，不见而明，不为而成”（第四十七章）。主要讲圣人做事不必亲力亲为而能达到目标。

“是以欲上民，必以言下之；欲先民，必以身后之”（第六十六章）。主要讲圣人为人处世谦虚谨慎。

“知不知，尚矣；不知知，病也。圣人不病，以其病病。夫唯病病，是以不病”（第七十一章）。讲圣人不仅主观上不会害人，客观上也不会害人的高尚品格。

“信言不美，美言不信。善者不辩，辩者不善。知者不博，博者不知。圣人不积，既以为人己愈有，既以与人己愈多。天之道，利而不害；圣人之道，为而不争”（第八十一章）。主要讲圣人言行一致、不争、不辩的品格。

（2）统治者的修养有：

“贵以身为天下，若可寄天下。爱以身为天下，若可托天下”（第十三章）。希望或要求统治者能像爱惜自己的生命一样爱惜天下。

“治人事天，莫若啬。夫唯啬，是谓早服。谓之重积德”（第五十九章）。希望或要求统治者节俭，不要骄奢淫逸。

“受国之垢，是谓社稷主；受国不祥，是为天下王”（第七十八章）。希望或要求统治者要为了天下而忍辱负重。

（3）普通人的修养：

“上善若水”（第八章）。强调要学习水的不争品格 。

“生之畜之，生而不有，为而不恃，长而不宰，是谓玄德”（第十章）。希望人们能够做一个有“玄德”的人，即默默做有德事而不张扬。

“唯之与阿，相去几何？善之与恶，相去若何？人之所畏，不可不畏……我独异于人，而贵食母”（第二十章）。希望人们过淳朴的生活，做淳朴的人。

"知人者智，自知者明。胜人者有力，自胜者强。知足者富，强行者有志，不失其所者久"（第三十三章）。希望人们做一个有自知之明，知道为什么而活的人。

"名与身孰亲？身与货孰多？得与亡孰病？是故甚爱必大费，多藏必厚亡。知足不辱，知止不殆，可以长久"（第四十四章）。希望人们做一个懂得满足的人。

"静胜躁，寒胜热"（第四十五章）。希望人们保持心态平静。

"塞其兑，闭其门，终身不勤。开其兑，济其事，终身不救。见小曰明，守柔曰强。用其光，复归其明，无遗身殃，是为袭常"（第五十二章）。强调个人要内外兼修，不可偏颇。

"使我介然有知，行于大道，唯施是畏"（第五十三章）。强调要时刻保持谨慎。

"善建者不拔，善抱者不脱，子孙以祭祀不辍"（第五十四章）。说明要善于学习创业者和守业者的精神。

"知和曰常，知常曰明，益生曰祥，心使气曰强。物壮则老，谓之不道，不道早已"（第五十五章）。强调要认识规律，遵守规律。

"知者不言，言者不知。塞其兑，闭其门；挫其锐，解其纷；和其光，同其尘，是谓玄同。故不可得而亲，不可得而疏；不可得而利，不可得而害；不可得而贵，不可得而贱；故为天下贵"（第五十六章）。强调要加强个人修养，少说多做，内外兼修，不因外界影响、不因好恶、不因得与失而有不同的评价或行为。

"我有三宝，持而保之。一曰慈，二曰俭，三曰不敢为天下先。慈故能勇；俭故能广；不敢为天下先，故能成器长"（第六十七章）。强调人要有慈悲之心、俭省之行、不争先之德。

二十六、老子与孔子

据《史记》记载，老子与孔子二人会面只有一次，即"孔子适周问礼”。《史记·老子韩非列传》载：“孔子适周，将问礼于老子。”《史记·孔子世家》亦载，“鲁南宫敬叔言鲁君曰：‘请与孔子适周 。’鲁君与之一乘车，两马，一竖子俱，适周问礼，盖见老子云。”

这一次孔子前去拜访老子，是由他的弟子南宫敬叔奏请鲁君批准，而且鲁君还特意赠送了他们车马仆役，不大不小算是个国际事件。可能因为知道的人比较多，故而流传了下来。时间大概是在鲁昭公二十一年，孔子 32 岁左右的时候。

孔子 32 岁拜见老子，老子比孔子大 20 岁左右，此时老子的年龄大概为 52 岁。同时代的两位大智者相见，应该是一次重大的历史事件，但从后来流传下来的各自的思想主张和成就看，二人并没有因为这次相见而在思想上产生交融。

根据史学家的研究，孔子和老子还有另外三次相见：第一次是《水经注·渭水注》记载：“孔子年十七，问礼于老子。”第三次发生在老子免官之后，也就是鲁昭公二十六年之后，地点在老子的故乡苦县，孔子 37 岁。第四次，《庄子》记载孔子 51 岁的时候，又在宋国的沛地再一次拜访了老子。《庄子·天运》：“孔子行年五十有一而不闻道，乃南之沛见老聃。”

孔子与老子第四次相见时，孔子已经 50 岁有余，老子更 70 多岁了。孔子是不惑之年，老子是古稀之年，在思想观点上都已成熟，相互影响的可能性不大。两位思想集大成者，各自按照自己的方向发展。

此时，老子终身的思想成果《道德经》尚未诞生。

老子约生活在春秋末战国初，孔子生活在春秋末年，两位思想家都经历了那个衰退而混乱的年代，都在朝中做过官吏，对当时的现实进行了思考。

老子的《道德经》重点是从统治者的角度和层面，提出治理国家、构建理想社会的方法和途径，注重的是制度层面和德（公德和私德）的层面，且更强调公德；孔子则更注重个人的品质和修养，想以此来改善统治者与被统治者的关系，从而达到社会和谐的目的，更强调私德。所以，统治者治理社会时若能将这两种思想结合，取长补短，必将创造太平盛世。

二十七、什么是“得道”

人为什么要“得道”？什么是“得道”？

古人云：“一人得道，鸡犬升天”。从中可以看出，在古人的眼里，“道”是具有超自然力量的，这也就不难解释为什么有人痴迷于“得道”了。

要想“得道”，首先要知道什么是“道”，什么是“得道”。

在《道德经》中，“道”最本质的含义是客观存在。那什么是客观存在？客观存在就是：世界是物质的，物质是运动的，运动是有规律的；运动是循环往复永不停歇的，静止是相对的。但老子没有说明，物质运动的原因，即物质运动的内在动力是什么。在今天看来，物质能够不停歇地运动，其根本原因是受到力的作用；力是促使物质运动的看不见的“手”，是决定物质一切运动状态的唯一的力量。这个力的起源就是万有引力和电磁力。万有引力是宏观物质世界秩序的维持者；电磁力则是微观物质世界秩序的维持者。

根据《道德经》，再结合现代科学可以总结出：“道”是物质的运动及其规律，物质运动的内在动力是力；力决定着物质运动的状态和结果。

可见，有人热衷甚至痴迷于“得道”是有些道理的：得到那个决定物质运动状态的力，便可以挪移山川、改道河流；可以隔空打拳、透视人体等。但这些只能是想象，从未有人实现过，因为这不符合“道”和“道的精神”。

真正的“得道”源自正确认识“道”并合理利用“道”。“一人得道，鸡犬升天”，并不是指拥有了超自然力，而是人类“共同得道”：因为人类掌握了正确运用力的方法。例如人类乘坐宇宙飞船进入太空，也带去了一些动物生灵。

要“得道”，就必须经历一个过程，这个过程包括：

修道：修道是学习认识“道”的过程，这个过程很漫长，很艰辛，很曲折。

尊道：尊道是在认识了“道”的基础上，从精神层面对“道”的敬畏，从思想上按照“道”的原则和精神认识事物、看待世界、分析问题等。

有道：有道则是在认识了“道”的基础上，严格按“道”行事。

“得道”：“得道”是掌握了“道”，能够用“道”来实现目标。

由此可见，想“得道”，必须先修道。但是，在山洞里苦思冥想无法了解物质的运动及其规律；静思是悟不出“道”的，静思只能悟出道理来，道理是用来答疑解惑的，不能解决“鸡犬升天”的问题。只有学习知识，进行社会实践和科学实验，才是修道的可靠途径，才能最终“得道”。

“德道得道”，也许真的是先有德而后才有道，才能德（得）道；有德才配“得道”！

二十八、《道德经》通行本与传世本的几处异同说明

《道德经》通行本和传世本有多处不同，在此挑选几处明显的进行比较分析，以供读者甄别。

第一处：通行本“无名，万物之始”与传世本“无名天地之始”（第一章）。

通行本：“无名，万物之始。有名，万物之母”。

传世本：“无名天地之始，有名万物之母”。

这两句虽然只有“万物”和“天地”两字之差，但是对于整章的意思有非同小可的影响。按照第五十二章“天下有始，以为天下母”的逻辑，“无名，万物之始”，则“无名”才是“万物之母”，而老子同时又说“有

名，万物之母”显然紧邻的两句话相互矛盾，这样的错误老子应该不会犯的。还有，《道德经》中的“万物”特指有生命现象的万物，而不包括组成地球自身的无生命的万物。因此，虽然有帛本“无，万物之始也。有，万物之母也”来给通行本印证，但我认为传世本更有道理。

第二处：通行本“上士闻道，仅能行之”与传世本“上士闻道，勤而行之”；“大器免成”与“大器晚成”（第四十一章）。

通行本：“上士闻道，仅能行之；中士闻道，若存若亡；下士闻道，大笑之。不笑不足以为道”。

传世本：“上士闻道，勤而行之；中士闻道，若存若亡；下士闻道，大笑之。不笑不足以为道”。

两个版本有两处不同：一是“仅能”和“勤而”，二是“免”与“晚”。从“不笑不足以为道”来分析，这是说不同档次的“士”对于“道”的态度，而不是讲“士”对于“道”的能力。至于是“大器免成”还是“大器晚成”，我以为主要是后人过度解读了“道”，才把“晚”理解成“免”，所以传世本更符合老子要表达的本意。

第三处：通行本“躁胜寒，静胜热”与传世本“静胜躁，寒胜热”（第四十五章）。

通行本“躁胜寒，静胜热”，说的是“动静”与“寒热”的关系，这种关系要通过主观和心理愿望去实现；传世本“静胜躁，寒胜热”说的是“静”与“躁”和“寒”与“热”两种状态和现象的关系，是从事物的两个方面来解决问题，要尊重客观规律去实现。结合后面一句“清静为天下正”，我认为传世本“静胜躁，寒胜热”更能反映本章要表达的主题。

第四处：通行本“而民生生，动介之于死地，亦十有三”与传世本“人之生，动之于死地，亦十有三”；“以其生生”与“以其生生之厚”（第五十章）。

这一章有两处不同。本来通行本“以其生生”之后也有“之厚”，因为比较了帛本，才去掉了“之厚”二字。这句话的意思是过度求生或养尊处优。那么，过度求生一定不是一般老百姓能做到的，老百姓能吃饱肚子就不错了，哪来的条件去过度求生呢？这样回过头来看“而民生生，动介之于死地，亦十有三”就有些不妥了，因为“民”就是指一般的老百姓。所以传世本的“人之生，动之于死地，亦十有三”更具可信度。

第五处：通行本“大道甚夷，而民好径”与传世本“大道甚夷，而人好径”（第五十三章）。

“民”与“人”的区别在于：“民”是指百姓、人民，不包括统治者；“人”是指任何人，包括统治者、侯王。联系本章下文可以看出，此处的“人”专指统治者中的某些人、某个人，所以传世本“大道甚夷，而人好径”更符合情理。

第六处：通行本“大邦者，下流也，天下之牝也。天下之交也，牝恒以静胜牡。为其静也，故宜为下也”与传世本“大邦者下流，天下之牝，天下之交也。牝常以静胜牡，以静为下”（第六十一章）。

这一章，通行本表达的意思似乎更合理，更符合逻辑。

第七处：通行本“报怨以德”（第六十三章）、“和大怨，必有余怨，安可以为善”（第七十九章）与传世本“和大怨，必有余怨；报怨以德，安可以为善”。

这一处不同对理解老子的冤仇恩德思想有较大的影响：如果“报怨以德”独立成句，那么就是老子赞成或提倡用“恩德报答冤仇”来解决冤仇的问题；如果把“报怨以德”放在第七十九章“安可以为善”之前，说明老子也不赞成或不提倡用“恩德报答冤仇”来解决冤仇的问题。那么，老子是怎样的态度呢？我们再看看老子之后的孔子是怎么看冤仇问题的。《论语宪问》中有记载，“或曰：‘以德报怨，何如？’子曰：‘何以报德？以直报怨，以德报德’”。可见，孔子并不赞成“以德报怨”或“报怨以德”。老子与孔子在思想体系上有很大不同，但对于冤仇这个问题的认识应该是一致的，当然他们的解决途径有所不同。所以，我认为传世本“和大怨，必有余怨；报怨以德，安可以为善”更能反映老子的真实思想。

第八处：通行本“天下皆谓我大，大而不肖。夫唯不肖大，故能大。若肖，久矣其细也夫”与传世本“天下皆谓我道大，似不肖。夫唯大，故似不肖。若肖，久矣其细也夫”（第六十七章）。

这一处不同主要在于“天下皆谓我大”还是“天下皆谓我道大”。依老子的品格，不会称“我大”，此处应该是老子回应“大道”所做的解释。所以，我认为传世本“天下皆谓我道大，似不肖。夫唯大，故似不肖。若肖，久矣其细也夫”更有道理。

第九处：通行本“是谓行无行，攘无臂，执无兵，乃无敌矣”与传世本“是谓行无行；攘无臂；扔无敌；执无兵”（第六十九章）。

这一处本来是相同的，由于通行本从了帛本则产生了不同。现行的通行本（包括帛本）中这几句的意思是“不战而胜”，但传世本表达的意思则是战略准备，即不挑起战争但不能不做军事准备，否则战争到来之时就无法应对战争，到那时不是不战而胜，而是不战而败。

第十处：通行本“是以圣人之不病也，以其病病也，是以不病”与传世本“圣人不病，以其病病。夫唯病病，是以不病”（第七十一章）。

这一处不同，主要是因为对“病”的理解有差异。“病”在此处不是缺点的意思，而是害人的意思。

第十一处：通行本“天之道，利而不害；人之道，为而弗争”与传世本“天之道，利而不害；圣人之道，为而不争”（第八十一章）。

是“人之道，为而弗争”还是“圣人之道，为而不争”？本章前一句主要是论述圣人品格的，后面把圣人之道与天之道并列，既符合情理也符合逻辑，这是其一。其二，如果人之道能够“为而不争”，那这个世界多美好，老子还需要去讲天道、圣人之道吗？所以，我认为传世本更合理。

其中，第一、六十一、六十三与七十九章中的四处不同，对理解老子思想的影响较大，两个版本有根本性的不同，应当给予关注。

二十九、正确理解《道德经》中那些文字相同但含义不同的句子

（1）“生而不有，为而不恃”——《道德经》中有三章出现这句话。

第二章赞美圣人的品格，所以这里的“生”是圣人在“处无为之事”时促成了事物的产生，就像现在申请获批了一个项目，圣人并不把这件事当成是自己的；“为”则是事物产生后使事物朝着期望的方向发展，就像主持项目顺利实施。所以这句话的意思就是：促成事物的发生而不把它作为私有，培育事物成长而不夸耀自己的付出。

第十章讲什么是“玄德”，是以个体来定义，“生”是指生育，“为”则是养育，这两句的意思则是：子女为己生但不将其作为自己的私有财产，养育子女而不认为自己有功。这一章中“玄德”主要是指私德。

第五十一章也讲什么是“玄德”，此处这句话则具有普遍意义，暗指统治者，表达的意思与第二章基本一样，也可译为：促成事物的发生但不据为己有，保障事物的进展但不自持有功。这一章的“玄德”既有私德又有公德的意思，但更强调公德。

第二章“生而不有，为而不恃，功成而弗居”是指圣人；第十、五十一章“生而不有，为而不恃，长而不宰”是指所有人，但更注重圣人和统治者。虽然语句相同，但由于所处语言环境不一样，表达的意思也有区别。

（2）“挫其锐，解其纷，和其光，同其尘，湛兮似或存”——《道德经》中有两处出现这句话。

第四章“道冲而用之，或不盈。渊兮似万物之宗。挫其锐，解其纷，和其光，同其尘，湛兮似或存”。此处说对于“道”，如果不能顺应，就只能回避；纷不是纷扰，而是缤纷；光虽然由七色组成，但看起来却是白的，所以要像光那样内在不同却表现一致；尘存在于空气中，但却看不见，所以要像尘与空气那样相融。整个句子的意思是：避开它（道）

的锋芒，了解它的丰富多彩，遵循它的规律，与其同行犹如尘埃浮于空气，清澈而似有若无。本章的“和其光，同其尘”是讲“道”的自然和谐，更强调过程，即过程当中的“和”与“同”。

第五十六章“知者不言，言者不知。塞其兑，闭其门；挫其锐，解其纷；和其光，同其尘，是谓玄同。故不可得而亲，不可得而疏；不可得而利，不可得而害；不可得而贵，不可得而贱；故为天下贵”。此处是讲个人修养，即怎样处理人与人之间的关系，所以“挫其锐，解其纷；和其光，同其尘，是谓玄同”可译成：除去自身浮躁的锐气，消除与他人彼此的纷争；接纳他人的优点，达到尘埃浮于空气的状态，这叫作妙不可言、水乳交融的和谐共处。本章的“和其光，同其尘”是讲“德”的自然和谐，更强调结果的“和”与“同”。

（3）“塞其兑，闭其门”——《道德经》中有两处出现这句话。

第五十二章“天下有始，以为天下母。既得其母，以知其子；既知其子，复守其母，没身不殆。塞其兑，闭其门，终身不勤。开其兑，济其事，终身不救。见小曰明，守柔曰强。用其光，复归其明，无遗身殃，是为袭常”。这句话是在讲个人修养，所以“塞其兑，闭其门，终身不勤。开其兑，济其事，终身不救”可理解为：塞住他欲念的孔穴，关闭他欲念实现的通道，终生不会有烦扰之事；打开了欲念的感官，成就世间的庶事，终身都不可救治。强调在个人修养方面做到内外兼修的好处以及如何做到这一点。

第五十六章“知者不言，言者不知。塞其兑，闭其门；挫其锐，解其纷；和其光，同其尘，是谓玄同”。此处也是在讲个人修养，提出言多必失，所以“塞其兑，闭其门”是要求塞住自己内心欲念的孔穴，堵住产生欲念的外部通道。表达的意思与第五十二章基本相同，就是要内外兼修，但本章侧重指智者能达到的修养。

（4）“生而不有，为而不恃，长而不宰”——《道德经》中有两处出现这句话。

第十章“载营魄抱一，能无离乎？专气致柔，能如婴儿乎？涤除玄鉴，能无疵乎？爱民治国，能无为乎？天门开阖，能为雌乎？明白四达，能无知乎？生之畜之，生而不有，为而不恃，长而不宰，是谓玄德”。此处以父母与子女的关系来阐明什么是“玄德”，所以在翻译上是以个体的形式来表达，“生之畜之，生而不有，为而不恃，长而不宰，是谓玄德”可译成：生育子女而养育他们，子女为己生但不能作为自己的私有财产，养育子女而不认为自己有功，不干预和主宰子女的成长过程，能做到这些，就是具备了玄德。此处的“玄德”主要是表现在私德方面。

第五十一章“道生之，德畜之，物形之，势成之。是以万物莫不尊道而贵德。道之尊，德之贵，夫莫之命而常自然。故道生之，德畜之，长之育之，亭之毒之，养之覆之。生而不有，为而不恃，长而不宰，是谓玄德”。此处定义“玄德”带有普遍性，所以在翻译上则倾向于泛指，即“生而不有，为而不恃，长而不宰，是谓玄德”可译成：促成事物的发生但不据为己有，保障事物的进展但不自持有功，事物健康发育时不进行干涉，这叫作深藏不露的高尚品德。所以，这里的“玄德”主要表现在公德方面。

（5）“物壮则老，是为不道，不道早已”——《道德经》中有两处出现这句话。

“物壮则老，是为不道，不道早已”分别出现在第三十章和第五十五章末尾，其表达的意思基本一致，不同的是，第三十章侧重指主观行为，第五十五章则主要是指主观意识。

（6）“是以圣人犹难之”——《道德经》中有两处出现这句话。

第六十三章“夫轻诺必寡信，多易必多难。是以圣人犹难之，故终无难矣”。意思是说轻易许下诺言，必定少有做到守信，总爱挑容易的做，必定难事更多。所以圣人愿意去做难事，最后也就没有什么难事了。

第七十三章“天之所恶，孰知其故？是以圣人犹难之”。意思是天要这么做，谁知道是什么原因呢？这是圣人也难以做出正确解释的。

在这两处，“是以圣人犹难之”语句完全相同，但前后语言环境不同，表达的意思差别很大。

三十、关于“母”“明”等几个重要字词的解释

1. 关于“母”

“母”是《道德经》中的一个重要概念,《道德经》中有五章提到“母”,分别是第一、二十、二十五、五十二、五十九章。“母”本身有母亲、家族或亲戚中的长辈女子、属性词(禽兽雌性)、事物本源等意思。其在《道德经》中都有哪些意思呢?

第一章:“无名天地之始,有名万物之母”。此处的“母”是指产生万物的“有”,而“有”则是指天地。

第二十章:“我独异于人,而贵食母”。此处的“母”是指生命的历程,特指人生。为什么呢?因为“母”即一切生命的本源。了解了生命的本源,也就了解了生命的本来意义。根据“天下有始,以为天下母”,“母”是一切现有事物的开始,万物开始之后就要“万物作焉”,最后“各复归其根”。生命“归根曰静,是谓复命。复命曰常,知常曰明。不知常,妄作,凶”。老子通过观察彻底了解了生命的意义,所以在此说“贵食母”,直译为“可贵的是我吃透了人生的真谛”,意译则是“重要的是我真真切切了解了生命的本来意义”。

第二十五章:“有物混成,先天地生。寂兮寥兮,独立而不改,周行而不殆,可以为天下母”。此处“母”是指先天地生的“混成之物”,“混成之物”是“天地之母”。“天地之母”在第一章则是“无名”,在本章“无名”已经有名,是“混成之物”,叫作“道”或“大道”。可见,“天地”是从没有到有的过程,有名之后的“无名”(混成之物)是天地之“母”。

第五十二章:“天下有始,以为天下母。既得其母,以知其子;既知其子,复守其母,没身不殆”。此处第一个“母”与第一、二十五章是同一指向,都是指“无名”、先天地生的“混成之物”,即“道”。后面两个

"母"则是指产生世界万物的本源或根本。其意思是通过了解事物产生的本源可以了解事物；了解了事物，又遵守事物发展的规律，终身做什么事都不会有危险。

第五十九章："有国之母，可以长久"。此处的"母"与我们现在表达的意思一样，是把国当作母亲来爱戴。

由上可见，只有"有"才能被看作"母"，"无"是不能被看成"母"的，虽然"有"生于"无"。这样，第一章通行本和帛本的"无名万物之始，有名万物之母"便不算老子本意的表达，虽然"无名万物之始"从哲学上讲得通，因为天地也可以被列为万物之中，但天地之外的其他万物并不是从第一章的"无名"直接产生的，而天地才是产生万物的直接的"根"。所以，我认为"无名天地之始，有名万物之母"更符合第一章和老子的本意。

2. 关于"明"

（1）"明"是《道德经》中的一个重要概念，其中有 12 章用到"明"字。"明"本身具有以下基本意思：明亮、明白；清楚、公开、光明、视觉、懂得、表明等。

那么在《道德经》中"明"都有哪些意思呢？

第十章："明白四达，能无知乎？"此处的"明"就是字面意思——明白。本句意为要做到什么事都明明白白，能什么都不知道吗？反过来讲，什么都不知道，怎么能做到明白？

第十六章："归根曰静，是谓复命。复命曰常，知常曰明。不知常，妄作，凶"。此处的"明"是明白、明智的意思，即知道了什么是常规、什么是规律，那就是明白人、明智的人。

第二十二章："不自见故明，不自是故彰，不自伐故有功，不自矜故长"。此处"明"是明白、明智、聪明，也可理解为明察秋毫。意思是不固执己见是明白人、聪明人，也是明智的人，这样的人判断事物能够做到明察秋毫。

第二十四章："自见者不明，自是者不彰，自伐者无功，自矜者不长"。此处的"明"与第二十二章的意思相同。

第二十七章："是以圣人常善救人，故无弃人；常善救物，故无弃物，是谓袭明"。"明"是指聪明，"袭"本来是传承的意思，"袭明"则是真正内藏于心的聪明智慧。

第三十三章："知人者智，自知者明"。此处的"明"是明白的意思。全句意为有自知之明的人是明白人。

第三十六章："将欲歙之，必固张之；将欲弱之，必固强之；将欲废之，必固兴之；将欲取之，必固与之。是谓微明"。此处"明"是明白、聪明。"微明"字面意思是细微的聪明，聪明到每个细节，与上文联系，"微明"可以理解成小事情藏有大道理。

第四十一章："明道若昧，进道若退，夷道若纇"。此处"明"是光明、明亮的意思。

第四十七章："是以圣人不行而知，不见而明，不为而成"。此处"明"是明白的意思，即不需亲眼所见就能明白。

第五十二章："见小曰明，守柔曰强"。此处"明"是明白、聪明。意为一个人若能从细微之处获得启发，那就是个聪明人、明白人。"用其光，复归其明，无遗身殃，是为袭常"，此处的"明"是明亮的意思。

第五十五章："终日号而不嗄，和之至也。知和曰常，知常曰明，益生曰祥，心使气曰"。此处的"明"与第十六章的意思一样，即明白、明智。全句意为知道了什么是常识、什么是规律，那就是明白人、明智的人。

第六十五章："古之善为道者，非以明民，将以愚之"。此处的"明"也是指明白、聪明的意思。

3. 关于"若"

"若"是《道德经》中常用的一个字，全书有15章用到"若"字。"若"的基本意思是好像、如果，引申为及、到、比得上。那在《道德经》中，"若"都有哪些意思呢？

第六章："绵绵若存，用之不勤"。此处"若"是好像的意思。

第八章："上善若水"。此处"若"是好像的意思。

第十三章："宠辱若惊，贵大患若身。何谓宠辱若惊？宠为下，得之若惊，失之若惊，是谓宠辱若惊。何谓贵大患若身"。此处"若"是好像的意思。"贵以身为天下，若可寄天下。爱以身为天下，若可托天下"。此处"若"是则的意思

第十五章："豫兮若冬涉川，犹兮若畏四邻，俨兮其若容，涣兮若冰之将释，敦兮其若朴，旷兮其若谷，浑兮其若浊"。此处"若"是好像的意思。

第二十章："我独泊兮，其未兆，如婴儿之未孩；儡儡兮，若无所归。众人皆有余，而我独若遗"。此处"若"是好像的意思。

第三十二章："侯王若能守之，万物将自宾"。此处"若"是如果的意思。

第三十七章："侯王若能守之，万物将自化"。此处"若"也是如果的意思。

第四十一章："中士闻道，若存若亡"；"明道若昧，进道若退，夷道若纇。上德若谷，大白若辱，广德若不足，建德若偷，质真若渝"。此处"若"都是好像的意思。

第四十五章："大成若缺，其用不弊。大盈若冲，其用不穷。大直若屈，大巧若拙，大辩若讷，大赢若绌"。此处"若"是好像的意思，但翻译时不能直接译成好像，而是要用肯定的语句，即再怎么大的成就也有不完满的方面。

第五十九章："治人事天，莫若啬"。此处"若"是比得上的意思。

第六十章："治大国，若烹小鲜。以道莅天下，其鬼不神"。此处"若"是好像的意思。

第六十七章："天下皆谓我道大，似不肖。夫唯大，故似不肖。若肖，久矣其细也夫"。此处"若"是如果的意思。

第六十九章："故抗兵相若，哀者胜矣"。此处"若"是比得上，即

相当的意思。

第七十四章："若使民常畏死，而为奇者，吾得执而杀之，孰敢"。此处"若"是如果的意思。

第七十八章："正言若反"。此处"若"是好像的意思。

4. 关于"万物"

"万物"是《道德经》中的一个重要名词，出现频率较高，其主要指向为有生命的万物，个别时候指普遍意义上的万物，例如：

第一章："有名万物之母"。

第二章："万物作焉而不辞"。

第四章："渊兮似万物之宗"。

第五章："天地不仁，以万物为刍狗"。

第八章："水善利万物而不争"。

第十六章："万物并作，吾以观复"。

第三十二章："侯王若能守之，万物将自宾。天地相合，以降甘露，民莫之令而自均"。

第三十四章"万物恃之而生而不辞，功成而不名有，衣养万物而不为主。常无欲，可名于小；万物归焉而不为主，可名为大"。

第三十七章："侯王若能守之，万物将自化。化而欲作，吾将镇之以无名之朴"。

第三十九章："万物得一以生"，"万物无以生将恐灭"。

第四十章："天下万物生于有，有生于无"。

第四十二章："道生一，一生二，二生三，三生万物。万物负阴而抱阳，冲气以为和"。

第五十一章："是以万物莫不尊道而贵德"。

第六十二章："道者，万物之奥，善人之宝，不善人之所保"。

第六十四章："是以圣人欲不欲，不贵难得之货；学不学，复众人之所过，以辅万物之自然而不敢为"。

第四十章、六十二章中“万物”是指普遍意义上的万物，其他各章均指有生命运动的万物，其中第三十二、三十七章的“万物”则强调的是天下百姓。

从以上还可以看出，第一章“无名天地之始”改为“无名万物之始”，“万物”就必须是具有普遍意义上的“万物”，与老子要表达的“有名万物之母”中的“万物”就不一致了，也不符合整章要表达的意思。

5. 关于“自然”

“自然”也是《道德经》中的一个重要的概念，全书共有五处用到“自然”。

第十七章：“信不足焉，安有不信。悠兮其贵言，功成事遂，百姓皆谓我自然”。

第二十三章：“希言自然”。

第二十五章：“道法自然”。

第五十一章：“道之尊，德之贵，夫莫之命而常自然”。

第六十四章：“圣人欲不欲，不贵难得之货；学不学，复众人之所过，以辅万物之自然而不敢为”。

“自然”的意思包括：自然界；不经人力干预而自由发展；不勉强；不局促；不呆板。“自然”，从最广意上说，是自然的、物理的、物质的世界或宇宙；可以指物理世界的现象，也可以指一般的生命。尽管人类是“自然”的一部分，但人类活动通常被理解为与其他自然现象不同的类别。

因此，第十七、二十三、五十一、六十四章中的“自然”是自由发展、不经人力干预的意思，与我们已经形成的概念意思一致。

但在第二十五章，“自然”不是以上意思，而是形容词，表示“道”没有经历从无到有这个过程，本来就有，即“道”是客观存在，“道”即是自然，自然即是“道”。这里的“自然”不是指规律，也不是指“道”之外还有一个叫“自然”的存在。这一点要特别注意。

三十一、关于“玄”“攘臂”等几个容易被误解的重要字词的解释

《道德经》成书于2500多年前，彼时的语言环境和语言习惯与今天的大不相同，以至于必须通过翻译成今天的白话文，我们才能看懂《道德经》。因此，翻译的准确度影响着人们对《道德经》本意的理解。而在翻译的过程中，有些字词的用法和含义被误解或忽略，有些字词的用法不常见，甚至可能没有被传承下来，从而导致译文不能正确反映老子的思想本意。下面列举的几个例子就属于这种类型。

1. 关于“道”

“道”是《道德经》中用得最多的字之一，也是老子不厌其烦、孜孜以求的“道”，是老子要讲的“道”，要传承的“道”，要人们学习、尊重、遵守的“道”，是老子特指的“道”。但《道德经》中的“道”却有多种含义。

在《道德经》中有35章74次提到了“道”。“道”的主要含义有：

（1）老子特指的“道”：例如“吾不知其名，强字之曰道”；“道冲而用之，或不盈”；“水善利万物而不争，处众人之所恶，故几于道”；“孔德之容，惟道是从”；“道常无为，而无不为”；“道者，万物之奥”等。

（2）道路。例如“道可道，非常道”；“譬道之在天下，犹川谷之于江海”；“明道若昧，进道若退，夷道若纇”；“使我介然有知，行于大道，唯施是畏”等。

（3）道理。例如“道可道，非常道”。

（4）方法。例如“执古之道以御今之有”。

“道”在《道德经》中被误读或误解的一个意思是：“道”具有说、言、用语言表达的意思，即“道可道，非常道”这一句。在传统的译解

中，这句被译成“道如果可以用言语来表述，那它就不是常道”，即把第二个“道”理解为说、用言语表达的意思。但据查，“道”当说、言来使用，最早是在汉朝初期，《史记·李将军列传》记载：“万户侯岂足道哉！”而在老子生活的时代，还没有用“道”这个字来替代说、言、用语言表达等意思。所以，把“道可道”译成“道如果可以用言语来表述”无论如何也是说不通的。同时可以看到，老子在《道德经》中要表达“说”的意思时都是用“曰”“言”“谓”“云”等，而没有用到“道”。例如“吾不知其名，强字之曰道”；“悠兮其贵言，功成事遂，百姓皆谓我自然”；“天下皆谓我道大，似不肖”；“知者不言，言者不知”；“圣人云：我无为而民自化，我好静而民自正，我无事而民自富，我无欲而民自朴”；“用兵有言”；“信言不美，美言不信”。

2. 关于“玄”

“玄”的本意是搓线、编草绳。最后一笔（那一点）就是新续的草。基于这个本意，“玄”衍生出下面两个意思：①变化，而且是有规律的无穷变化。②很远，看不到结果。玄色，不是黑色，而是看不清究竟是什么颜色，所以才有深奥不容易理解的意思。例如玄妙、玄奥、玄理。还有不太真实、不太可靠的意思，例如玄想、玄虚。黑色则是引申的意思。

在《道德经》中，“玄”是用得较多的一个字，也是最难理解的一个字。对“玄”字的理解，会直接影响对“道”的理解。

据统计，《道德经》中有7章12次用到了“玄”字。

（1）“玄”表示变化及规律性变化。例如第一章“此两者同出而异名，同谓之玄。玄之又玄，众妙之门”。

（2）“玄”表示玄妙。例如第六章“谷神不死，是谓玄牝”；第十章“涤除玄鉴，能无疵乎”；“生之畜之，生而不有，为而不恃，长而不宰，是谓玄德”；第十五章“古之善为士者，微妙玄通，深不可识”；第五十六章“和其光，同其尘，是谓玄同”等。

由上可见,《道德经》没有用“玄”表示玄奥。玄奥和玄妙虽然意思相近，但也不完全相同。玄奥侧重于表示深远神妙、难以理解，而玄妙则表达的是虽然弄不清楚，但还是能够理解或感受到，就像在绚烂多彩的光影世界里，虽然会感觉很玄妙，但是我们都知道那是不同频率的光组合的结果，是可以理解的。“玄牝”“玄德”“玄同”“玄通”都属于玄妙一类，而非玄奥。可见,《道德经》中的“道”并不玄奥，而是玄妙。

3. 关于“欲”

“欲”的基本意思是：①欲望；②想要，希望；③需要；④将要。欲望是现代汉语中用得最多的一层意思，但在《道德经》第一章中这么理解就不对了。

若将“常无欲，以观其妙；常有欲，以观其徼”理解为“经常保持清静无欲，可以体察其中的奥妙；经常保持有欲追求，可以知晓道的功用”，这在逻辑上是说不通的。试想，“无欲”时能体察道的奥妙，为什么“无欲”时就不能知晓道的功用呢？反过来，“有欲”能知晓道的功用，为什么“有欲”就不能体察道的奥妙呢？把“妙”和“徼”割裂开来对待，不符合人类观察事物的习惯。

所以，“欲”不是说明欲望对观察事物的结果的影响，而是表达人们观察事物的主观能动性，即认识事物的态度。“妙”和“徼”体现了事物发展变化的不同阶段，“常”则是要求人们掌握时机。

4. 关于“徼”

“徼”的本意有：求、边界，巡逻和巡察等。结合上下文可知，边界、巡逻和巡察两个意思比较合适。而边界可以进一步引申为结果，巡逻和巡察可以理解为过程。这样，“徼”就可以理解为事物发展变化的过程和结果。

5. 关于“挫”

“挫”除了有挫折、压下去、降低的意思外，还有一个意思经常被忽略，即错过。“挫”同“错”，例如挫过(失去时机)，挫着对门(斜对着门)；挫对(斜对)。因此，“错过”为主动时，就是“避开”，那么“挫其锐”就是“避开他的锐气”，当“道”的发展势头强劲时，人们是不能硬来的，避一避则不会受到伤害。

6. 关于“绳”

“绳”（shéng、mǐn、yùn），古代的绳子多用草、麻等植物纤维搓成，所以，“绳”的本义是可以无限接续延长的索带。

绳绳（mǐn mǐn），形容接连不断。但“绳绳不可名”是指绳子缠绕在一起，无法分辨彼此。

7. 关于“攘臂”

“攘”的意思包括：抢夺、侵犯、窃取，例如攘夺；排除，例如攘除，攘敌（抵御敌人）；捋起（衣袖）的意思。

“攘臂”指捋起袖子。因此，第三十八章“上礼为之而莫之以应，则攘臂而扔之”是指崇尚礼仪的人以礼待人，却得不到以礼回礼的回应，于是就捋捋袖子露出胳膊，也不顾礼仪了（把礼仪也给扔了）。第六十九章“行无行，攘无臂，扔无敌，执无兵”中的“攘无臂”则是指单兵对练时捋袖子、露胳膊，尚未开始格斗的状态，即捋起袖子、露出胳膊准备搏击，并不是“举无臂之臂”。

8. 关于“稽”

“稽”的本意包括：查核，如稽考、稽查；停留；迟延，如稽留、稽迟；滑稽等。

第六十五章“知此两者亦稽式。常知稽式，是谓玄德”，译成“了解这两种治国方式的差别，就是一个法则，经常了解这个法则，就叫作玄德”不妥。因为了解这个法则是不可能成为“玄德”的。因此，此处应该选稽考、稽查之意，因为经常稽考、稽查能使制度得到有效执行，从而达到治理国家的目标。稽考、稽查带来了好的结果，所以这个行为可称为“玄德”。

9. 关于“器”

“器”是个会意字，本意是狗的叫声。金文中的“器”，中间是“犬”，四周各有个“口”，代表一只狗正在张口大叫。“器”后来本意消失，假借为器具。因为器具都能容纳物品，所以“器”也引申为才华，如“庙堂之器”，意思就是有治理国事的才能。

另外，“器”也常表示人体器官，用具的总称，人的度量、才干、才能，重视等意思。在《道德经》中都有用到，例如：

第十一章“埏埴以为器，当其无，有器之用”，“器”指陶具。

第二十八章“朴散则为器，圣人用之，则为官长”，“器”指工具，把朴素的美德比喻成有用的工具。

第二十九章“天下神器，不可为也，为者败之，执者失之”，“器”指器具、物件，把天下比喻为神奇的物件。

第三十一章“夫佳兵者，不祥之器”，“器”指器具，此处专指武器；“兵者不祥之器，非君子之器，不得已而用之，恬淡为上”，此处的两个“器”不是指武器，而是代表拥有武器的武装力量。

第三十六章“鱼不可脱于渊，国之利器不可以示人”，“器”既代表武器，也代表拥有武器的武装力量。

第四十一章“大方无隅，大器晚成，大音希声，大象无形”，此处“器”为器具，但可引申为人才。

第五十七章“人多利器，国家滋昏”，“器”代表器具。

第六十七章“不敢为天下先，故能成器长”，“器”代表有才能的人。

第八十章“使有什伯之器而不用”，“器”指器具、用具。

10. 关于“病”

“病”的主要意思有：生理或心理上发生的不健康的现象；苦；疾苦；不好的或有害的东西、缺点、错误；弊，不利；祸害、有害、害处、损害、私弊；批评、指责、责备、不满等。

《道德经》中有两处用到“病”：

第四十四章“得与亡孰病”，此处“病”指害处、有害。

第七十一章“不知知，病也。圣人不病，以其病病。夫唯病病，是以不病”，此处“病”指害处、有害、害人。

“病”虽然有缺点的意思，但《道德经》这两处用到的“病”若这样理解和翻译就错了。因为圣人不关注自己是不是有缺点，而是关注对他人是不是有利无害；圣人主观上不会害人，但客观上可能害人，比如自己不知道的当知道去指导别人，会带来不好的结果，虽然主观上并没有害人的意思，但客观的结果是害了人，这也是圣人不愿做的事。所以，圣人不仅主观上不害人，还要克服客观上害人，就是避免好心办坏事。

11. 关于“毒”

“毒”本意是指毒草，有毒害、狠毒之意，在古代还有纠正、教育的意思。所以，《道德经》第五十一章“故道生之，德畜之，长之育之，亭之毒之，养之覆之”这句中“毒”不能翻译成毒害、杀害，而应理解为纠正、教育、治理、治疗等，意思是当人或动植物得病不能健康成长时，要根据原因和情况采取纠正、教育、治理、治疗等措施，以使其恢复到健康成长的道路上来。

第二部分

三十二、《道德经》新解翻译与解析的几点说明

《道德经》新解翻译包含以下内容：原文，直译 / 译文，解析，意译，观点。

原文：本书以《道德经》传世本为底本进行翻译解析。

直译 / 译文：直译指根据原文直接翻译，如果解析之后没有意译，则直接用译文。

解析：这里的解析不是对原文字句的注解，而是对新解翻译做出解析，即说明为什么这样翻译，以便帮助读者更准确地理解《道德经》原文表达的意思。解析不是每一章都有，而是根据理解原文与译文的需要而定，意思明确或没有异议的，不做解析。

意译：本次新解的译文，有些章节直译以后不能完全反映老子所要表达的思想，或者由于古今语言表达习惯的不同，不能很好地表达原文的意思，因此又进行了意译，既可满足原文音韵的美感，又能使读者更容易地理解原文。

观点：这是笔者结合现实思考的点滴感受，对每章内容对当今现实的指导意义的感悟，也是我们学习和理解《道德经》的目的所在。

三十三、《道德经》新解翻译与解析

第一章

【原文】道可道，非常道；名可名，非常名。无名天地之始，有名万物之母。故常无欲以观其妙；常有欲以观其徼。此两者同出而异名，同谓之玄。玄之又玄，众妙之门。

〖**直译**〗道儿，时下可行得通、走得通的道儿，不是永远不变的道儿。名，时下叫得上名字的事物，不会永远是所称的事物。天地是从无名开始的（天地是由无名物质变化产生的），有名是产生万物的母体（天地是产生万物的母体）。所以，要经常在无的时候有意识地观察事物的微妙变化，经常在有的时候有目的地观察事物的变化规律和结果。从无到有和从有到结果两者的过程本质相同而叫法不同，同样都叫作有规律的变化。（知道了）变化及变化规律，都（还）只是站在了事物全部奥妙的门口。

【解析】

本章讲事物的“变”和人对于“变”应采取的态度。其中的逻辑关系是：“道可道，非常道……有名万物之母”讲事物变化的一般性、事物变化的特殊性和事物变化的例证；“故常无欲，以观其妙……同出而异名，同谓之玄”讲人面对变化的事物时应采取的行为和方法，还要用连续、全面的眼光看待事物；“玄之又玄，众妙之门”是结论，即使了解事物的变化规律，那也是表面上认识了事物，不能停留在表面现象上，要不停止地研究事物变化和变化规律的内在原因。

“道可道，非常道；名可名，非常名”。这句有三个“道”字，正确理解“道”字在本章的含义，对于正确理解本章乃至整个《道德经》都是至关重要的。

这三个“道”字代表的意思是一样的，都是指现实中的道儿或道路，同时可以引申为道理和方法。

当第一个“道”做道理、方法用时，第一句话也可以译成：道理，时下讲得通的道理，不会是永远都正确的道理；或方法，时下适用的方法，不会是永远都适用的方法。

当“道”作为道路、路径时，有两方面的意思：一是指现实中两点之间的物理通道，也就是指人从一处到另一处的路径，例如甲地到乙地的道路；二是指事物发展或为人处世所遵循的途径，如社会主义道路、人生的道路等。作为通道的道路，在现实中，尤其在古代，道路基本都是土路，很容易损坏，遇到下雨天，今天能走通的道儿明天有可能就走不通了，晴天可走通的道儿雨后走不通的情况是经常发生的。所以，时下走得通的道路是"非常道"，不能保证总是能够通行。现如今，由于发展的需要，道路建设非常之快，我们经常会遇到上午走过的路线下午返回时就得绕道而行。同样的，生活中的一些道理和方法，在一定时间和场合是对的、适用的，到了另一时间或场所可能就行不通、不适用了。因而，时下讲得通的道理也是"非常道"。

可见，第一个"道"做道儿、道路、道理、方法讲，都符合整句的意思，不容易出现歧义。

对于第二个"道"，很多学者基本都理解为"说、讲、语言表达"。但据考证，"道"具有上述意思是在汉朝初期，最早记载于《史记·李将军列传》中的"万户侯岂足道哉"。而在老子时代，没有文献能证明"道"会被用来替代"说、讲、语言表达"等意思。所以，第二个"道"译成"用语言表达"或"可以说出来"不符合当时的语言习惯。

因此，把"道可道"理解成"道"如果可以用言语来表述，或者能说出来的道理，很可能不符合老子的真实意思。

第三个"道"与第一个"道"的指向是一致的，如果第一个"道"意思明确，第三个"道"就不难理解了。

这里再讨论一下对于"道"的称呼问题，或者"道"的分类。

"道"作为道路时，有大道、小道之分，还有正道、斜道之别；当作道理来讲时，有大道理、小道理、普通的道理、简单的道理等之说。对于"道"，老子在《道德经》第二十五章称不知其名，"强字之曰道"的"道"又该怎么称呼呢？其实，老子已经明确了它的叫法，那就是"强为之名曰大"，合起来即是"大道"。通观《道德经》，作为抽象概念的"道"，老子给起的名字叫作"道"和"大道"，只有涉及具体事物时，才在"道"前加名词或形容词，表示具体的"道"或"道"的程度，如天道、世道、人道、正道、邪道等。即便这样，"道"本身也有两方面的含义，即事物发展变化的过程遵守"道"或"大道"，具体表现形式则是道儿。例如天道是一种拟人的说法，字面意思是天走的道儿，即“大道”。

因此，老子所讲的“道”是没有“常道”和“非常道”之说的。不仅老子没有论述什么是“常道”、什么是“非常道”，也未见后人对“常道”和“非常道”做过论述及解释。

“道可道，非常道；名可名，非常名”。这句中的“常道”和“常名”也需要正确理解和认识。根据上面的分析，《道德经》中的“道”，就其一般意义而言，通常叫作“道”或“大道”，而没有“常道”和“非常道”之分。因此，“常道”和“常名”只是在指具体事物时，才会有“常”和“非常”之说。

理解了“道可道，非常道”，“名可名，非常名”自然就不难理解了。不同的是，“名”是用具体事物来说明事物的可变性。“道可道”和“名可名”，一个代表普遍性，另一个代表特殊性。

由此可见，“道可道，非常道”，“名可名，非常名”是老子用“动”的思维和观点看待、解释世界。有一句俗语叫“凡事不能一条道儿走到黑”，与老子的“道可道，非常道”有异曲同工之妙。

另外，用“道可道，非常道”这句话来解释《道德经》本身也是适用的。《道德经》中的一些道理未必完全正确，或者说即便在当时是正确的，但用今天的实践和现实来判别也未必正确。所以，老子的思想是开放的，而不是僵化的。

“无名天地之始，有名万物之母”。本句的关键在于对“无名”和“有名”的理解。如果“无名”是指天地混沌未开之际的状态，“有名”是指宇宙万物产生之本原的命名，在这两种情况下，这两句的中心和焦点“天地”和“万物”，则是“无”和“有”的两端，即用“静”的思维和观点说“天地”和“万物”的本源性。也就是说，“无名天地之始”这句话像一根扁担，一头挑的是“无名”，另一头挑的是“天地”，这是两个“静止”的状态。同理，“有名万物之母”也是一根扁担，一头挑的是“有名”，另一头挑的是“万物”，这也是两个“静止”的事物。但我认为老子在这里要表达的意思是：“天地”是从一种不知道叫什么名字（有物混成，先天地而生……吾不知其名）的物质变成有名的“天地”，说明“天地”也不是天生就存在，而是经历了一个从无到有的变化过程，是一个动态的过程。

什么是“无名”，什么是“有名”？显然，“天地”就是“有”和“有名”。既然是从无到有，有了“天地”之后，“有名是万物之母”，这里“有名”自然就是指“天地”，也就是说有了“天地”之后，才有了万事万物，既顺理成章，也符合逻辑。“天地”之前是什么，没人知道，故叫作“无名”。这个“无名”是什么呢？第二十五章给出了答案，“有物混成，先天地生”，这个“无名”就是“混成之物”。“混成之物”到底是什么，老子也不知道，所以还是“无名”，“天地”就是从“无名”变来的，这自然有一个变化的过程。“天地”自然是“有名”，所以“有名”是万物之母，也就是说“天地”是万物之母。“天地”产生万物，也是经历了一系列变化之后的结果。达尔文的进化论也验证了老子的思想学说。

“天地”虽然不是天生就有的，而是在“无”的基础上变化产生的，但是这个“无”不是什么都没有，而是一种不知道叫什么名字的物质或者状态，所以说这个“无”实际上也是“有”，相对于“天地”是“无”，相对于“不存在”（空无）则是“有”。

“无中生有”在现代汉语里意思是把没有的事情说成是有的事情，比喻毫无事实依据，凭空捏造。但在老子这里没有这种意思，而是一个具有哲学意义的名词，体现了辩证思想，并且是一个有科学道理和科学意义的词语，就同“空穴来风”一样。一说起“空穴来风”，很多人都会把它理解为凭空产生的意思。其实不然，“空穴来风”本意是指穴洞里有小缝隙，风才可以吹进来，引申为事情是有一定根据的。

“故常无欲以观其妙；常有欲以观其徼”。既然“天地”是由“无名”物质变化而来，那么世间的万物生长也就是从“无”开始的，万物从“无”变成“有”，再到成熟还需要一个过程，成熟到死亡也需要一个过程，这个过程就是“有”的“徼”，这个“徼”不是指形状的边界，而是指过程和结果的边界。因此，在事物还没有产生时，要经常有意识地观察它的微妙变化。因为此时你还不知道会发生什么，事物的变化是细微、不易觉察到的，需要静心、耐心地观察。所以，此时的行为只是指意识上要有这个自觉，做到先知先觉，否则，等“无”变成“有”了，最多也只能算是后知后觉了；事物已经产生，开始经历成长、成熟到死亡的过程时，事物的变化速度加快，变化也有规律可循，有目的地观察它的规律和周期，不就是一件很自然的事情了吗？所以，这第二个“欲”应该是指有目的、有目标的行为。

“欲”的本意包括：想要，想得到，想达到；希望，愿望；需要；将要；贪心，感情过盛。多数学者把本章中的“欲”理解为欲望、欲念，其实，“欲”是指人们认识事物的一种态度。

“徼”的本意包括：求；边界，巡逻，巡察等。结合上下文，此处理解为“边界”“巡逻，巡察”比较合适。而“边界”可以进一步理解为结果，“巡逻，巡察”可以理解为过程。这样，“徼”就可以理解为事物发展变化的过程和结果了。

要正确理解本句话的意思，需对“无”“有”“欲”“妙”“徼”有一个正确的认识。“无”在这里不是指天地之前那个“无”，而是指一件事物尚没有发生的时候，此时你不知道将会发生什么，将怎样发生。“有”也不是指有了天地那个“有”，而是指事物发生的初期。“欲”本身有欲望的意思，此处则引申为主观上的目的性。“妙”本意包括：美，好；奇巧，神奇；奥妙；精妙，精微等。联系上下文，此处“妙”应是精妙、微妙的意思。“徼”本意是边界，后专指巡逻、巡哨，因此可引申为过程。

由此可见，“故常无欲以观其妙；常有欲以观其徼”的意思是人们要经常在事物还没有发生的时候有意识地主动观察事物的细微变化，要经常在事物成长的过程中注意观察事物的成长规律和产生的结果。这就是研究事物的正确方法和态度，老子就是这么做的。例如第十六章“万物并作，吾以观复”。《史记》记载，老子曾经有在守藏室为吏的经历，老子的学问主要来自读书和对事物的仔细观察，以及科学的推理。老子没有做实验性研究，所以他对事物的研究表现为对事物性质的描述，而没有量化的结论。但老子观察事物变化的态度——“致虚极，守静笃”，仍值得今天的我们好好学习。

简而言之，“故常无欲，以观其妙；常有欲，以观其徼”这句话是在讲“无—有—无”的过程。

理解了这两句话的意思，下文“此两者”的意思也就更容易理解了。

“此两者同出而异名，同谓之玄”。这里的“此两者”不是指“无”和“有”，而是指从“无”到“有”和从“有”到事物成熟及死亡的两个过程。因为从“无”到“有”和从生到死实际上是一个连续变化的过程，只因阶段不同而有不同叫法，就好像种下种子到种子发芽，这个过程是从“无”到“有”；然后在发芽的基础上进一步生长，直至成熟，这个过程叫作从“有”到成熟的过程。如果没有种子发芽（从“无”到“有”），也就没有后面的成长成熟过程 。但无论是从“无”到“有”，还是从生到死，都是事物的发展和变化过程，因此“同谓之玄”，即都叫作事物的变化，而且这个变化是有规律可循的。再比如生命在母体内孕育时，世界上还没有这个可以独立存在、受认可的生命，此时这个生命对于世人来说还是“无”；当这个生命脱离了母体来到世间，才算是“有”了这个生命。这个“有”要经过一系列的变化成长才能成熟，最后还要走向死亡。“无”和“有”都是指变化过程，只是存在的阶段不同而已。

“玄”的本意是搓线、编草绳，后又衍生出下面两层意思：①变化，而且是有规律的无穷变化；②很远，看不到结果。玄色，不是黑色，而是指看不清究竟是什么颜色。所以才有深奥、不容易理解的意思，例如玄妙、玄奥、玄理，以及不太真实、不太可靠的意思，例如玄想、玄虚。黑色则是引申的意思。

老子在《道德经》中使用了“玄”字，也使用了“绳”字，由“玄”到“绳”的变化，说明“玄”就是变化的意思，等同于《易经》中的“易”，等同于辩证法。可以解释自然界的万物是变化的、相对的、相互影响的、有规律的。

“玄之又玄，众妙之门”。根据上面的解析，“玄”表示变化。但现实中，变化有的是有规律的，有的无规律可循。无论是有规律的变化，还是无规律的变化，都有其内在的原因，而这些原因都是促使事物变化的奥妙所在。所以，有规律的变化和无规律的变化都只是事物的表面现象，人们知道这些，就像是站在奥妙的门口，真正的奥妙还在门后面隐藏着。指南针永远指向南方，这在大多数人看来是自然现象。但五岁的爱因斯坦收到父亲送给他的指南针时感到无比神奇，他说那次经历给他留下了深刻的印象，他认为那背后一定隐藏着什么东西。可见智者的思考总是那么相似。这就是“玄之又玄，众妙之门”的本意。

老子在《道德经》开篇第一章要讲什么，这是一个很重要的问题，这关系到我们对《道德经》全书的理解和认识。

按道理，《道德经》在开篇开明宗义地提出“道”或“德”的概念之后，要一步阐述“道”和“德”，这才符合一般的写作及认识问题的方法和规律。“道可道，非常道”似乎也非常符合这个特征，人们也愿意这么理解。因为“道可道，非常道”非常具有语言美感，又使“道”具有神秘色彩和不可解释、不可认识的属性，这也是《道德经》面世几千年来人们还是不能完全理解“道”的原因。但是，这却完全不符合老子的本意，因为老子在创作《道德经》时就就明确表示自己说的话很容易理解、很容易实行（“吾言甚易知，甚易行”），而至今我们还不得其法，根本的原因是对开篇的理解和对于“道”的神秘性及不可认知性的先入为主。

其实开篇的这一章，老子并没有定义或解释什么是“道”。“道可道，非常道”这句即便按“可用语言表达出来的道，不是永恒的道”来理解，也不是对“道”本身的定义，因为我们还可由此推出“不可道，是常道”的结论，即凡是不能用语言表达的，都是永恒的“道”。既然是这样，那还研究“道”干什么？因为研究“道”的目的，就是要用语言表达出来，让人们懂道、尊道、守道。

从写文章的结构和逻辑来讲，提出了“道”的概念，就应该进一步论述和解释“道”，但是在第二章老子并没有这样做，一直到了第二十五章才对“道”进行了比较完整的阐述，这是后话。可见，我们对“道可道，非常道”以及老子本人有几千年的误解。

根据前面的解析，老子开篇是借“道”表达世界观和方法论。

我们从字里行间可以读出，老子在本章向世人讲了认识世界的四层境界：

第一层境界，“道可道，非常道；名可名，非常名”，用“道”和“名”引出了事物发展的变化性，“道”代表普遍性，“名”代表特殊性。这体现了老子用变化的思维认识世界，用变化的观点看待一切事物。老子借现实中具体的道儿来说明一个大道理——道理不会永远是正确的道理。“道可道，非常道”不是在解释什么是“道”，同样，“名”是指已知的事物，已知的事物也会发生变化，不会保持一种物质状态不变。因此，“名可名，非常名”也不是在解释什么叫“名”。“名”是“道”的具体化。“道”和“名”是普遍性与特殊性的关系。道理是可变的，具体事物也是可变的。总而言之，这一层说明客观事物的运动和变化属性，阐明事物不是永恒不变的。

第二层境界，“无名天地之始，有名万物之母”，进一步阐述事物的变化及变化过程，这个过程叫作“无中生有”，即任何事物（包括“天地”在内）都不是天生的，都是由“无”变化而来的。万物则是从“有”中产生，这个“有”就是天地；天地之初并没有万物，也就是万物产生前也是“无”。天地和万物都是“无中生有”的结果。“无中生有”是指事物运动变化的过程。第二层境界主要说明“无”和“有”的关系，即“有”生于“无”，万物生于“有”，天地和万物都是事物运动变化的结果。

第三层境界：“常无欲，以观其妙；常有欲，以观其徼（jiào）。此两者同出而异名，同谓之玄”，阐述方法论。事物具有不断变化的属性，人们应该用怎样的态度和方法来认识事物的变化呢？要经常在事物还没有发生改变前有意识地观察它微妙的变化，这是一个从“无”到“有”的变化过程，一般不会引起人们的注意。事物变化以后就要有意识地观察其变化的过程（规律），这是一个从小到大，从幼稚到成熟，最终走向死亡的过程，这个过程是有规律可循的。从“无”到“有万物”，从“万物”到“万物作焉”，是一个连续变化的过程。因此，两者本质是相同的（动和变），只是阶段不同而已，它们都是无限变化的连续过程。

第四层境界：“玄之又玄，众妙之门”，讲事物的变化和变化规律并不是事物变化的本质原因。所以，知道了事物的变化和变化规律，只能说是认识了事物变化的表面现象，就像站在认识客观物质世界的门口，门里面才是事物变化的真正奥妙，即“众妙之门”。

这四层境界既相互独立又有一定的内在逻辑关系：由于事物都是变化的，所以天地和万物都是变化而来；既然事物是变化的，那就要研究事物的变化规律；只是了解了事物的变化规律，还没有掌握事物变化的本质，这就是它们的逻辑关系。同时也预示着，事物变化和变化规律还有另外的原因，隐藏在“众妙之门”的后面：促使事物运动变化的内在原因，才是“道”或“大道”的本质。

从这四层意境来看，老子的世界观是唯物的，他认为世上的万事万物都是因运动变化而产生的；人们要用科学方法观察研究事物的运动变化；事物的运动变化是有规律的，事物的变化规律是表面现象，认识了事物的变化规律，只能说站在了认识客观物质世界的门口。

总而言之，《道德经》第一章不是在论什么是“道”，而是在讲事物运动变化及人们对待事物变化的态度和方法。

根据以上的解析，对第一章还可以进行意译。

〖**意译 1**〗世界上没有永恒的真理、永远行得通的道儿。现时有名称的物质也会变化成为具有另一名称的新物质。有名称的天地是从无名的物质变化而来；天地孕育产生了天地间的万事万物。所以，人们要学会观察研究从无到有的微妙变化（苗头和迹象），事物从小到大或者从一物质（事物）到另一物质（事物）的变化规律。从“无”到“有”和事物

成长发展的过程本质是相同的，都是事物的发展变化过程，只不过从不同的角度来说明事物的不同发展阶段，它们都是指事物的不断变化。认识了事物的变化规律，并不意味着掌握了事物变化的真正原因，事物发生变化及其变化规律只是表面现象，事物变化的内因才是事物发展变化的真正奥妙所在。

〖**意译2**〗事物是发展变化的，而不是一成不变的。具体物质可以由一种物质转化成另一种物质。天地从无名物质开始经演变而产生，天地孕育产生了天地间的万物。所以，人们要经常在事物还没有发生时有意识地观察事物的微妙变化，要经常在事物发展变化的过程中有目的地观察事物的变化规律和结果。事物从“无”到“有”的过程和事物发展成长的过程，在本质上是相同的，是事物发展变化的两个阶段，都是指事物变化及变化规律。但知晓了事物的变化和变化规律，只是认识了事物变化的表面现象而已。

这样理解《道德经》的开篇，“道”似乎失去了神秘感，不免使人有些许失望。但我以为，这更符合老子的思想本意，更显出老子对于物质世界的认识超越了时代。物质是运动的并相互转化的观点与现代科学的验证没有什么两样；天地不是天生的，预示着宇宙有诞生的过程，虽然与近代宇宙大爆炸理论不同，但都说明我们现在看到的宇宙样貌并不是天生就这样；研究物质变化的方法也是我们今天科学研究所提倡和运用的；研究物质变化不能停留在表面，要探索其内在原因，是至今人类仍在孜孜以求的事业。单凭这些，即使《道德经》没有之后的八十章，老子也可以名留青史，永远值得我们敬仰学习。

也许自《道德经》诞生以来，人们就误解了老子，对老子的“道”和“名”给予了过多的猜想和解释。老子本来就是想通过浅显的道理来弘扬自己“无为而为”的思想理念，以期达到人民安居乐业的生活状态。如果把“道”说得无比深奥、神秘、不可思议，甚至无比虚化，他的思想怎么能够被理解和接受？又怎么能传播并最终得到施行呢？老子的目的肯定不是这样！从整部《道德经》来看，只有在第二十五章老子才试图给“道”下定义，解释什么是“道”。但是老子发现，自己很难给“道”一个易于理解的定义，所以就很谦虚地承认“吾不知其名，强字之曰道”，再“强为之名曰大”，即“大道”。除了第二十五、四十章和其他少数几章的论道说事之外，老子所描述的一些情况和现象，大部分都是一些普通的道理和方法，都属于摆事实、讲道理，最终希望人们有道有德。

下面，对“道”“名”“无”“有”再做一些阐述，以加强对第一章的认识理解。

（1）关于“道”。要正确理解第一章和第一章中的“道”，必须做到两点：一是摒弃“道是不可认识的”这一思想观点；二是就第一章而言，“道”不是老子心目中“吾不知其名，强字之曰道”的那个“道”。第一章里老子是在借道儿讲道理。因此，第一章里的“道”主要有如下意思：现实中连接两地的通道、做事的路径、做事的道理、做事的方法方式等。根据这些意思，理解“道可道，非常道”就容易多了。比如“道”做道路理解时，连接两地的道路不是永恒不变和唯一的，它会有分岔，会有拐弯，甚至有回转，还可以有两条甚至多条；因为各种原因，道路还会有不通畅、行不通的时候。“道”做路径理解时，也是同样的道理，例如在寻求中华民族的发展道路时，中国共产党就根据实际情况在不同的历史阶段用了不同的方式方法。

（2）关于“名”。为什么会把“名可名，非常名”理解为“名，已经有名称的事物，不会永远是所叫名称的事物”呢？例如水并不是永远以液态存在的，在一定条件下，还可以有气体和固体两种状态，虽然本质都是水，但名称却不一样，这是水的物理变化。水还可以发生化学变化，分解为氢和氧这两种物质。这就是“非常名”的本意所在。虽然老子当时肯定不知道化学变化，但是他一定知道水的三种状态，也知道水和土混合经火烧可以变成器具。物质在一定条件下相互转化，成为新物质，对于我们现代人来说是再普通不过的常识了，我们甚至还知道转化的原因，但把这种转化上升到认识论，对于2500年前的老子来说是多么了不起的一件事！

（3）关于“无”和“无名”。在老子的世界里，“无”不是指空无、什么都没有，而是事物存在的一种状态，发生的一个阶段。例如他说“无名天地之始”，因为天地是有名的，天地的名就叫“天地”，而天地也不是天生的，是从“无”或者“无名物质”变化而来的，所以这里的“无”或“无名”就是天地由来的一个阶段；老子又说“有物混成，先天地生……吾不知其名”，这里的“无”或“无名”又是指天地诞生前的一种“无名物质”，是一种事物存在的状态。再如一棵苹果树上本来没有苹果，但经吸收水和其他养分及阳光照射就会结出苹果，这里的“无”是指苹果树没有结成苹果的状态，而不是没有苹果树；如果没有苹果树，或者不是苹果树，一定不会结出苹果来。同样，我们说地里没有小麦，如果已经播种，那么这个“无”是指没有小麦苗的一种状态；如果还没有播种，这时“无”是没有的意思。所以，“无中生有”在老子这里是事物成长和转化的过程，是一个褒义词。

（4）关于“有”和“有名”。“有”是客观物质发生、发展、变化的条件。有苹果树才能结出苹果；在地里播下小麦的种子，种子发芽，然后长成苗，最终才能长成小麦。对于土壤而言，则意味着“有”，有了可成长的物质基础——小麦的种子。如果没有小麦的种子，土地上是断然长不出小麦的。

难道人们不仔细观察研究这个变化过程和变化规律，就能轻易得到苹果的果实和小麦的种子吗？

凡此种种，“道”是指事物的变化和变化规律，而不是不可描述的玄妙理论。

所以，即便人们知道了事物变化的规律，也只是了解了事物的表面现象，事物变化规律的本质原因才是“道”的真谛。

还要进一步说明的是：传统的翻译和理解，与《道经》和《德经》位置互换有关。把《道经》放在前面，给人的感觉是老子首先在“论道”，“德”是由“道”派生出来的，那“道”必须高深奥妙。如果将《德经》放在前，那么《道经》开篇就是在《德经》的基础上讲道理，不把“道可道”放在那么“高”、那么“显眼”的位置，理解起来就会自然而然且顺理成章了。

【观点】

第一章，老子借道儿阐述事物变化的道理，这个道理就是“道”的本质含义：世间万事万物由变化而来，变化是“无”和“有”相互转化、相互依存的结果。

面对变化的万事万物，人类要善于观察研究其中的规律，并且不能满足于知晓这个规律，因为变化规律仅是事物变化外在的、表面的现象，还有更深奥的原因在支配这个规律。这个深奥的原因其实就是“道”。世界是一个发展变化的世界，人类需要认真研究这个变化的世界。

从本章的论述看，老子对客观物质世界的认识是非常深刻的，他不仅用物质的思维看待世界，还用运动变化的观点认识世界；他教导人们怎样去认识世界，怎样才能做到认识世界。这样的认识和观点，与我们今天对于物质世界的认识不谋而合。

本章没有论“道”，但“道”的精神隐含其中：“道”代表着变化，即一切事物都是变化的，“道”是促使事物变化的内在原因。

如果老子创作的初始是《德经》在前、《道经》在后，那么本章开头“道可道，非常道”很像是对《德经》所阐明道理的适用性进行说明。意思是说，《德经》所讲的一般性原理，也不是永远都适用，随着时间的推移也会发生变化。老子对自己的思想观点也是持开放态度的，这一点值得大家关注思考。

从本章的结尾看，老子还是一个出题大师，他只是告诉人们认识了事物的变化规律还只是站在真正认识事物的门口，门后的奥妙是什么呢？老子给出了命题却没有给出答案，之后的2500多年里，有无数人在解决问题，他们是真正的答题人，如哥白尼、伽利略、笛卡尔、牛顿、莱布尼兹、欧拉、黎曼、伽瓦罗、阿贝尔、麦克维斯、希尔伯特、爱因斯坦、波尔、狄拉克、哥德尔、图灵、费曼、外尔、温伯格、盖尔曼、威滕、霍金、法拉第、达尔文等，他们都是解开门后奥秘的人！

第二章

【原文】天下皆知美之为美，斯恶矣；皆知善之为善，斯不善矣。故有无相生，难易相成，长短相形，高下相倾，音声相和，前后相随，恒也。是以圣人处无为之事，行不言之教。万物作焉而不辞，生而不有，为而不恃，功成而弗居。夫唯弗居，是以不去。

〖**直译**〗天下人都知道美之所以为美，这是因为有恶的存在呀；都知道善之所以为善，这是因为有不善的存在呀。因此，有和无相互生成，难和易相互形成，长和短相互变形成彼此，高和下相互倾倒而换位，音和声相互融合是声音，前和后换位相互跟随，这是永恒的。所以，圣人以无为的方式处事，用不言的方式教育人。万物生长的时候不加干预，促成事物发生而不把它作为私有，培育事物成长而不夸耀自己，功成而不自居。正是因为不居功自有，才没有失去。

【解析】

本章老子提出三个哲学概念：比较，即人的思想意识是在比较中产生和建立的；转化，即一对可以比较的事物能够相互转化；得失，即不曾拥有，也不会失去。本章阐述事物存在的相对性、可变性，在第五十八章得到进一步强化，例如“祸兮福之所倚，福兮祸之所伏”；“正复为奇，善复为妖”。

本章前两句指明了认识事物的基本方法是比较，之后“有无相生，难易相成，长短相形，高下相倾，音声相和，前后后相随”则既有比较的意思，又有变化的意思。老子用辩证的思维方法，推导出世间万事万物都是相对而生、相互转化的道理。由此得出，圣人为什么“处无为之事，行不言之教”，以及什么是“处无为之事，行不言之教”。

老子首先用“美”与“恶”和“善”与“不善”的判断标准来说明

人认识事物是从比较开始的。有了比较，才能对事物做出客观评价，因为没有此，也就无所谓彼。这种方法贯穿于《道德经》始终。紧接着，老子又用一组常见且相反的概念来阐述事物的相对性和变化性，事物在比较中产生价值，这是永恒的道理；同时，也隐含着这些现实的相辅相成的具体事物会随着条件和比较对象的变化而相互转化，要用事物会发展变化的思维方法观察和对待事物，与第一章有着内在的联系。

这里为何用“美”与“恶”相对，而不是“美”与“丑”相对？显然，这里的“美”用于对人而不是对一般事物的评价。既然是对人的评价，人的“美”就包含外在美和内在美，人不美的情况不能单纯用一个“丑”字反映，所以“恶”在这里还只能翻译成“恶”，而不能是“丑陋”。虽然“丑陋”也用来形容人的内心，但“丑陋”内心的外在表现是“恶”的行为，给人的观感是“恶”。所以，形容一个人的内心和外在都不美时，用“恶”更为贴切。“善”本来应与“恶”相对，但为了不与前意重复，所以老子以“不善”而代之。因此这里的“不善”不建议翻译成“恶”。

“有无相生”是指事物的相互转化。例如一事物转化成另一事物，刚开始，“一事物”是“有”，“另一事物”是“无”，转化之后，“一事物”变为“无”，“另一事物”成了“有”。“有”和“无”相比较而存在。就像我有一本书，你没有一本书，你没有书是因为别人有书，如果别人也没有，你也就无所谓有没有一本书了；如果我把我的一本书送给你，那么你有了一本书，而我就从“有”变成了“无”，你则从“无”变成了“有”，这就是有无相生的道理。“难易相成，长短相形，高下相倾，音声相和，前后相随”，这些相对的事物都是在比较中存在，没有此就没有彼，两者更是相互转化的，所以要用“变”的观点看问题。这也与第一章阐述的思想相一致。

“音声相和”，这里是指人发出来的“声”而产生的“音”，即声音，而不是大自然产生的“音”。“声生于心，有节于外，谓之音”。所以，“声”来自内心，“音”产生于外界。发自于内心的“音”，才是好听的声音，“音声相和”才是好听的声音。

紧接着，圣人这个在《道德经》中出现频次最多的人物出场了。圣人是什么样的人，又代表谁呢？

首先，圣人“处无为之事，行不言之教”。那么，圣人所“处无为之事”是什么呢？答案就是“万物作焉而不辞”。同时，这也是圣人的“道”。

其次，圣人“生而不有，为而不恃，功成而弗居”，这是圣人的“德”。

再次，圣人能够“夫唯弗居，是以不去”，这是圣人的“得”，也可以说是圣人的“名”。

有道、有德，自然就留名万世。这是圣人的标准，更是老子心目中理想的人物。圣人是完美的象征，如果由他们来治世，那就是救世主。

什么是“无为之事”和“不言之教”呢？

“无为”是《道德经》中的一个重要观点，也是老子的核心思想和理念之一；是老子希望的社会治理的理想方式，也是老子创作《道德经》的动力和重要目的。

“无为”在本章是指圣人的无为，但并不是指圣人不做事情，而是不违背客观事物、客观存在和客观规律去人为地做事，也就是不以自己的主观意志人为地，甚至违背客观规律去做事。

“不言”也不是不说话或不用语言的意思，而是指圣人不用自己已知的道理、知识或自以为正确的方法、方式去教育别人。圣人是用自己的“德行”去教育别人。此处“生而不有，为而不恃，功成而弗居”实际上就是圣人的“不言之教”。

圣人之所以要这样做、能这样做，是因为本章开始讲过的美与恶、善与不善的判断标准，以及生与死、难与易等相互对立、相互转化，都是永恒的、不断变化的。人应该尊重这些标准和变化，圣人是遵从这些自然法则的，也就是遵道。

圣人何以从“天下皆知美之为美，斯恶矣……”得出并且做到“处无为之事，行不言之教”呢？这是因为，既然事物都是相对而生且相互转化的，当一事物处于一状态时，就要顺其自然，不要干预，到改变的时候自然会发生变化。因此，没有必要凭自己的主观去做事、教育别人。

“万物作焉而不辞”，这里用了比喻手法，字面意思是指世间的生命体在春天勃然生长的样子。这个时候，不需要人们去做什么，也不应该横加干涉。“万物”实际上是指推动人类社会不断发展前进的芸芸众生，因为“万物作焉”的景象只有在中国北方春回大地的时候才能看到：植物在春天发芽生长，冬眠的动物也在春天苏醒，此时的景象就是“万物作焉”。老子是北方人，当然熟知这一自然现象。因此，圣人认为在万物生机勃勃生长的时候，你不能去干预它的生长过程，否则就会出现拔苗助长等适得其反的结果。老子借自然现象暗喻统治者要像圣人“处无为之事”那样对待天下芸芸众生。

“生而不有，为而不恃，功成而弗居”这句话的关键是“生”，是万物生长的“生”，还是圣人“生养”的万物，或者是圣人“生育”的后代？如果是万物生长的“生”，那么“生而不有，为而不恃，功成而弗居”就不合逻辑了，也没有什么可歌颂的，因为万物自己生长，人不去占有这是再自然不过的了；如果是指圣人“生养”万物，这也不合理；如果是指圣人“生养”的后代，教育子女、养育后代本该如此，加在圣人头上，未免有些名不符实。所以我认为，这里的“生”是指圣人按照客观规律促成事物的发生，因此才有后面的“不有”“不恃”“弗居”，这才符合老子赋予圣人的标准。

总体来看，本章既论“道”又讲“德”。“道”体现在老子提出判断事物的标准，阐明事物对立转化的永恒道理；体现在老子讲道理，即圣人是懂道的人，有道的人，尊道的人；圣人又不居功，故圣人又是有德的人，“德”是圣人不居功之德，圣人有道、有德，是完美人物的化身，但圣人在此处不代表任何阶层。

〖**意译**〗天下人都知道美之所以为美，这是因为有恶存在而比较的结果呀；都知道善之所以为善，这是因为有不善存在而比较的结果呀。因此，有无相互生成有变无，难易相互转化难成易，长短相互变形长变短，高下相互颠倒高变下，音声相互融合成声音，前后相互换位前变后，这

是永恒的道理。所以，圣人不主观刻意做事，不是用语言而是用行动教育感化别人。万物生长的时候顺其自然，对成长过程不加干预，促成事物的发生而不把它作为私有，辅助事物成长而不夸耀自己的付出，事物成功达到目标而不以己功自居。正是因为不居功自有，所以才没有失去。

【观点】

本章老子继续谈事物的变化，即事物总是变化的，不会保持一种状态不变。所以，世间的对错都是相对的，没有必要人为地规定标准去判断某一事物或行为的对错与好坏，只要尊重自然，因势而为就行。这正是“无为而为”的本质含义。圣人懂得这些道理，所以“处无为之事，行不言之教”。这是辩证的思维，用方法论来讲辩证法，是事物的矛盾统一。

这一章老子用比较的方法阐述了事物的相互依存和相互转化，是老子辩证思想的一次集中体现；并因此引出了圣人，提出了圣人的行为规范是尊道，以及圣人之德的标准，提出了“无为”的思想理念，无疑是《道德经》中涵盖内容最丰富的章节之一。

天下万事万物是相对存在的，没有此也就无所谓彼；尊重自然，顺势而为，就是“无为而为”。

第三章

【原文】不尚贤，使民不争。不贵难得之货，使民不为盗。不见可欲，使民心不乱。是以圣人之治，虚其心，实其腹，弱其志，强其骨；常使民无知、无欲，使夫智者不敢为也。为无为，则无不治。

〖**译文**〗不推崇有才能的人，使百姓不因此争高下。不看重难得的财物，使百姓不因物贵产生盗窃之心。不显耀能引起贪欲的事物，使百姓不因此迷乱心智。所以，圣人治理天下，使百姓心生淳朴无杂念，保证百姓有衣穿、有饭吃，弱化百姓的志向，强健百姓的体魄；通常使百姓保持单纯、无欲望的状态，使那些所谓聪明的人不敢自以为聪明而肆意妄为。做到无为，则天下就能达到无所不治。

【解析】

“常使民无知”中的“无知”不是指没有知识，而是指世间那些小聪明、小技巧及引起人们欲望的所谓“知识”。知识能使人们把事情做好，小聪明、小技巧往往使人们变得轻浮而狡诈。这种情况在当下比比皆是，例如有些媒体和文学作品为了博取读者的眼球，把社会生活中的一些不良行为，甚至是犯罪细节刻画得细致入微，把一般人本来不知道的东西都一一展示出来，让一些没有鉴别力或意志不坚定者、本来就有心而无力的人，获得了相应的知识或技巧，最终形成犯错或犯罪的本领。

“无知”也可以理解为单纯，就像小孩子那样纯洁。在孩子们的世界里，没有成年人社会中的那些复杂和混乱不堪，所以老子所说的“使民无知”，是希望民永远像孩子般单纯。可见“常使民无知”不能与“愚民”等同起来。

本章的“无为”是指“不尚贤”“不贵难得之货”“不见可欲”等。同时，老子没有指明“无为”的主体，因此应指每一个人，尤其是社会管理者和最高统治者。

本章的“无为而为”则是指：“虚其心，实其腹，弱其志，强其骨；常使民无知、无欲，使夫智者不敢为也”。

按照本章提供的“无为”和“无为而为”之法去治理国家，就能达到“无不治”。

【观点】

本章承接第二章，谈圣人治国的无为之事，在本章表现为“不尚贤”“不贵难得之货”“不见可欲”；反过来，“无为而为”则是“虚其心，实其腹，弱其志，强其骨；常使民无知、无欲”，从而达到所谓“智者不敢为”的治理目标。

为什么要提倡“无为”呢？来看看现实的情况。例如在“尚”这方面，世人有时没有做到推崇真正有才能的人，反而崇尚官位、钱财、名星、地位，结果导致人们的价值观严重扭曲："贵难得之货"，以致豪宅、豪车、奢侈品等成了大家竞相追求的目标。尤其是"见可欲"，使有些人为此已经丧失了底线，琳琅满目的化妆品、服饰、食品、奢侈品等充斥于影视和媒体上，这都是"见可欲"的具体表现，都在刺激着人们的欲望不断增长。而实现这些欲望都需要钱，所以许多人为了钱绞尽脑汁、不择手段。几乎已经到了"五色令人目盲，五音令人耳聋，五味令人口爽"的程度了。因此，我们应返璞归真，着力宣传时代英雄、科学家、劳模等，提倡简朴的生活方式，而不是过度宣传所谓明星和他们的八卦新闻、豪宅、豪车等，使人们能真正勤勤恳恳工作，踏踏实实生活。虽然这也并不完全符合老子的"无为"思想，但总比乱作为要强。

"不贵难得之货，使民不为盗"，即不要刻意去突显一些贵重之物，让人们不要偷窃。人的欲望和行为因比较而产生，没有比较就没有诸多欲望和因此产生的各种行为。所以圣人之治应是摒弃那些能使人们产生比较之心的东西，以免人们对此趋之若鹜。

"道"在本章表现为治国之道。

第四章

【原文】道冲而用之，或不盈。渊兮似万物之宗。挫其锐，解其纷，和其光，同其尘，湛兮似或存。吾不知谁之子，象帝之先。

〖**直译**〗道来了顺势而为，或许不会出错。深邃的道就像万物之宗主。避开它的锋芒，了解它的丰富，与道同行，像光一样和谐，像尘一样均匀，清澈似有若无。我不知道它是谁的后代，好像是天帝的祖先。

【解析】

本章讲"道"的作用和怎样利用"道"。

"道冲而用之，或不盈"，给人的印象是：道来了顺势而为。例如水上冲浪运动，当海浪兴起时，冲浪运动员顺着浪的势上下自由滑翔，惊而不险；反之，就不能成功。"或不盈"中的"盈"是溢出的意思。如果是粮食、财物有盈自然是好事，但是有些“盈”未必是好事，比如容器中的水溢出来就浪费了。因此，“盈”可以引申为出差错、出问题。老子为什么说“或不盈”呢？事实上，遵照规律并不能保证不会出错。还以冲浪为例，个人技术不行也会发生危险。也就是说，人类还没有能力利用规律时，即使“道”来了也不能做到顺势而为，顺势而为也不能保证不出差错。就像海浪中蕴含着巨大的能量，而人类还无法利用这份能量。所以说，按照规律办事，只有在可能的情况下才不会出错。

“道冲而用之，或不盈”，以往多数学者把“冲”理解为空或虚，因为后面有“盈”。如果“道”是“空”或“虚”，那怎么又会“盈”呢？这不符合逻辑。生活常理告诉我们，空虚的东西又怎能去充满呢？根据老子之后的论述，“道”虽然无形、无声、无体（第十四章），但确实是客观存在的，所以“道”并不“空虚”。“冲”本来有冲洗、冲过来的意思，所以在这里引申为“出现、到来”更贴切，更符合老子表达的本意。“道冲”就是说当“道”出现了或到来之时，因为“道”不总是在“动”，也有“静”的时候（反者道之动，弱者道之用），而且常常是“动”“静”相对而生，所以才有“道冲”之说。例如第五章“天地之间，其犹橐籥乎？虚而不屈，动而愈出”（天地之间不就类似一个巨大的风箱吗？静止时不意味着空无，拉动时就会风吹不止）。

所以，“道冲”的“冲”基本就是字面意思，说明“道”来势凶猛，所以要“挫其锐”。

另外，“道冲而用之，或不盈”还可以这样理解：机会来了，顺势而为或许就不会出错。这样就与第五十一章所阐述的“道生之，德蓄之，物形之，势成之”的“势成之”达到了统一。

“万物之宗”指谁？结合第一章“无名天地之始，有名万物之母”，“有名”是指天地，天地为万物之母。由此看来，万物之“宗”和万物之“母”均应指天地。因此，“道”在这里是指天地或天地的运行规律。

“道冲而用之，或不盈。渊兮似万物之宗”连起来看就是：天地按规律运行，人遵照天地的规律做事，或许不会犯错误。“道”非常深奥，就像是一只看不见的手，主宰着万事万物的命运。既然如此，我们就不能回避“道”，而要研究“道”、遵守“道”。那具体该怎么做呢？这自然而然就引出了下面的话题——“挫其锐，解其纷，和其光，同其尘，湛兮似或存”。

“挫其锐”的“挫”不能理解为挫折，因为无法让“道”受到挫折，但能够规避它。“道”发挥作用的锋芒强劲时，一定要避开它，否则自身就会受到伤害。所以，此处“挫”应是规避、避开。“解其纷”的“解”也不能当作解决理解，应该是了解，即了解“道”；“纷”不是纷争，而是缤纷，指“道”的丰富多彩。“和其光，同其尘”是比喻句，因为光永远是均匀的，尘在空气中也是均匀的。所以，这句是告诉人们尊“道”的态度和方法，以及达到的目标效果。

“和其光，同其尘”。光有赤橙黄绿青蓝紫七种颜色，但平时我们是分辨不出的，七种颜色混合到一块，不分彼此，都显示一种颜色，这就是融合的最高境界；空气中有尘埃，但我们无法分别尘埃和空气，感觉不到尘埃的存在，这就是尘与空气的关系——似有若无。因此，老子用光和尘来做比喻，希望人们认识“道”、利用“道”，要达到像光那样自然均匀，像尘浮于空气那样你中有我、我中有你的程度。

“吾不知谁之子，象帝之先”有些令人费解。这句话与前面好像没有内在的必然性。老子这是要追根溯源吗？

“道”在第四十二章中是排在第一位的，因为“道生一”，而在第二十五章中，“道”是混成物，在天地之先而存在，并称之为“大道”，此时的“道”成为“道生一”的“一”，“道”又排在了第二位。本章先说“似万物之宗”，之后又说“道”像是帝之先。因为天帝是天地之子，因此我们又可推导出“道”是指“天地”或源自天地，这又属于“一生二”的“二”，“道”又排到了第三或第四的位置。可见，“道”的“辈分”在老子心目中是在逐渐提高的：从第四章的第四、第三位，到第二十五章的第二位，再到第四十二章的老大！

由此看来，此时老子对“道”也没有一个确切的指向，对“道”的认识也是一个不断完善、不断深入的过程。或者，也许老子心目中的“道”就是多元的，有着不同的含义。

当然，“道”也不需要排什么辈分。“道”是作用于万事万物的那只看不见的手，虽然在万物产生前就已存在，但并没有因万物的产生而消失，它在产生万事万物的每个过程和时刻，甚至死亡中都是存在的。

“吾不知谁之子，象帝之先”，老子或许只是在感叹“道”为什么会有这么大的力量，只有天地才有这样的本领。

本章的核心思想有两个方面：一是“道”有静和动两个方面，只有“道”动的时候，按照“道”，即遵循客观规律做事情才可能不会出问题；二是对于“道”应采取的态度是不违背“道”，而且要了解“道”，融入“道”。

〖**意译**〗按照规律办事，或许就不会出问题。奥妙无穷的道啊就像万物的主宰。避开它的锋芒，了解它的丰富多彩，遵循它的规律，与其同行犹如尘埃浮于空气，清澈似有若无。我不知道它是谁的后代，居然会有这么大的力量，好像是天帝的祖先赐予的吧。

【观点】

这一章老子意在讲“道”的作用和形态，以及人们对于“道”应持有的态度。（人）发现了“道”，首先要了解和认识“道”，而后就要按“道”行事，这样就不会发生问题。按“道”行事就是按规律办事，所以本章的“道”主要是指规律性。这里老子又一次告诫人们要按规律办事，这是永不过时的真理，对于今天的人仍然有指导和警示作用。例如自然资源的过度开发与利用造成的环境恶化，就是违反了有关规律；地球温室效应由量变达到质变时，对于生命的影响将是致命的、不可逆的。

第五章

【原文】天地不仁，以万物为刍狗；圣人不仁，以百姓为刍狗。天地之间，其犹橐①龠②乎？虚而不屈，动而愈出。多言数穷，不如守中。

注：①橐，tuó，古代吹火器；②龠，yuè，古代乐器，形状像笛。

〖**直译**〗天地无所谓仁或不仁，（在天地“眼中”）万物都像没有区别的刍狗一样。圣人无所谓仁或不仁，（在圣人的眼中）百姓也像刍狗一样无须区别对待。天地之间不就类似一个巨大的风箱吗？静止时不意味着空无，拉动时就会风吹不止。说再多的话也不能穷尽世间的所有事情，所以不如坚持适可、点到为止的好。

【解析】

本章说了三个方面的意思：一是关于平等；二是动与静；三是言的多寡。老子是提倡平等、安静和少言的。少言多行，符合圣人“不言之教”的处世方式。

“虚而不屈，动而愈出”，这句话也许是描述冬天和春夏的景象。冬天万物枯萎和冬眠了，显得清冷而寂寞，给人以“虚”的感觉，但这种“虚”也并不意味着万物屈服于大自然的寒冷，所以，到了春光普照、大地回暖之时，万物复苏，新的生命在阳光雨露下茁壮生长，生机盎然，给人以“动”且“不能停止”的感觉。老子以自然界万物生长的周期性现象，进一步阐述“道”具有动静两个方面，是对第四章“道冲而用之”的延伸。

“多言数穷”，即说再多的话，讲再多的道理，也不能把世间的所有事情讲完，把所有道理讲清楚，言外之意就是少说一些没用的话。上升到统治者，就是少发号施令，保持静定，让百姓自主选择生活和发展的方式。

这一章是讲万物之母——天地的品格，从而启发人类也要向天地学习。所以，这是告诫处于社会上层的统治者和管理者应如何作为，而不是被统治、被管理者应如何作为。

〖**意译**〗天地没有偏爱，对万事万物一视同仁。圣人没有偏爱，对百姓一视同仁。天地之间不就类似一个巨大的风箱吗？静止时蓄而不发，犹如空无，运动时则生机勃勃，势不可挡。讲再多的话，发布再多的政令，总有讲不到、不周全的地方，不如坚持适中、点到为止的好。

【观点】

万物在天地间存在，天地不偏向于任何一个个体，给予万物同样的阳光雨露、同样的春夏秋冬、同样的白昼黑夜、同样的电闪雷鸣、同样的洪水干旱等。圣人也能做到如此，对天下百姓一视同仁，不会按出身高低贵贱区分对待。人类要向天地学习，静止时犹如空无一物，动起来则雷霆万钧——天地也有所为、有所不为，并不总是在动，也有静的时候。说得多的人未必有道理，不如保持沉默。如果是当政者，则不应发布各式各样的政令，使人迷惑无所适从，不如顺其自然。政令繁多，实为乱作为，这样的事世界各国都存在，不得不令人深思。

老子用天地比喻圣人，即是说圣人有天地一样的胸怀并按客观规律做事。同时，也有要求人类向天地学习，遵循自然规律，不可乱作为的意思。

“多言数穷，不如守中”不仅是指圣人，也是指天下人，更是指统治者。

公平客观，不走极端是本章的核心要义。

第六章

【原文】谷神不死，是谓玄牝。玄牝之门，是谓天地根。绵绵若存，用之不勤。

〖**译文**〗空谷生养万物而生生不息，不会停止，犹如神一样不死，这就像玄妙神秘的母性。玄妙神秘的母性，是天地万物的起源。（空谷好像母性繁衍后代）似有若无，却能生生不息，永无穷尽。

【解析】

本章接着第四章继续写大自然及万物生长繁育的过程和自然循环，第四章更宏观、更抽象一些，而本章则更具体、更形象。

母性繁衍后代的过程，也是从无到有，似有若无，一代传一代，生生不息，无穷无尽。老子用母性形象地比喻空谷产生天地间万物的过程和道理，这同第一章中“无名天地之始”本意相同，都是指天下及万物源自无，有从无中来，也说出了生命在运动中产生和发生变化。

理解“谷神不死，是谓玄牝”的关键是对“谷神”的理解。“谷神”在这里是一个组合词。首先，老子所说的“道”既然是指自然规律，那他就不会用“神”来代替“道”，这是其一；其二，假如“谷神”是一个词，则直译为“生养天地万物的谷神是永恒长存的，这叫作玄妙的母性”，又与上下文不符。如果要说“道”像母性是永恒的，完全可以直接说“道永恒是谓玄牝”。因此，我认为“谷神”的“谷”实际是指空谷、山谷，“神”则是一个比喻。山谷看起来空旷无物，尤其是在寒冷的冬季，万物凋零枯萎，但它也是生养万物之地，而且年复一年，生生不息，不就像母性繁衍后代一样吗？母性繁衍后代也是从无到有，并使生命生生不息，绵绵不绝。“空谷”像“母性”就顺理成章了。此处老子拿神来做比喻，就像我们现在有时也会用鬼神来形容某事一样，比如鬼才相信、鬼都不信。

“谷”，从甲骨文的形状看，是指泉水将流经之地冲为平川，因此英语翻译的一个意思是：两山之间的水路。

“神”的金文形象为一个人跪在供台前，向苍天大地祈求、祈祷，是一种典型的祭祀活动。《说文解字》解释为：天神，引出万物者也。当然还有其他的解释，如长生的、不朽的、奥妙的、聪明的等。这里主要是指长生。

【观点】

“道”的作用是动和静的对立统一，是生命的循环往复。生命就个体而言是有限的，但因繁衍使整体无限。掌握万事万物的变化规律并按规律办事，才是人类保持长久存在的正道。

第七章

【原文】天长地久。天地所以能长且久者，以其不自生，故能长生。是以圣人后其身而身先，外其身而身存。非以其无私邪？故能成其私。

〖**直译**〗天和地是长久存在的。天地之所以能够长久存在，是因为天地不是为了自己的存在而存在，所以能够长久。因此圣人把自己置于众人之后反而使自己呈现于众人之前，遇事不考虑自身反而因此能保全自身。这不就是他的无私吗？反而成就了他的私。

【解析】

本章讲天地的无私和圣人的无私。天地的无私使“天长地久”；圣人的无私则“成其私”。什么是圣人的“私”呢？圣人的“私”是指圣人的名称和名声。但圣人的名称和名声都不是圣人自封或主动争取的，而是圣人无私的行为赢得的，这与第六十一章表达的思想有相通之处，都是“不争而得”，只是指向的对象、方式不同而已。同时，也能体现第七十三章“不争而善胜”的天道精神。

“圣人后其身而身先，外其身而身存”，是说圣人在思考问题时总是从他人的角度出发，遇到利益和荣誉时也让他人先得，这样的结果却是人们更愿意把利益和荣誉让给圣人；遇到危险时，圣人奋不顾身挡在别人的前面，这样做人们更愿意保护圣人，使其不受危险的威胁和危害，反而保全了圣人自身。

〖**意译**〗天和地是长久存在的。天地能够长久存在，原因是天地不是为了自己的存在而存在，所以能够长久。因此圣人为人处世先人后己，反而更受众人尊重，遇事置身度外，反而保全了自身。这不就是他的无私吗？反而成就了圣人的名称和名声。

【观点】

表面上是说天地无私成其长久，圣人无私成其圣名，但我认为老子的本意是要表达无论是天地、圣人，还是一般的人，只有“无我”才能最终“有我”“全我”，才能“不争而得”，通过“无为”而达到“无不为”的理想状态。

第八章

【原文】上善若水。水善利万物而不争，处众人之所恶，故几于道。居善地，心善渊，与善仁，言善信，正善治，事善能，动善时。夫唯不争，故无尤。

〖译文1〗上乘的善应像水一样。水的善在于滋润万物而不争（功），（且）停留之处是世人所厌恶的地方，所以水接近于道。（有上善的人）选择没有争议的地方居住，保持心态平静，似深渊与世无争，给予仁爱不分彼此，说话真诚值得相信，公正能实现治理国家的目标，妥善做事能够取得效果，行动时能够把准时机。因为万事不争功利，所以没有得失成败之忧虑。

〖译文2〗上乘的善像水一样，水的善在于滋润万物而不争（功），（且）停留在世人所厌恶的地方，所以水接近于道。（有上善的人）善于选择合适的地方居住，保持心态平静似深渊，与人为善讲仁义，说话办事有信用，用正确的方法实现治理国家的目标，做事能够取得效果，行动时能够把准时机。因为万事不争功利，所以没有得失成败之忧虑。

【解析】

本章给出了两种译法，我更倾向于第一种，感觉其更接近于老子在本章对于“善”的解释和表达。

“善”，有多种意思：表示人的本性，比如善良、慈善等；表示人的品格，比如善举、善行等；表示能力，比如善于、擅长等。从本章来看，老子主要论述为人的品格。

当然，水还有其他特性或品格，比如水遇方则方，遇圆则圆；你高我则低，你低我则高等。这些都是指水具有适应性，但这种品格不是老子在本章侧重表达的。

译文1通篇是从人的品格的角度来翻译，译文2前半部分是讲人的品格，后半部分则讲人的能力。所以译文1更符合老子通篇表达的思想。

本章的难点和重点是怎样理解“善”。在本章，老子认为“善”是为而不争，隐忍无名，而这两种品格都是“道”的品格，有这两种品格的人就具有“上善”。因为水具有这两种品格，所以“上善若水”。

“上善若水”中的“上善”没有翻译成“最善”，是因为老子追求的是群体的“善”，而不是个别、唯一的“善”，“上善”代表的是一群人的“善”，“最善”则是指个别或者是唯一的“善”，不符合老子提倡的道德理念。从《道德经》来看，老子在提倡或赞美事物时，多用“上”或“大”，而不是用“最”来表达。老子提倡的都是中庸和群体的利益，例如“多言数穷，不如守中”；“持而盈之，不如其已”；“是以圣人去甚、去奢、去泰”；“物壮则老，是谓不道，不道早已”；“甚爱必大费，多藏必厚亡”；“人之所恶，唯孤、寡、不谷”；“静胜躁，寒胜热”等，这些都是否定极端，追求中庸的例证。

“居善地”，居住在没有是非、没有争议的地方，就不会与人产生纷争。

“心善渊”，心态平静似深渊，自身就不会产生争的想法；也自然不会像惊涛骇浪，给人以不安和惊恐。

“与善仁”，给予仁爱时一视同仁，就不会引起他人的纷争。

“言善信”，说话讲诚信，就不会引起别人的猜忌，人们就不会为你的言辞而纷争。

“正善治”，公正并用正确的方法治理国家，就会得到人民的肯定，就能实现治理国家的目标，这也是不争的道理。

“事善能”，妥善做事能够取得效果，不给人争执的把柄。

“动善时”，行动时能够把准时机，不给决策者犹豫不决的机会，也是不给人争执的机会。

【观点】

这一章似有对前面进行小结的意思。

从第一章到第八章，老子从普通的“道”开始，讲事物变化、事物相互转化、事物变化的规律、自然循环及规律，从“无名”讲到“有名”，从天讲到地，从地讲到万物，从万物讲到人类社会；讲人类社会时讲了百姓，讲了圣人，道理由深奥到浅显，由宏观到具体，这一切主要的目的就是要人们学习水的品格——“为而不争”。无论个人言行，还是治理国家，都应像水一样适应客观环境，利他不为己，这样就不会有过失和怨恨了。

水能滋润万物而不争，停留在世人所厌恶之处而无怨。若人能像水一样，万事不争，就不会为功名所累。

水为什么会有这些品质呢？因为水也在追求中庸，即自身的平衡。只有平衡才能安定，才能长久。世间万物、人、人类社会何尝不是如此呢？

本章老子再次阐述了“为而不争”的思想理念。

第九章

【原文】持而盈之，不如其已。揣而锐之，不可长保。金玉满堂，莫之能守。富贵而骄，自遗其咎。功遂身退，天之道也。

〖**译文**〗坚守期待完满，不如适可而止。锤击使其尖锐，不能长久保持。金玉堆满屋子，没有能守得住的。富贵就容易骄纵，将为自己引来祸患。功成名就抽身而退，符合于天道。

【解析】

本章老子意在讲中庸、知足，不能盲目追求满、锐、多等极端目标，因为事物是相互转化的。

“揣而锐之，不可长保”，“揣”读 chuāi 时，意思是放在衣服里、揣在怀里，此时本句还可翻译成“怀揣锐利之物，也不能保证长久的平安”。这样翻译，“长保”保的是人；译文中的“长保”保的则是物本身。

【观点】

本章老子阐述物极必反、盛极而衰的道理。

正所谓月盈则亏、水满则溢，任何人、任何事，都要维持适当的平衡才能保持长久存在，走极端都难以保持长久。做事必然要知分寸，而不可太过，太过就是盛极，盛极必衰，促使事物转化而走向其反面。这一点在第二章已有阐述，之后老子也多次阐述了这一观点。老子警告人们不要追求完满，不要贪多、贪全，一定要遵循天道，适可而止。

第十章

【原文】载营魄抱一，能无离乎？专气致柔，能如婴儿乎？涤除玄鉴，能无疵乎？爱民治国，能无为乎？天门开阖，能为雌乎？明白四达，能无知乎？生之畜之，生而不有，为而不恃，长而不宰，是谓玄德。

〖直译〗形体和精神作为一个整体，能做到不分离吗？聚集精气以致柔顺，能达到婴儿的状态吗？清除杂念深入观察心灵深处，能看不到瑕疵吗？爱戴百姓治理国家，能遵循自然做到无为而为吗？天下有变，能做到雌柔守静吗？事事明白通达，能什么都不知道吗？生育子女就要养育子女，生育子女但不作为自己的私有财产，养育子女而不居功，子女成长时不加干预和主宰，能做到这些，就叫玄德。

【解析】

“载营魄抱一，能无离乎”，形体和精神能永远保持一致吗？“专气致柔，能如婴儿乎”，想尽一切办法努力使自己变得柔顺，能达到婴儿的状态吗？“涤除玄鉴，能无疵乎”，字面意思是清洗干净，好好照照镜子，在玄明的镜子面前，脸上能看不到一点瑕疵吗？隐含的意思是在明镜面前，谁敢保证自己（的心灵）就是纯洁无瑕的？以上三问，说明世上没有完美之事，也就不应强求完美。进一步讲，就是统治者不应对人民求全责备，以达到治理国家的目的，而要顺其自然、顺应民心民意。

“天门”泛指自然和社会一切事物开阖、变化、运动。“明白四达，能无知乎”是个设问句，意思是自己事事清楚，能说自己什么都不明白吗？

“生之畜之，生而不有，为而不恃，长而不宰，是谓玄德”，拥有“生之畜之”这种本能的只有动物，包括人类。“生而不有”一般动物能做到，而人类则未必。所以整句描写的是父母与子女的关系，老子通过这种关系提出“玄德”的概念。

什么是“玄德”？“玄”有深奥、看不见、看不透的意思。那“玄德”就是看不见、看不透的“德”吗？当然不是。“玄德”是有具体内容的，否则，人们怎样来达到“玄德”呢？其实“玄德”是指“德”表现为：并不为人们所觉察的高尚行为，是你做了很有德的事，而别人却不知道，亦即一种藏而不露的德性。这种德性类似第三十八章中所说的“上德”。为什么把“生之畜之，生而不有，为而不恃，长而不宰”叫作“玄德”呢？因为所描述的这几点行为都是在不知不觉中进行的，一般父母做不到，做到了外人也觉察不到，但是这些行为确实是完全符合“道”的，且达到了“德”的标准，所以是“玄德”。

“玄德”与“上德”都是“德”的最高境界，都不表现为外在有德，而是藏而不露。不同的是，“玄德”是客观上的藏而不露，是“德”不易被外界觉察；“上德”是主观上不表现出有德，使外界不易感觉到。

〖**意译**〗形体和精神能永远保持一致吗？想尽一切办法努力去使自己变得柔顺，能达到婴儿般的状态吗？清除杂念来深入观察心灵深处，就是纯洁无瑕的吗？爱护百姓而治理国家，能不对人民指手画脚、求全责备，而是顺从民意、无为而治吗？天下有变，能做到宁静致远吗？要搞清楚事物变化的原委和来龙去脉，能不做仔细研究吗？生育子女就要养育子女，子女为己生但不能作为自己的私有财产，养育子女而不认为自己有功，对子女的成长过程不横加干预和主宰，能做到这些，就具备了玄德的品格——一种藏而不露的高尚品格（隐含的意思是：统治者若爱民，治国时能做到这些，也就达到了统治的最高境界）。

【观点】

这一章主要讲修身治国。要谁修身？从前后文看，主要是指统治者要修身。

前面的三问，告诉统治者世上没有完美之事，也就不要强求完美。因此，如果统治者爱护百姓，要治理好国家，就不要求全责备，更不要整天颐指气使地告诉百姓该如何做，而是要顺从民众的意愿。老子连用六个设问句，可见当时统治者的无道统治和老子的气愤之情。老子最后指出，统治者要像父母顺从子女成长规律那样治理国家，只有这样才能达到治国的最高境界。这也是老子“无为而治”思想的另一种表现方式。

本章老子指出世上没有完美之事，更无完美之人，不可追求完美极致的生活。

第十一章

【原文】三十幅共一毂，当其无，有车之用。埏埴[①]以为器，当其无，有器之用。凿户牖[②]以为室，当其无，有室之用。故有之以为利，无之以为用。

注：①埏埴，shān zhí，和泥制作陶器。②牖，yǒu，窗户。

〖**译文**〗三十根辐条汇集到一根毂，因为毂当中是空的（有孔洞），才成为车的有用之物。揉和泥土做成器具，因为器具当中是空的，才有当器物的用途。开凿门窗建造房屋，有了门窗和四壁内的空无，才有房屋的作用。所以，“有”是功用的条件，“无”是功用的目的（“有”和“无”是相互的，两者结合才有意义）。

【解析】

第一章讲过“有”和“无”的关系，但此处的“有”和“无”的含义与第一章、第二章及第四十章的“有”和“无”并不在一个层面。本章的“有”和“无”是指同一事物的两个方面，在发挥作用时两者缺一不可。

“三十幅共一毂，当其无，有车之用”，传统的译法基本是：三十根辐条汇集到一根毂的孔洞当中，有了车毂中空的地方，才有车的作用；或三十根辐条共同支撑着车毂，那毂的空间，是车的功用。前一种译法意思不太明朗，后一种译法不够准确。

“有之以为利，无之以为用”，一个物体把其中的部分做“空”，有时是为了用，比如水管；有时为了看，比如艺术品的镂空；有时为了减重，比如空心砖等。所以，“无之以为用”的“用”不能仅从功用上去理解，而“无”也有不同的目的。但如果没有物体，“无”是无法实现的。所以“有”是“无”的前提和条件，“无”则能达到“用”的目的。

【观点】

“无”不是不存在或没有用处，“有”是在“无”的陪衬下才有用，才有意义。这告诫人们，看事物要全面，不可偏颇。

本章阐述同一事物中“有”和“无”的关系，两者对立统一且相互依存。人们要处理好这个关系。

第十二章

【原文】五色令人目盲，五音令人耳聋，五味令人口爽，驰骋畋猎令人心发狂，难得之货令人行妨。是以圣人为腹不为目，故去彼取此。

〖**译文**〗繁多的色彩使人眼花缭乱，繁多的声音使人的耳朵不知所从，繁多的食物使人口舌不知所味，狂奔狩猎的时候使人心燥气狂，追求难得的物品使人行为不轨。因此圣人只为满足肚子需要而不去满足眼睛的需要，所以摒弃外界诱惑而选择内心安定。

【解析】

“五色令人目盲，五音令人耳聋，五味令人口爽”，五色、五音、五味不仅指五种颜色、五种声音、五种味道，而是形容颜色、声音、味道繁多。

“是以圣人为腹不为目，故去彼取此”也可意译为：因为圣人追求内心的平静（吃饱肚子）而不追求身外之物，所以摒弃外界的诱惑而选择能使内心保持安定的生活方式。

“难得之货令人行妨”与“不贵难得之货，使民不为盗”前后呼应。

“去彼取此”的“彼”是指五色、五音、五味、驰骋畋猎、难得之货等这些事物和行为；“此”则是指“为腹不为目”。

【观点】

普通人追求表面的繁华、感官的刺激，圣人只求简单的满足；欲多使人轻浮，寡欲成就沉稳；普通人因为多欲而成为普通人，圣人因寡欲而成为圣人。过多的物质追求只能使人平庸。圣人“为腹不为目”，而今人则不然，不仅为腹更为目，比如几乎所有的建筑在满足基本功能的前提下，都有好看、壮观的功能，而为了达到这样的目的，有时甚至不惜违背基本物理原理。因为过度为目，人类社会多消耗了不计其数的自然资源，甚至付出了生命的代价！

本章老子告诫人们，过多的物质追求会使人丧失本身的价值，要提倡俭朴的生活。

第十三章

【原文】宠辱若惊，贵大患若身。何谓宠辱若惊？宠为下，得之若惊，失之若惊，是谓宠辱若惊。何谓贵大患若身？吾所以有大患者，为吾有身，及吾无身，吾有何患？故贵以身为天下，若可寄天下。爱以身为天下，若可托天下。

〖**译文**〗受到宠爱和受到屈辱都会感到惊恐不安，最大的祸患是看重

肉身性命。什么叫得宠和受辱都感到惊慌不安？宠是为地位卑下的人准备的。得到宠爱感到惊喜，失去宠爱则感到惊慌，这就叫得宠和受辱都感到惊恐。什么叫最大的祸患是看重肉身性命呢？人之所以有大患之忧，是因为人有一个承载生命的身体；如果人没有了身体，还会有什么担忧呢？所以，为了天下珍爱自己的生命，天下就可以交给这样的人。为了天下爱惜自己的身体，天下也可以托付给这样的人。

【解析】

这一章主要讲统治者与被统治者的关系和对待生命的态度及重要性。

“宠为下”，宠是指上对下，所以是为地位较低的人准备的。受宠本身并不是卑下的事情，比如父母对孩子的宠。但宠爱的对象永远都是被动的，永远处在不安的状态，所以是对自然人永远的伤害，被宠者和不被宠者都一样，只是感受不一样而已。

“贵以身为天下，若可寄天下。爱以身为天下，若可托天下”也可译成：珍贵天下像珍爱自己的生命一样，天下就可以交给这样的人；爱惜天下像爱惜自己的身体一样，天下也可以托付给这样的人。

【观点】

为荣誉爱惜生命，就会患得患失，不能自安。人因为有，才怕失去；如果没有，还怕失去吗？为了天下珍爱生命，就不会患得患失，做事就会顺从自然规律，他就能把天下治理好，可以把天下交给他治理。这是对统治者说的，统治者要加强自身修养，提高自己的统治能力和水平。

本章老子从精神和物质两个方面阐述了“有”和“无”及“得”与“失”的相互依存关系，告诫人们想拥有，就不要怕失去。反过来，只有不怕失去，才能拥有。

第十四章

【原文】视之不见名曰夷，听之不闻名曰希，搏之不得名曰微。此三者不可致诘[①]，故混而为一。一者，其上不皦[②]，其下不昧。绳绳不可名，复归于无物。是谓无状之状，无物之象，是谓惚恍。迎之不见其首，随之不见其后。执古之道以御今之有。能知古始，是谓道纪。

注：①诘，jié，责问，追问；查究，究办②皦，jiǎo，白，分明，清明。

〖直译〗看时看不见，把它叫作夷；听时听不到，把它叫作希；摸时摸不着，把它叫作微。这三种情形都无法精确研究，因此把它们当作一种存在来描述。就整体而言，其上没有光明，其下没有阴暗。像绳索缠绕不可分辨，最后又恢复到无物的状态。这叫作没有形状的状态，又像是无物的现象，可称其为惚恍。迎着它看不见其头，跟着它看不见其尾。按照古人探索出的方法和经验来驾驭今天的万事万物。能研究了解事物初始的原因，这叫作按规律办事。

【解析】

“视之不见名曰夷，听之不闻名曰希，搏之不得名曰微”。“夷”是看不见等于无形，“希”是听不到等于无声，“微”是摸不着等于无体。“道”就是这样无形、无声、无体（“三无”）。看不见、听不到、摸不着，什么物质会是这样的呢？规律，只有规律才有这样的特征！因此，“道”的“三无”特性实际上就是指客观规律的基本特性。此处的“道”即是客观规律。

“其上不皦，其下不昧。绳绳不可名，复归于无物”，这一段是讲“道”发挥作用时的情形。依然是看不见、说不清、道不明，无法判断怎么开始、怎么进行、怎么结束，但一切发生之后又恢复平静，好像什么都没发生。这不是客观规律作用于一切事物的过程和情形吗？

惚恍，指“无状之状，无物之象”，即没有形状的状态，又像是无物的现象，是一种似有似无，茫然不定现象。

“执古之道以御今之有”，根据前述，“道”是惚慌的、不确定的，一时难以掌握，还是按照古人已经获得的经验来做事吧。这体现了老子尊重古人的成就并主张继承与发展的态度，也暗示了当政者不尊重前人，不尊重历史的社会现实。

“执古之道以御今之有”的“道”不是客观存在的那个“道”——《道德经》中主要阐述“道”，而是指方法、经验、道路等，即古人已经走出来的“道儿”。

〖意译〗看时看不见叫作无形，听时听不到叫作无声，摸时摸不着叫作无体。这三种情形都无法精确研究，因此把它们当作一种客观存在来描述。就整体而言，其上没有光明，其下没有阴暗，无头无绪，无法厘清，恢复平静时又好像什么都没有发生。这种没有形状的状态，又像是无物的现象，可以叫作惚恍。迎着它看不见其头，跟着它看不见其尾。按照古人已探索出的道儿来驾驭今天的万事万物。能研究事物初始的原因，这叫作按规律办事。

【观点】

规律不会因为你看不见、听不到、摸不着而不存在。用客观存在的规律来处理具体事务，能够认识了解事物的本源，这个过程就是认识世界的过程。

本章老子强调“道”的隐秘性及掌握“道”有很大的难度，需要一代又一代的人不断努力，所以要重视前人获得的成果并古为今用。这是一个继承与发展的问题。所以，本章老子要表达的核心思想是“执古之道以御今之有。能知古始，是谓道纪”。

第十五章

【原文】古之善为士者，微妙玄通，深不可识。夫唯不可识，故强为之容：豫兮若冬涉川，犹兮若畏四邻，俨兮其若容，涣兮若冰之将释，敦兮其若朴，旷兮其若谷，浑兮其若浊。孰能浊以静之徐清？孰能安以久动之徐生？保此道者不欲盈，夫唯不盈，故能蔽而新成。

〖**译文**〗古时候学问很高的人，学识与言行能达到完全融合的境界，给人以深不可识的感觉。由于深不可识，只好勉强来形容他的为人处世：小心翼翼如履薄冰；谨小慎微如畏四邻；恭敬庄重如同赴宴做客；行为自如如同冰雪消融；淳朴无华不加雕琢；旷达如高山空谷；糊涂（大智若愚）时如同浑水浊流。谁能使浊流静止慢慢变清？谁能使失去活力的焕发生机？有此道行的人不追求完满，因为不追求完满，才能不断除去弊端，达到新的高度。

【解析】

"士"，古代介于大夫和庶民之间的阶层，也是春秋末年以后统治阶级中知识分子的统称。那么，老子心中的"古之士"指的是什么人呢？从老子对"士"的描述来看，应该是指当时社会的知识分子。

"古之善为士者"，古时候善于学习达到"士"的水平的人，即学问很高的人。

如果这个"士"就是指"懂道"的人，说明在老子之前就已经有"道"的思想存在了，"道"便不是老子的首创，除非老子的"道"与"古之道"不同。

本章的"士"到底是指有学问的人还是有道的人，是比较难辨析的。从《道德经》全书来看，老子一般以圣人来代表懂道行道的人。圣人和道者的行事风格与本章的"士"的行为不大相同，例如第六十五章"古之善为道者"。所以，我还是倾向于"士"指有学问的人。

如果"士"是指真正有学问的人，即大儒，则老子希望有这样的人来拯救这个糟糕的世界，没准也是老子自喻。

"保此道者不欲盈"，"此道"是指老子描述"士"的"豫兮若冬涉川，犹兮若畏四邻，俨兮其若容，涣兮若冰之将释，敦兮其若朴，旷兮其若谷，浑兮其若浊"这种行为，不是"道"的此和彼，因为"道"不分"此道"和"彼道"。

【观点】

本章描述的"士"，他们表面与众不同，行为特立独行，衣着不修边幅，与俗人似乎格格不入，这种人就是所谓的怪才，人类社会发展的各阶段都出现过这类人。例如三国魏正始年间的“竹林七贤”、明代“吴中四才子”等。古时候少数掌握了自然规律的人，他们的行为不能被一般人所理解，所以人们就对他们有这样那样的评价，谁能做出解释而平息议论呢？懂得规律的人不认为自己有能耐，所以能不断进步，普通人仅停留在议论层面上而已。

本章老子在借古喻今，暗示当时社会缺乏活力和生机。

第十六章

【原文】致虚极，守静笃。万物并作，吾以观其复。夫物芸芸，各复归其根。归根曰静，是谓复命。复命曰常，知常曰明。不知常，妄作，凶。知常容，容乃公，公乃全，全乃天，天乃道，道乃久，没身不殆。

〖译文〗尽力无欲忘我，保持心神极度安静的状态。万物生长之时，我观察它们成长往复的过程。生长过后的芸芸万物又回到起始。回到起始是一种静的状态，叫作回到生命的起点。生命从生到死的轮回是自然的常态（规律），知道自然规律是聪明的表现。不知道规律，就会盲目作为而招致不良后果。知道规律就能理解万事万物，能够理解万事万物做事就会不偏不倚，不偏不倚就能做到全面而不偏颇，做到全面不偏颇就符合天意，符合天意就是符合道，符合道就能保持长久，终生不会招致危险。

【解析】

“致虚极，守静笃”是老子为“万物并作，吾以观复”做的精神准备和所处的精神状态，说明老子观察事物时极其认真且虔诚。

“致虚极，守静笃”是指做事时要具备的心境和要保持的状态，不是指修道所达到的境界。只有做到心灵空明，保持内心安静无杂念，才能安心认识、理解事物的真相。

“夫物芸芸，各复归其根。归根曰静，是谓复命”，意为万物各自复归其根，化作尘土，才会参与下一生命的轮回。

“复命曰常，知常曰明”，意为生命回归是常态，知道常态就会明白万事。

"常"意为常规、常态，联系上下文可引申为自然规律，即生命有生有死是自然规律所致，要以正常心看待生死，就像看潮起潮落一样。

本章极具画面感：一位老者（老子观察事物一贯是这样的态度，但我们更愿意想象成是一个老者的形象）斋戒沐浴，正襟危坐，保持极度安静，认真仔细地观察万物在春天勃勃生长，到秋天万物落叶归根的全过程。日复一日，年复一年。然后发现"夫物芸芸，各复归其根"的生命规律，进而发出人生的感慨。

【观点】

老子观察事物时心无旁骛，静心研究万物生长、周而复始的规律，从而懂得了生命的意义；这样才能做到尊重生命而不违背规律，以防招致祸患。这样的人做事就能包容，坦然公证；尊重自然规律，才能做到长久而不招致危险，即按自然规律办事就有好的结果。

老子观察事物，研究万物的态度极其认真，后人如果能够按照老子的态度和精神继续下去，可能会出现更多科学人才和科学成果，人们认识世界的深度和广度定然会令人欣喜。可惜的是，老子的这种精神没有被继承和发扬光大，研究自然的路径和风尚时有中断。

本章表明，只有尊重自然规律办事，才会有好的结果。也告诉人们怎样研究万物变化的规律，怎样顺应规律和利用规律认知世界，走好人生之路。

第十七章

【原文】太上，下不知有之；其次，亲而誉之；其次畏之；其次侮之。信不足焉，安有不信。悠兮其贵言，功成事遂，百姓皆谓我自然。

〖**译文**〗最好的统治，是百姓不知道有统治。其次的统治，是百姓能感觉到统治并赞美它。再次的统治是百姓恐惧统治，更次的是百姓厌恶统治。统治者诚信不够，才有百姓的不信任。统治宽松少发号施令，一切遵循客观规律水到渠成，百姓都会觉得一切本来如此呀。

【解析】

“太上，下不知有之”，说明统治者“无为”，所以老百姓才不知道有统治、什么是统治。这符合老子提倡的“无为而治”理念。

“太上”传统译法均为“最好的统治者或国君”，即指的是人。我认为“太上”应该是最好的统治制度或组织，因为统治者个人无论其好坏，对于老百姓来说都是无关紧要的，老百姓没有机会接触到他，也谈不上亲近他、赞美他、恐惧他、侮辱他，更何况老百姓无论如何也不敢当面侮辱国君。但是其治下的统治制度，老百姓身在其中，其好坏老百姓感触最深，根据自己的感受做出赞美，或感到恐惧或痛骂统治都是情理之中的事。

从另一个角度讲，如果有一个很差的国君，老百姓怎么敢去侮辱他呢？那不是自寻死路吗？那样的国君，老百姓躲还来不及呢，只有敢怒不敢言的份了。

所以，本章讲的是国家治理水平的四个等级，而不是讲国君优劣的四个等级。

【观点】

老子提出了社会统治的四种境界，他追求的理想社会的最高境界当然是“太上”了，统治者要能施行“太上”的统治便是最理想的状态。而历史证明，能达到其次的统治都少之又少，大多处在再次的水平，少数处在更次的水平。

本章体现了老子以人民为中心的思想理念。

第十八章

【原文】大道废，有仁义；智慧出，有大伪；六亲不和，有孝慈；国家昏乱，有忠臣。

〖译文〗社会正常的秩序遭到破坏，才产生了所谓的仁义；社会崇尚智慧时，才有人假装有智慧而欺诈；家庭不和睦了，才需要子孝父慈；国家混乱不堪了，才需要忠臣。

【解析】

“大道废，有仁义”，“大道”在这里不是第二十五章中所描绘的“大道”，而是指决定人类社会发展的、内在的规律性，属于社会发展规律。

第二十五章中所描绘的“大道”是指物质性的“大道”，本章的“大道”是指社会性的“大道”。

社会发展规律属于“道”的七层境界的第四层：“道”的规律性，即“道”是有规律的，或“道”代表规律，包括自然规律和社会发展规律。“道”的规律性表现为视之不见、听之不闻、搏之不得，是一种惚慌的状态。

“智慧出，有大伪”，意为社会上一旦出现智者并得到推崇，那些没有达到智者水平的人就会假装自己有智慧，出现在众人面前。简单来讲就是，社会崇拜智慧了，就会有大骗子产生，例如包治百病的大师，能知古今、通晓天地的“民间圣人”等。结合当前的社会现实，还可以衍生出很多的类似情况，比如现在人们为追求美而减肥，社会上就出现了各种各样的减肥产品和减肥达人，而最后证明绝大多数是骗人的。

【观点】

人类社会之所以会有仁义道德、孝道慈悲、礼仪忠臣，是因为先有与之相反的情况发生了。正所谓此消彼长，一种现象的产生必然伴随着另一种现象的消亡，比如一个社会的法令多，只是意味着社会治理的手段完善了，并不意味着人们的思想觉悟和道德水平更高了，而且往往是恰好相反。本章阐述的思想体现了辩证法，并与第二章呼应，这四种现象其实也是“有无相生”的一种表现。所以，一些东西表面看起来是好的，但根本的原因还是系统和价值观出了问题。

本章老子实际上表达的是对当时社会提倡的所谓“仁义”“智慧”“孝慈”“忠臣”等现象的不满，老子更希望“昔之得一者”的状态。

第十九章

【原文】绝圣弃智，民利百倍；绝仁弃义，民复孝慈；绝巧弃利，盗贼无有；此三者以为文不足，故令有所属：见素抱朴，少私寡欲，绝学无忧。

〖**译文**〗杜绝圣人和智者，人民可以得到百倍的好处；杜绝仁与义，人民自然可以恢复孝慈；杜绝技巧和功利，盗贼也就没有了。此三者，仅停留在文字宣传说教上是不够的，所以要制定法令以规范人们的行为：使人们保持朴素的心态而少些私心贪欲，杜绝所谓学问，世间就没有忧患。

【解析】

前面老子一直在赞扬圣人的品格，此处又要“绝圣弃智”，似乎有些矛盾。也许老子最终的目标是建成一个不需要圣人的理想社会。

“此三者”，指绝圣弃智、绝仁弃义、绝巧弃利，要做到这“三绝”，“以为文不足”，仅停留在口头上，或者写文章表达观点不能达到目的，需要“令有所属”，即制定法令让百姓知道什么该做、什么不该做，有所为、有所不为，无为而为之。

“令有所属”，指制定、颁布法令约束人们的言行。

“绝学无忧”是指杜绝所谓学问，世间就没有忧患，还是不学习就没有忧虑（无知无忧），或者学识达到一定境界就不会有忧虑（智者无忧）？恐怕只能是“仁者见仁，智者见智”了。

【观点】

本章指明回归纯洁朴实本性的方法和好处，与第十八章有逻辑关系，但意思正好相反。第十八章讲为什么“有”，是因为“无”；本章则讲怎么使“有”变为“无”。社会自然发展过程中，总会出现一些不符合人类共同价值观的问题和现象，这就需要统治者出来进行纠正和制止，建立相应的法规制度，这就是老子提倡的有所为和无为而治的本质。本章主要告诉统治者要有所为和有所不为。有所不为，即不提倡圣与智、仁与义、巧与利三者；有所为，即制定法令规范行为，绝“此三者”。这一点与第三十七章“化而欲作，吾将镇之以无名之朴”有着同样的含义。

本章着重讲有所为和有所不为的具体内容。老子认为人的不良思想行为仅靠宣传教育是不能扭转的，提倡用法规来加以约束，这是值得我们深思和借鉴的。

因此，先进的思想和好的行为可以用宣传教育的方式来加以传播和发扬，但不良的思想行为就必须用法令来加以限制约束。

所以，本章老子要表达的思想重点是“此三者以为文不足，故令有所属”。

第二十章

【原文】唯之与阿，相去几何？善之与恶，相去何若？人之所畏，不可不畏。荒兮，其未央哉！众人熙熙，如享太牢，如春登台。我独泊兮，其未兆，如婴儿之未孩；儽儽①兮，若无所归。众人皆有余，而我独若遗。我愚人之心也哉！沌沌兮。俗人昭昭，我独昏昏；俗人察察，我独闷闷。澹②兮其若海，飂③兮若无止。众人皆有以，而我独顽似鄙。我独异于人，而贵食母。

注：①儽儽，lěi lěi，羸弱的样子。②澹，dàn，恬静、安然的样子。③飂，liù，飘。

〖**译文**〗唯唯诺诺和阿谀逢迎有多大的差别呢？善良与丑恶的区别在哪里呢？大家都敬畏的，（我）不能不敬畏。（但）这些荒唐只是皮毛，还不是根本！世人熙熙攘攘，就像去参加太牢祭祀一样，竞相进奉祭品，又像踏春一样，争先恐后地登上高处赏春。唯独我淡定，对外界毫无反应，犹如刚出生的婴儿还未长成大孩子；羸弱地好像不知所归。世人都好像有很多收获，而唯独我若有所失。我真是有一颗愚蠢人的心呀！混混沌沌不知然。世人看起来都明白事理，唯独我稀里糊涂；世人看起来都明察秋毫，唯独我什么也不知。安静时像大海那般平静，漂泊时又居无定所。世人看起来都有所长，唯独我愚笨一无是处。我是这样与世人不同，而重要的是我吃透了人生的本来意义（或关键的一点是我真真切切

懂得了人生的意义）。

【解析】

“荒兮，其未央哉”，“荒”指不良的风气，即“唯之与阿”和“善之与恶”；“未央”，指还没达到最中心的位置，即还不是最厉害的。“央”是指“众人熙熙，如享太牢，如春登台”；“俗人昭昭”；“俗人察察”；“众人皆有以”等情况，这些才是影响人们正常生活的根本性的行为和问题。

“贵食母”，“母”即一切生命的本源，了解了生命的本源，也就了解了生命的本来意义。根据“天下有始，以为天下母”（第五十二章），“母”是一切现有事物的开始，万物开始之后就要“各复归其根”，“归根曰静，是谓复命。复命曰常，知常曰明。不知常，妄作凶”，这就是生命的本来意义。老子通过观察彻底了解了生命的意义，因为“既得其母，以知其子；既知其子，复守其母，没身不殆”。所以在此说“贵食母”，就是可贵的是我真真切切了解了生命的本来意义！

【观点】

世人皆为利来，皆为利往，唯独“我”置身度外，离群索居，众人皆混浊我独醒，是因为我真正懂得了天地运行的法则与规律。老子也似乎有点“冷眼向洋看世界”的意思，表现出他对世风的不屑和不满，其实是在提醒人们思考为什么而活。

本章老子是在讲现实的世道，表达了对世俗风气的不满和厌恶。

第二十一章

【原文】孔德之容，惟道是从。道之为物，惟恍惟惚。惚兮恍兮，其中有象；恍兮惚兮，其中有物。窈兮冥兮，其中有精。其精甚真，其中有信。自古及今，其名不去，以阅众甫。吾何以知众甫之状哉！以此。

〖**直译**〗凡是德的样貌只遵从道的样貌。道在作用于事物时是看不见、摸不着的。看不见、摸不着却有可捕捉的现象；看不见、摸不着其中却有原因。深邃不可捉摸，但有其内在的必然规律。内在规律是真实

存在的，必定值得相信。从古到今，这些规律不曾失去作用，至今仍可以用来观察芸芸众生。我怎么会知道芸芸众生的生存百态呢？是因为我按照以上的规律这样做了。

【解析】

“孔德之容，惟道是从”这句话就整体而言，是讲“德”与“道”的关系。是“道”决定“德”呢，还是“德”符合“道”呢？既然“道”是自然规律（道法自然），就不会去决定什么，更不会决定“上德”或“下德”，“有德”或“无德”；而“德”是指人的行为标准和规范，怎样才算“有德”呢？首先要符合人类的共同价值观，这个共同的价值观就是符合客观规律，也就是人们通常所说的“德”是“道”的载体。因此，“孔德”不是由“道”决定的，而是服从、符合“道”的标准。可见“孔德之容，惟道是从”是说“孔德的样子是符合道的样子的”。

现在我们再来分析“孔德”。在《道德经》中，从有和无来看，“德”可分为“有德”和“无德”；从层级看，“德”有“上德”和“下德”之分；还有“玄德”和“孔德”。“孔德”自然是“有德”，但到底是一种什么样的“德”呢？“孔”的本意是小洞，也就是表示小。那么“孔德”是“小德”吗？这显然不符合人们对“德”的习惯称谓，虽然人们有时用“大德”一词，但却不以“小德”与之相对应。有学者将“孔德”译作“大德”，也有人译为“美德”。可是仔细想想，只有“大德”“美德”才符合“道”吗？显然不是，凡是“有德”，都应该符合“道”才是。由此看来，“孔德之容”是老子的一个比喻，意思是凡是“有德”，不论大小、不论上下，哪怕小到只有一个小孔那么大，这个“德”也是遵从了“道”的！这样，“惟道是从”所表达的意思是“凡是德的形态都符合道的形态”。

“象”，即现象，指事物表现出来的有规律的现象。什么是“恍”、什么是“惚”？第十四章是这样描述的：“无状之状，无物之象，是谓惚恍”。可译为这种没有形状的形状，又像是无物的现象，就是惚恍。这个意思可理解成变化无穷，也就是说，“道”表现在具体事物上也没有固定的形式。

“惚兮恍兮，其中有象；恍兮惚兮，其中有物”，是指事物变化时的有规律现象要能抓得住、看得到；这些现象并非虚幻，而是实实在在的。这个观点与第一章“常无欲以观其秒”相通，即事物在初期变化时是微妙的，有的稍纵即逝，所以观察事物时要“致虚极，守静笃”。

“甫”主要有两层意思：一是美男子，二是指田里长出的新苗。所以，“众甫”可以引申为“芸芸众生”。

既然“德”服从且符合“道”，那么就可以用“道”来观察“德”；而“道”又是变化无穷且有规律的，所以“德”在现实中也有不同的表现形式。用“道”检验“德”从来都是正确的，所以从古至今，都用“是否符合道”来检验“是否有德”，故“其名不去”。“以阅众甫”，便是“观察芸芸众生”。观察什么呢？当然是观察芸芸众生的德行了。

本章讲“德”与“道”的关系，认为“道”是“德”的判断标准，知道了这一点，对“自古及今，其名不去，以阅众甫”的理解就不会产生偏差。

〖**意译**〗凡是德，其外在表现总是体现出道的样貌。而道，在表现为具体事物时会有不同的变化形式。变化之中有可捕捉的现象；变化之时其中必有原因。道深邃不可捉摸，但有其内在的必然规律。内在规律是真实存在的，是值得相信的。从古到今，用道验证德或用德证明道（道与德相互验证）的方法不曾失去作用，至今仍可以用来观察芸芸众生。我怎么会知道芸芸众生的百态呢？是因为我按照以上的办法这样做了。

【观点】

既然“德”惟“道”是从，“道”又是变化的，所以“德”也有不同的表现形式。“德”，有就好，不论大小，不必拘泥形式。

本章老子阐明了“德”与“道”的关系：有“道”才有“德”，有“德”才能得“道”。提出了判断的标准：符合“道”，就是有“德”。

第二十二章

【原文】曲则全，枉则直，洼则盈，敝则新，少则得，多则惑。是以圣人抱一为天下式。不自见故明，不自是故彰，不自伐故有功，不自矜故长。夫唯不争，故天下莫能与之争。古之所谓曲则全者，岂虚言哉！诚全而归之。

〖**译文**〗宁曲可以保全，矫枉可以成直，低洼能够充盈，破旧利于更新，少的时候会有获得感，多了便会漫不经心。所以圣人无一不是坚守同样的行为规范：不坚持己见而明察秋毫，不自以为是而明辨是非，不自己夸耀而获得功名，不自命不凡而得以保持长久。正因为不与人争，所以天下没有人能与他争。古时所谓"委曲便会保全"的话，怎么会是空话呢？它是实实在在能够达到目的的。

【解析】

"曲则全"，是因为如果不肯弯曲一下，也许就会折断。

"枉则直"，我们在生活中有这样的经验，调直物品时需要超过目标值后才会达到目标。

"洼则盈"，只有存在低洼，才可以继续充盈；如果没有低洼，就不存在充盈。

"敝则新"，不管是生命体还是非生命体，只有旧的去了，才会有新的诞生。

"少则得"，例如钱少的时候，再得到或增加一点，就会因感到满足而高兴。

"多则惑"，如果钱已经很多了，花也花不完，再增加很多也没有感觉。

以上是用辩证、全面的态度看待事物，属于辩证法。

"圣人抱一为天下式"，此处"抱一"是指遵守相同规范和标准，即不自见、不自是、不自伐、不自矜。

【观点】

老子再次阐明事物的两个方面，即委屈能求全，舍弃能得到，无为能无敌，进一步深化了第二章所阐释的辩证法思想。第二章重点讲的是事物的相互转化，本章则侧重于矛盾的相互转化。同时，圣人不争反而没人能与之争的思想，也与第七章、第六十一章相互印证。

本章老子着重强调圣人不争的品德。不争，是老子提出且不断强调、不断强化的处世哲学。

第二十三章

【原文】希言自然。故飘风不终朝，骤雨不终日。孰为此者？天地。天地尚不能久，而况于人乎？故从事于道者同于道，德者同于德，失者同于失。同于道者，道亦乐得之；同于德者，德亦乐得之；同于失者，失亦乐得之。信不足焉，有不信焉。

〖译文〗稀少的事物不长久是自然的规律。所以，大风刮不了一个早晨，暴雨下不了一整天。谁造成了这种现象呢？是天地。天地使大风和暴雨这样稀少的事儿尚且不能长久，更何况人呢？所以，研究道的人，与道同行；从事德的人，与德同行。失道失德者道德皆失。所以，同于道的人，道也乐于帮助他；同于德的人，德也乐于帮助他；同于失的人，失也乐于照顾他（道德皆失的人，就会承受失道、失德的后果）。没有足够的诚信，就不会被信任。

【解析】

此章关键在于对“希言自然”的理解。大多学者认为此处“希言”是少说话的意思。“言”绝大多数情况下确实是指讲、说或说出的话。但是，“言”还有一个不引人注意的意思——行。“希”可以理解为稀少，少说话，也可以理解为稀有的事情和现象。此处若将“希”理解为少说话，全句就变为有语言交流能力的人少说话是一种自然现象，或者说是合乎自然的，这显然不能让人信服。再结合后面“故飘风不终朝”等，前后没有因果关系，逻辑不通。如果把“言”当一种行为来看，或者就当是老子为了语言的简洁而省掉了一个“行”字，这样把“希言”理解成世间万事万物较少或很少的行为、事件或发生的行为、事件，那么后文就自然与其发生了逻辑关系。

或者，如果把“希言”理解成“让人们信服的具有永恒作用的话”以及“少说大话、过头的话”，也许更贴切一些。

“从事于道者，同于道”，“从事”可以理解为遵从、遵守的意思，即遵从“道”的人，他的行为就符合“道”。“同于道”，即与“道”同行，意思是道者的行为完全与“道”一致，反过来，“道”就会伴随道者一路同行。

“德者同于德”是个简省句，完整的应该是“从事于德者，同于德”，即做有德的事，他就是一个有德性的人。“同于德”，即与“德”同行，意思是有德的人做有德的事，“德”就伴随他一路同行。

“失者同于失”也是个简省句，完整的应该是“从事于失道者，同于失道”，即不遵守“道”就会受到“道”的惩罚。

“从事于道者，同于道，德者同于德，失者同于失”的意思与“近朱者赤，近墨者黑”有相通之处：做什么事就有什么样的结果，接触什么样的人就会有什么样的品行。

诚信是“德”的具体表现，失信就是失德；因为“孔德之容，惟道是从”，所以，失德也就是失道。可见，失去诚信，就是失德失道，失德失道就要承担相应的后果。

【观点】

老子描述自然是为了告诫统治者：物极必反，极端的事物不会长久，天地如此，人更是如此。你做了什么，必然也会得到什么，就像种瓜得瓜、种豆得豆一样。统治者不诚信，他收获的就是不被信任。所以，统治者要讲诚信，这一点很重要。要以道德治天下，老是干那些不能长久的事，事也不能长久（这里应该是泛指所有人，包括统治者）。为人处世当依循自然，顺从民意，不可胡作非为。胡作非为必不能长久，因为天地妄作的狂风暴雨都不能持久，何况人呢？变法和立法是天下政治不稳定的祸根，而层出不穷的思想学说则扰乱了人心，使人们的思想一直处在迷惑之中。

本章老子要讲的道理是：任何事物若要保持长久，就不能走极端。警示人们，尤其统治者要少做违背自然规律的事情。

第二十四章

【原文】企者不立，跨者不行。自见者不明，自是者不彰，自伐者无功，自矜者不长。其在道也，曰馀食赘行。物或恶之，故有道者不处。

〖**译文1**〗踮起脚跟不能长久站立，迈大步不能持续行走。坚持己见的人不明智（聪明），自以为是的人不明是非；自我夸耀的人不会有功，自命不凡的人不能长久。这样的人格和品行，从道的角度来看呀，就叫作吃了多余的食物造成形体变态。人们都厌恶这些，所以有道的人不这样做。

〖**译文2**〗踮起脚跟不能长久站立，迈开大步不能持续行走。坚持己见不能明察秋毫，自以为是不能明辨是非；自己夸耀得不到功名，自命不凡不会保持长久。这样的人格和品行，从道的角度来看呀，就叫作吃了多余的食物造成形体变态。人们都厌恶这些，所以有道的人不这样做。

【解析】

“企者不立，跨者不行”。有学者把“企者不立”译为“踮起脚跟站不稳”，这样翻译并不十分准确，因为“踮起脚跟”也是能站稳的，但一般人这样站不能保持很长时间。因此，踮起脚跟站立也是站立的一种状态，但是一种不正常的站立状态，短时间可以站得住，时间长了就不行了；迈开大步行走也是行走的一种状态，但是一种非正常的行走状态，很难长时间保持这种状态。所以，这两句话的意思是做事违反常规，则不能达到长久的目的。

“自见者不明，自是者不彰”，这两句都是指人的性格。“自见者不明”相当于固执己见，这样的性格会影响自己对事物的判断，所以有这样性格的人是不聪明的，其行为也是不明智的，其后果是对事物的判断失去客观性。“自是者不彰”比前者程度更高，相当于认为自己永远正确，具有这种性格的人，很难能听取别人的观点，这样就会失去正确判断事物的机会。“彰”是彰显、明显的意思，“不彰”则是不明白事理、分不清曲直的意思。一个人老是觉得自己什么都对，怎么能够腾出时间和空间去容纳别人的思想观念呢？自然也就没法做到全面考虑问题，进而辨明是非曲直了。

“自伐者无功，自矜者不长”，这两句是指人的品格，都是自我表扬的意思。前者“自伐者无功”是指自我表扬、认为自己有功的往往不会得到众人认可而获得功名；后者“自矜者不长”则是指总是自我夸耀、自我感觉良好，时间久了，人们就不会相信他了，自我夸耀也就失去了市场。

本章的“自见者不明，自是者不彰，自伐者无功，自矜者不长”正好与第二十二章“不自见故明，不自是故彰，不自伐故有功，不自矜故长”相对应，但意思相反，既前后呼应，也阐明了一般人与圣人在性格行为上的差异。

【观点】

凡事要按照规律办，不可急功近利，否则适得其反，所以，真正有德的人不这样做。而社会上出现的一些相反现象，例如做事追求高速、追求高调，个体追求一夜暴富、一夜成名、超前消费等，这些行为造成资源的浪费甚至枯竭、环境恶化，个人生活压力大、未老先衰、早生华发等，很值得人类反思。

本章老子一方面强调凡事要按规律循序渐进，才能保持长久有效，不能图快而采取非常规措施，否则只会适得其反。同时还强调个人不能太“自我”，过于“自我”是达不到自己想要的目标的。这两个方面也告诉人们，保持平和是最好的处世之道。

第二十五章

【原文】有物混成，先天地生。寂兮寥兮，独立而不改，周行而不殆，可以为天下母。吾不知其名，强字之曰道，强为之名曰大。大曰逝，逝曰远，远曰反。故道大，天大，地大，人亦大。域中有四大，而人居其一焉。人法地，地法天，天法道，道法自然。

〖直译〗有一种物质浑然而成，在天地形成以前就已经存在。无声无息、无形无体，独立存在的环境不曾改变，循环运行不曾衰竭，（这个混成之物）可以认为是天地诞生的母体。我不知道这种物质叫什么名字，就强行给它起个名字叫作“道”，再强行把“道”命名为“大”。“大”叫作永不停息，永不停息就能达到遥远，遥不可及又回到原本（道是一个无限循环体）。所以道大、天大、地大、人也大。无限空间中有四大，而人是其中之一。人遵守地的法则，地遵守天的法则，天遵守道的法则，道遵守自然的法则。

【解析】

本章是《道德经》关于“道”的核心论述，老子揭开了“道”的奥秘。什么是“道”，“道”有什么属性，人与天、地、“道”的关系是什么？此处一一给出了答案。

“有物混成，先天地生”，此处“混”应译作“浑”，“混成之物”应该是浑然而成之物，不是混合之物。浑然而成之物是产生天地的物质基础，是第一章“无名天地之始”的“无名”，所以这个“无名”的“混成之物”就是生成天地的原始物质。因此，老子给“混成之物”起了个名，叫作“道”，因为一个“道”字不能全面表达“道”的含义，所以用“大道”来表示“道”的全部内涵，因此“道”的全称为“大道”，“道”是“大道”的简称或习惯叫法。

首先，“道”在这里是物质的，是指那个“混成之物”，而“大”则是指“道”的运动性——“逝”；“道”的无限性——“远”；“道”的循环性——“反”。因此，“大道”就是“道”的无限且周而复始的运动。用今天的语言表达，“道”是物质的；“大道”则是物质的运动，物质的运动永不停息，物质的运动是有规律的。

从“道”的含义也可以看出，“道”是可以用语言表述和言传的，而且“道”并没有“常道”和“非常道”之分。

“大曰逝”，“大”就是流逝，永不停歇的意思。

“逝曰远”，即永不停歇地运动，就能达到遥不可及。

“远曰反”，远到极限就会返回，意味着无限循环。在老子的世界里，空间是一个无限循环体。

这里，“大”被赋予了三个方面的含义：永不停息、无限空间和循环往复。同时也呼应了“反者道之动”（第四十章）。

“独立而不改”，“不改”不是指“混成之物”自身不改变，而是指“混成之物”“寂兮寥兮”的环境状态及不停运动的行为不曾改变，同时也是指没有什么能够改变“混成之物”的这些特性和行为。“寂兮寥兮”主要是强调“混成之物”（“道”）的独立性。如果“不改”是“混成之物”自身“不改”，就不会有之后天地的产生，也就不会有“万物之母”之说。

“周行而不殆”，“周行”不是周而复始的意思，因为在天地之前还不存在周而复始的条件，所以“周行”应该理解为永不停歇，用现实物质世界的运动现象描述“混成之物”的运动特点。

“独立而不改”“周行而不殆”，这是老子通过观察发现的现实物质世界的运动状态和规律。老子用现实物质世界的运动规律来描述“混成之物”的运动特性，我们不能就它的字面意思来理解，这一点应该特别注意。如果把一池水比作“混成之物”，若没有外界干扰，看起来就是“独立而不改”，由于水分子及其原子都在不停地运动，可以说是“周行而不殆”，但这个“周行”却不是一般概念上的周期性运动。经过一定时间或条件，这一池水可能蒸发变成水汽，或凝固变成冰，犹如“混成之物”最后变成天地一样。

“可以为天下母”，“天下”应做天地讲，下指地，但不包括世界上有生命的万物。

“吾不知其名，强字之曰道，强为之名曰大”，这里的“强”应该译为强行、强加，而不应该是勉强。因为当我们发现一个新事物或物质，但不知道它的名称时，我们往往是强加一个名字给它，而不是勉强给它一个名字。例如我们不知道一个人的姓名，就会强行给他一个名字叫“张三”，而不是勉强给他一名字叫“张三”。这体现了名称的无理性，所以老子才会说“吾不知其名，强字之曰道”。

在以往的研究中，“强”几乎一致被译为“勉强”，这大概是受了第一章“道可道，非常道”的影响，因为“道不能用语言表述”，而这里却给“道”下定义，就有些说不通了，用“勉强”似乎就避免了这种自相矛盾的尴尬。但我认为，老子这样的大思想家、大哲学家，断然不会出现这种前后矛盾、自我否定的事。从这个角度看，以前人们对于“道可道，非常道”的理解和认识是存在不足的，“道不能用语言表述”可能是后人的想法，而不是老子的本意。

“域中有四大”，即无限空间中有四大。老子认为天地是最大的吗？

当然不是。那什么是最大的呢？在老子的时代还没有宇宙的概念，所以老子用“域”来表示比天地更大的空间，因而才有“域中有四大”。但是“域”只表示空间，而没有时间的意思，所以不能把“域中”和“宇宙”等同起来。

“道大，天大，地大，人亦大”，由此我们可以推导一下：

天地产生万物（包括人），天地是万物的母体。

混成之物先天地而生，混成之物生成了天地。

“道生一”，“一”就是指混成之物。

所以，“域中”有“道”，“道生一”（混成之物），“一生二”（天和地），“二生三”（产生万物的物质基础），“三生万物”（包括人）。

第四十二章的“昔得一者”中的“一”指天地、万物、社会的开始或初期状态，而不是“道生一”的“一”。

从以上的推导可以看出，“道”位于“四大”之首没有异议；天地同时而生，天能容地，天位居第二，理所当然；地排第三在情理之中；人是万物之一，排名第四，位次不低。

“域中”，应是指天地之间（包括天地本身）的无限空间，而不应叫“宇宙”。一是因为当时还没有“宇宙”这种叫法。“宇宙”最早出自《文子·自然》，而此书成书时间晚于老子生活的年代。二是因为“宇宙”是指无限的空间和无限的时间，而“域中”不含有时间的成分。在老子的世界里，天地是有名称的具体事物，而“域中”则是无限空间，但不能延伸理解至无限的“宇宙”，因为当时的认知还达不到现在的“宇宙”那样的概念。所以，即便日后有了“宇宙”的概念，它的内涵也达不到今天我们所认识的“宇宙”所表达的内容。所以把“域中”译成“宇宙”有些超前了，也不符合当时历史条件下老子的宇宙观。

老子用“域”表示无限空间，也许“域”与“宇”相同，或者“域”就是“宇”！

“人法地，地法天，天法道，道法自然”。“法”在这四句中的意思是不同的，分别为依赖、遵守、遵循等，因此，整体来看应该是：人依赖大地生存，应遵循和尊重大地的状态变化，例如要尊重大地和山川河流的运行规律，而不能随意强行改变；大地依天而行，也要遵循天的意愿，地的变化是按照天的意思来进行，比如一年四季、春华秋实、阴晴圆缺、暴雨洪水、风调雨顺，都是天的作为，只能遵循，不能改变；天则是按“道”而为，天走的“道儿”就是自然规律，也就是现在所说的自转、公转及因此带来的季节和天气的变化等；“道”则遵循自然。这里的“自然”与我们通常所说的“自然”不同，这里的“自然”有“天生”的意思，是一种客观存在，即“道”是客观存在。

客观的物质世界在人之前就已经存在，它的运动不会停歇；人依赖大地繁衍生息，大地依靠上天而养育万物，上天则是因为客观物质世界的运动而存在，客观的物质世界纯粹是一种自然存在和现象。

“道法自然”，根据本章的意思，“道”是物质的、运动的，而这些特性都是物质自有、自带的。所以，此处的“自然”是天然、天生存在的意思，比自然规律内涵更丰富，是客观存在。同时，这种客观存在的客观性描述，为第四十二章“道生一”之说提供了依据。

总而言之，老子冥冥之中似乎看到了产生宇宙万物的一种物质，用现代理论解释就是宇宙大爆炸之前的状态，而这个状态与《中子的内部结构及微观元素诠释》《第一类物质》对宇宙本源的认识有相似之处！老子描述的混成之物的形态也与第一类物质的形态神似。老子不知道这种物质具体叫什么，就强加了一个名字叫作“道”，并强行称为“大道”。所以，此处老子心目中的“道”是指这种混成之物，“大道”在自然界和人类社会表现出来就是自然规律和社会发展规律。

〖**意译**〗有一物质浑然而成，在有天地之前就已经生成。无声无息、无形无体，独立存在的环境不曾改变，但却一直在不停地运动着，这种物质可以认为是产生天地的原始物质。我不知道这种物质叫什么名字，就强行把它叫作“道”，再强行给它加个“大”字。“大”就是永不停息的意思，永不停息就能达到遥远，遥不可及又回到原本。所以道大、天大、地大、人也大。无限空间中有四大，而人居其中之一。人依赖大地而生存，地遵照天意养育万物，天是按道的原则在运行，道则是客观存在。

【观点】

前面老子用了24章来讲“道”，却在这一章突然声明自己不知道“道”是什么，“道”只是给混成之物强加的一个名字而已。是老子谦虚还是确实如此？在我看来并非老子谦虚，因为到此时老子突然发现，前面所说的“道”，在不同的地方、不同的环境有不同的含义，包括道路（客观现实的道路和意识形态的道路）、客观规律、方法、道理等含义。所以，老子需要厘清“道”的真正含义和范围，这也符合老子一贯倡导的精神。这一总结使老子在无意中发现了宇宙的奥秘，基本揭示了宇宙及万物产生的原因和物质存在的条件，虽然还是朦胧的，却不失科学性。所以，从“道”的层面上讲，这一章是全书的核心，是

"道"的本质所在，是老子所有思想的基础和源泉。

至此老子才给"道"下了定义，而此前，只是在讲为什么要尊道、遵道和守道，可见，老子也是在不断的思考中逐步加深了对"道"的认识。

本章揭示了"道"的本质，即"大道"或"道"是物质的、运动的、永不停歇和无限循环的。

从这一章可以看出，老子是一个唯物主义者，其唯物思想源自对客观世界的理性认知。

再回过头来看"道可道，非常道"，后人把这句译为"道如果可以用言语来表述，那它就不是常道"，而在本章，"道"已经被老子用文字表达出来了，那么"道可道"是"非常道"还是"常道"呢？

从老子对"道"的定义和描述可以看出，老子对于客观物质世界的认识达到了极高的境界，与现代科学验证的宇宙观几乎一致，然而却早了2500多年。难怪在《道德经》面世后，人们总是有各种解读却总不得要领，虽然老子说"吾言甚易知，甚易行。天下莫能知，莫能行"。

由于"道大"，而"大曰逝，逝曰远"，因此，"大道"又为"天网恢恢，疏而不失"（第七十三章）埋下了伏笔，奠定了基础。

将本章"有物混成，先天地生"与第一章"无名天地之始"中的"无名"相对照，可以看出"无名"并不是没有的意思，而是指有"天地"这个实物及名称之前的一种没有名称的"物质"，即先天地而成的混成之物。

第二十六章

【原文】重为轻根，静为躁君。是以君子终日行不离辎重。虽有荣观，燕处超然。奈何万乘之主，而以身轻天下？轻则失本，躁则失君。

〖**直译**〗重是轻的根，静是躁的主。所以君子终日行走却从不离开随行的车辆。虽然有美景吸引，却能像燕子安然不离巢穴。无奈为什么万乘大国之君，却以轻率的方式治理天下？轻率就会失去根本，浮躁就会丧失君主的地位。

【解析】

“静为躁君”，“君”是尊重、尊敬的意思，引申为发号施令，治理国家。君主，指国家的最高统治者，古代大夫以上拥有土地的各级统治者的通称，封建时代指帝王、诸侯等，引申为对人的尊称，相当于“您”。道德品行良好的人也可称“君子”。

因此，“静为躁君”的字面意思是静是躁的君主或统治者，隐含意思为静可以控制、统治躁。

“不离辎重”“燕处超然”是两个比喻，说明不离“根”和“本”的重要性。

“轻则失本，躁则失君”，“本”是指天下百姓，是统治者的统治对象，轻率就会失去百姓的信任，就等于失去了统治的根基。“君”是指君主、君王的地位。

可见，轻率和浮躁对于统治者来讲都要不得。

〖**意译**〗以重为根可以稳定，保持静定可以抑制浮躁。所以君子终日行走却不离开随行的车辆，一路行走，途中虽然有美景吸引却依旧能安然处之。怎奈大国之君却不知道这些道理，而以轻率的方式治理天下。轻率就会失去稳定的根基，浮躁的后果就是丧失统治的地位。

【观点】

“重为轻根”是人人皆知的自然现象，用来比喻治国，就不是人人能想到的。国君若是想不到这一层，用轻率的行为治理国家，比如朝令夕改、朝三暮四，或把一些还不成熟的设想盲目付诸实施，就会导致百姓无所适从，时间久了百姓就不再相信他了，从而失去百姓这个根本，最终导致国家的灭亡，统治者自身的地位也就不能保全了。

本章的重点是警示统治者治理国家要抓住百姓这个根本，那就要克服轻率和浮躁。

第二十七章

【原文】善行无辙迹，善言无瑕谪[①]，善数不用筹策[②]。善闭，无关楗[③]而不可开；善结，无绳约而不可解。是以圣人常善救人，故无弃人；常善救物，故无弃物，是谓袭明。故善人者，善人之师；不善人者，善人之资。不贵其师，不爱其资，虽智大迷，是谓要妙。

注：①瑕谪，xiá zhé，缺点、过失。②筹策，古代计算工具。③楗，jiàn，竖插在门闩上使闩拔不开的木棍。

〖译文〗善于行走的人来去不会留下辙痕，善于言谈的人没有口误，善于数学的人无须借助工具。善于关闭的，不用栓销也无法打开；善于捆绑的，不用绳索也无法解开。因为圣人一贯善于挽救人，所以世上就没有被遗弃的人；一贯善于物尽其用，世上就没有无用之物，这叫作内藏于心的聪明智慧。所以，善是善的老师；不善是善的镜子。不尊重老师，不善于借鉴，即使有聪明智慧也是个大迷糊蛋，能处理好善者与不善者的关系是因为懂得了为人处世的要诀。

【解析】

“圣人常善救人，故无弃人；常善救物，故无弃物”，与“圣人不仁，以百姓为刍狗”意思有些相近。在圣人眼中，人人平等，差别只是能力大小不同、特长不一而已，用对了地方，人人都有用。对于物也是一样，“天生我材必有用”，无用的材只是用错了地方而已。

“善人者，善人之师；不善人者，善人之资”，那些善良的人和事，是善良的人学习提高的榜样；那些不善良的人和事，是善良的人引以为戒的对照，要避免自己做出相同的不善之事而成为不善之人。

“不贵其师，不爱其资，虽智大迷，是谓要妙”，不能从善良的人和事那里学到做善良之人的经验，又不能从不善良的人和事那里吸取教训，以避免成为不善良之人、做出不善良之事，那么，即使你再怎么聪明也是一个大糊涂蛋。怎么做善人、做善事，怎么避免做出不善之事而成为不善之人，这可是大有学问的。

"袭"有重叠、重复、承袭等意思，"袭明"就是因袭、明智的意思，即因袭、承接了人类所有的智慧和聪明，这是一种真正内藏于心的聪明智慧。

【观点】

本章主要讲"善"，但"善"的含义并不相同。前五个"善"是指人的能力，即擅长；而圣人的两个"善"既指能力也指品格，最后上升到为人处世的个人修养上。

人生在世，要学习圣人的品格，才能不断提升自我，因为圣人还在学习"善者"，把"不善者"作为借鉴和参照。反之，如果不注意学别人之长、纠别人之过，用别人的不足警醒自己，即使自己有智慧，也会迷失。

第二十八章

【原文】知其雄，守其雌，为天下谿①。为天下谿，常德不离，复归于婴儿。知其白，守其黑，为天下式。为天下式，常德不忒②，复归于无极。知其荣，守其辱，为天下谷。为天下谷，常德乃足，复归于朴。朴散则为器，圣人用之，则为官长。故大制不割。

注：①谿，xī，同溪。②忒，tè，差错。

〖**直译**〗知雄强而安于雌柔，做天下溪流。做天下溪流，保持德不离身，逐渐恢复到婴儿般的纯洁状态。明知黑白颠倒了，（依然）保持平静的心态。保持平静的心态，德便不会失大格，从而达到无人能及的高度。本该获荣反受辱，却做到虚怀若谷。虚怀若谷，德便会达到充盈，德就返璞归真（这是老子提倡的德的最高境界）。朴素变成习惯就可以成为利器，圣人利用它，成为百官学习的榜样。所以好的制度不能离开德。

【解析】

本章主要讲个人品德修养，提倡忍辱负重、虚怀若谷。

“知其雄，守其雌，为天下溪”，这是一个比喻，形容知道自己雄强而不争高下，就像涓涓细流一样自由流淌，与世无争。

“朴散则为器，圣人用之，则为官长”，“器”指器具、大器、大气候，“朴散则为器”，是说朴素的品格散发开来就能形成大气候。所以整句可按字面直译为：朴素的美德（前文提到的这些，但不仅于此）得到普遍而广泛的施行就可以成为有用的工具，圣人能够做到这些，从而在百官之中首屈一指。意思是朴素的美德养成了，做事就能有效，做人就能得到尊重，而圣人恰恰有这样的品质和美德，在百官中独树一帜，成为百官学习的榜样。

“故大制不割”，指好的制度不能与德割裂开来，说明以德治国的重要性。

〖**意译**〗知雄强而安于雌柔，做天下溪流。做天下溪流，保持德不离身，逐渐恢复到婴儿般的纯洁状态。看透而不说破，保持沉默的状态。保持沉默的状态，使德不走样，达到无人能及的高度。受荣不娇受辱不馁，做到虚怀若谷。虚怀若谷，积德达到充盈，德就返璞归真。朴素可以成为利器，圣人利用它，成为百官学习的榜样。所以好的制度不能离开德。

【观点】

知而不为，是为智者。本章讲德的三重境界，纯朴为上，圣人有德，百官善学。但这一切都需要德政才能实现。

本章老子意在讲德，讲怎么有德、守德，以及德的作用，最后指出德与制度的关系。这些于今仍有指导意义。

第二十九章

【原文】 将欲取天下而为之，吾见其不得已。天下神器，不可为也，为者败之，执者失之。故物或行或随，或歔或吹，或强或羸①，或挫或隳②。是以圣人去甚、去奢、去泰。

注：①羸，léi，柔弱。②隳，huī，毁坏、损毁。

〖译文〗 想要获取天下而在不时之时采取行动，我看他是达不到目的的。天下是神奇之物，不可强行对待，如果这样做了，必定会失败，即使得到了也会失去。世间的万事万物有的自行、有的随行，呼吸有时缓慢、有时急促，有的刚强、有的羸弱，有的受挫不折、有的因此损毁。正因为这样，圣人都会除去极端、奢华、过分之举。

【解析】

本章主要在讲获取天下而不是治理天下，所以才有“为者败之，执者失之”之说。

“将欲取天下而为之”，是指获取天下的方法。在老子生活的时代或之前，大国用强硬手段兼并小国是常有的事，老子对此是不赞成的，所以，主观判断“吾见其不得已”。因为天下是非常神奇的，不能强行获取，如果这样做了，一定会失败，即使暂时取得了统治权，也必然不能长久保持。纵观历史，改朝换代虽然是很正常的事，但有的朝代维持的时间非常短，春秋战国时期的兼并战争自不必说，强大的秦统一六国后也只维持了15年，汉朝的王莽篡权12年，隋朝也仅历经2个朝代27年，五代时期的后汉仅存续4年等，这些都属于“执者失之”的例子。“为者败之”更是数不胜数了。上面举出的几个例子虽然是后来发生的事情，但老子之前的春秋时代，这样的例子也不在少数，只是都是一些小的事件，没有被记载下来而已。可见老子的这些言论和判断并不是凭空想象的。

【观点】

获取江山必须顺应时势。只有社会发展到必须改朝换代的时候，才可以去顺势而为。天下是人民的天下、众人的天下，违背人民的意志注定要失败，正如水可载舟，亦可覆舟。一切必须适应人民的需要，适应人民才能获得天下，进而治理天下。人生在世，无论做什么事情都应该遵循这样的原则，否则，必定要失败。条件不成熟而强行为之、能力不够却要担当重任等，注定不能取得好的结果。

不能用强制手段获取天下。第二次世界大战期间，德国以武力侵占许多国家，日本想用武力征服中国和亚洲，这种侵略行径，不仅违反世道，还违反天道，故“其不得已”，注定会失败。

本章讲的是做任何事情都应顺应时势的道理，实际上就是要按“道”行事，正如前面讲的“道冲而为之，或不盈”。

第三十章

【原文】以道佐人主者，不以兵强天下，其事好还。师之所处，荆棘生焉；大军之后，必有凶年。善有果而已，不敢以取强。果而勿矜，果而勿伐，果而勿骄，果而不得已，果而勿强。物壮则老，是谓不道，不道早已。

〖译文〗用道的原则辅佐君主的人，不以武力逞强于天下。穷兵黩武这种事必然会遭到报应。军队所到的地方，荆棘丛生。战争之后，一定会出现荒年。善于用兵的人，只要达到用兵的目的就可以了，并不以兵力强大而逞强。达到目的不自负、达到目的不夸耀、达到目的不骄傲，达到目的是情非得已（不得已而用兵），达到目的不逞强。事物达到强壮就会变老，这叫作不遵守道，不遵守道就会很快灭亡。

【解析】

本章表面是写战争，本质是写“以道佐人主者”的品质和为什么“不以兵强天下”的道理。

“物壮则老，谓之不道，不道早已”，本来“物壮则老”是自然的规律和常识，为什么老子说此为“不道”，而且“不道早已”呢？其实，老子所说的“物壮则老”不是指按照自然规律达到的“物壮”，而是指违反自然规律而强行达到“物壮”，尤指人世间那些为了一定目的而及早达到“物壮”的情况，这样的“物壮”必然“不道”，当然会“不道早已”（第五十五章也有同样的观点描述）。

【观点】

战争对于人类而言，永远是灾祸，为了自保不得已而进行战争，对于民众也是一种伤害。战争中没有真正的胜利者，不战而屈人之兵才是真正的胜利。所以，用兵不恃强凌弱，能达到屈人之兵就可以了。胜利了也要不骄傲、不炫耀，也没什么值得炫耀的。否则，就会很快灭亡，因为这是不符合“道”的。为臣者尤其应引以为戒，不能怂恿君主有过分之举，这也是臣者的本分。对于现代人而言，不能假借领导之威去做过分之事。反过来看，作为领导者，更要认真对待身边人，因为影响都是相互的。

第三十一章

【原文】夫佳兵者，不祥之器，物或恶之，故有道者不处。君子居则贵左，用兵则贵右。兵者不祥之器，非君子之器，不得已而用之，恬淡为上。胜而不美，而美之者，是乐杀人。夫乐杀人者，则不可得志于天下矣。吉事尚左，凶事尚右。偏将军居左，上将军居右。言以丧礼处之。杀人之众，以悲哀泣之；战胜，以丧礼处之。

〖**译文**〗崇尚武力的人拥有不祥之物，人们或许都厌恶他，所以有道的人不与之为伍。厅堂之上，君子居处以左为贵，打仗议事以右为贵。武力是不祥的存在，不是君子所需要的，用也是不得已而为之，淡然处之为上。胜利了不美化战争，凡美化战争的，那就是喜欢杀人。喜欢杀人的人，不能使其在天下众人面前耀武扬威。世间左上右下，所以吉事在左，凶事在右。同样偏将军在左，上将军在右。就是说要用丧礼的仪式对待战争这种事。战争中杀人众多，要以悲痛的心情进行祭奠，即使胜利了也要以丧礼的形式对待胜利。

【解析】

本章主要阐述老子的战争观：战争是不得已而为之的事，战争没有真正的胜利者。

“夫佳兵者，不祥之器”，“兵”在这里是指武力、战争，“佳兵者”就是喜欢武力、战争的人。如果把“兵”当作兵器理解，就本章而言，其层次显得太低。本章是讨论国家大事的，仅喜欢兵器，也许是个人爱好而已，对国家而言算不上什么大事，也不值得讨论；同时，如果把“佳兵者”理解成兵器，虽然与“不祥之器”能联系上，但是“兵器”本身并不是不祥之物，只有当有人使用它杀人时，才是不祥之物；“物或恶之”，人们讨厌的是拥有不祥之物的人，所以“有道者不处”，通常是与人相处而不是与物相处。这样，喜好武力的人都是拥有武器的，人们讨厌有武器的人，有道者不与之相处就自然而然了。

“兵者不祥之器”中的“兵者”依然是指武力、战争或军队，而不是兵器，因为国君依赖的是军队和武装力量，而不是具体的兵器，而且后面有“胜而不美”，只有战争有胜负，兵器是没有胜负的。另外，本章与第二十九章、三十章有逻辑上的联系，尤其是第三十章讲用兵的坏处，本章接着阐述其原因。

“偏将军居左，上将军居右”，理论上上将军在战争中的军功大于偏将军，但是因为在战争中杀的人多，因此也只能居右。所以，“君子居则贵左，用兵则贵右”表面上看是打仗议事“以右为贵”，而本质上还是“以左为贵”。

“杀人之众，以悲哀泣之；战胜，以丧礼处之”，意为战争中死的人太多了，不论胜利一方还是失败一方都是一样，所以要以悲痛的心情为死去的人哭泣，胜利的一方也要像举办丧礼一样来对待胜利这件事。老子的战争观、胜利观中充分体现了对生命的尊重。

【观点】

在老子看来，战争是没有胜利者的，无论发生战争的原因、目的是什么，战争是胜利还是失败，背后都是无数人失去生命的代价。所以，君子不轻易诉诸武力解决问题，动武也是不得已而为之，胜了不可炫耀。同时，庆祝胜利的办法不是欢庆，而要用丧礼的仪式表达对死者的尊重。

自古至今，未见有用丧礼的仪式庆祝胜利的，仔细想来，老子的战争观、胜利观是符合人性的。可见，老子的德达到了极高的境界，显示出了对生命的尊重。

老子的战争观是高尚的，人类应提倡。

第三十二章

【原文】道常无名，朴。虽小天下莫能臣也。侯王若能守之，万物将自宾。天地相合，以降甘露，民莫之令而自均。始制有名，名亦既有，夫亦将知止，知止可以不殆。譬道之在天下，犹川谷之于江海。

〖译文〗道通常没有名称（名气）且朴实无华。（道）虽然小，天下人不能使它（道）听命于自己。侯王如果能够守道，天下百姓将自然臣服。天地融合可以降甘露，民众无须政令而能自然做到和谐。前人已制定了各种名目的制度，既然制度已经建立，就要熟悉了解而达到行为有度，了解制度，知道了什么可为、什么不可为，才能不出现差错。开辟道路的目的是为了天下人（做事情要以天下为己任），就像百川最终要归于大海一样。

【解析】

本章主要讲了四重意思：一是“道”不可被征服，所以要遵守“道”；二是若遵守“道”，则万物自宾、天降甘露、民众和谐；三是要继承前人的智慧；四是统治者要以天下为己任。

“道常无名，朴。虽小天下莫能臣也”，“道小”似乎与第二十五章“道大”相矛盾。所以，这里应该看成是形态的小，即看不见的意思。

"侯王若能守之，万物将自宾"，此处的"万物"是指天下百姓。

"天地相合，以降甘露，民莫之令而自均"，天和地彼此达到融合就能够降下甘露，而不是暴风骤雨、洪水猛兽，天下百姓和谐共处了就不会有鸡鸣狗盗之事了。反过来看，如果天下不安定，那就是侯王没能坚守"道"。

"譬道之在天下"，要正确理解这句话，就要明白整章的意思，这一章老子是在讲治国的道理。所以这句话里的"道"是个比喻，是指具体的道路。"譬"可以是打比方，也可以是开辟，引申出来的意思基本一样。如果把这里的"道"理解成客观存在的那个"道"，即老子在第二十五章说的那个"道"或"大道"，那么"道之在天下"，即"道"存在于天下，老子已经多次论说过，此处再拿出来说是没有必要的，而且"道"存在于天下也不符合第二十五章的意思，因为第二十五章已经明确："域中有四大……人法地，地法天，天法道，道法自然"。"道"是"域中"四大之一，不仅与"天"齐名，且位于"四大"之首，是存在于"域中"，而不仅是存在于天下。因此，此处的"道"不是"域中之道"的"道"，而是指具体的道路，用来做比喻，故引申为事情。所以"譬道之在天下"意思是为天下人开辟道路。

【观点】

教人怎么做事，这属于"道"的范畴；自己怎么做，这属于"德"的范围。统治者（侯王）应顺应自然原则治理天下，按照自然原则建立制度，最重要的是要适可而止。可见，老子的"无为"并不是完全不作为！天地融合是"道"；按制度办事，容百姓自由发展则是"德"。

本章老子讲守"道"的重要性、传承历史的重要性和怎样做一个好的侯王，是要求统治者"遵道守德"。

本章最后的"譬道之在天下，犹川谷之于江海"是点睛之笔，告诫统治者，无论说什么话、做什么事情、制定什么样的制度，都要为了天下百姓，这与"以人民为中心"的执政理念有异曲同工之妙。

第三十三章

【原文】知人者智，自知者明。胜人者有力，自胜者强。知足者富，强行者有志，不失其所者久，死而不亡者寿。

〖译文〗了解他人叫作智慧，认清自己叫作明白。战胜别人叫作有力量，战胜自己叫作刚强。知道满足就是富有，不畏困难、坚持不懈叫作有志气，不离开自己真正所需要的能够长久，身体死而精神能够永存的人是真正的长寿。

【解析】

本章主要讲一个人能够正确了解自己，并知道自己需要什么，才能使自己有长久的动力。

“知人者智，自知者明”。现实生活中，许多人评价别人时头头是道，也不乏准确性，但对自己的了解却不那么深刻，自己能做什么、不能做什么、能做到什么程度却往往不甚明了，常常为达不到的目标而烦恼、纠结和痛苦。所以，能够正确了解自己，才是一个真正的明白人。

“不失其所者久”，意思是知道自己到底需要什么并坚持不懈才能最终达到目的，与“不忘初心，方得始终”有些相近。

【观点】

人生在世，关键的不是胜过别人；战胜自己，才能把握人生的主动权。

本章老子着重讲智慧人生的道理：认清自己，量力而行；知道自己真正要什么并坚持不懈，就能达到目标。

老子在此强调，强化自身，调动自身内在动力的重要性。

第三十四章

【原文】大道泛兮，其可左右。万物恃之而生而不辞，功成而不名有，衣养万物而不为主。常无欲，可名于小；万物归焉而不为主，可名为大。是以圣人之能成其大也，以其不为大也，故能成其大。

〖**译文**〗大道的作用具有普遍性，可以左右支配方方面面。万物依道生存发展而不发生偏离，有了好的结果，名声却不归道所有。道养育万物，使其生长而不主宰其如何成长。一贯没有欲望可称其小（润物细无声，所以称为小）；万物成长有了成果，而不主宰成果的归属，可称其为大（有功不自有，所以称为大）。所以圣人能够成就伟大，是因为它始终不自诩为大，反而成就了他的大。

【解析】

本章老子是用拟人的手法赞美"道"的品格，暗示人们要学习这种品格。

"大道泛兮，其可左右"与"天网恢恢，疏而不失"均是从"道"的作用范围而言，意思相同，强调凡是有物的地方，就有"道"的存在和作用。

"万物恃之而生而不辞"，"辞"本意是告别、躲避的意思，这里可以延伸为离开、偏离。整句的意思是如果万物按照"道"生长发展，就能达到目标而不偏离方向。

第三十二章有"道常无名，朴。虽小天下莫能臣也"；第六十七章有"夫唯大，故似不肖"；本章又有"衣养万物而不为主，常无欲可名于小"。这"道"到底是大还是小呢？表面看起来似乎老子心中关于"道"是大是小也没个定数。其实，第三十二章和本章中所说的"道小"是指"道"在发挥作用的过程中往往是以不动声色的方式进行，不被人觉察，所以可以称为"小"；而此处和第六十七章的"大"也不是第二十五章所指的"道大"，而是指"道"作用的结果，以及"道"不争功名的品格，是能够被人类所觉察到的。

因此，称"道小"，是从"道"发挥作用的过程来解读；谓"道大"，是从"道"发挥作用的结果来解读。

【观点】

"大道"的原理是：顺从自然，不干预过程，不掌控结果，不以有恩自夸，不以归附而自大，不自大成其伟大，这也是“道”的品格。圣人做到了，所以圣人在世人眼中是伟大的，同时也暗示世人要向圣人学习，像“道”一样，不要做点事就觉得自己很了不起。

本章老子着重讲“道”的品格和“道”发挥作用的普遍性。

第三十五章

【原文】执大象，天下往。往而不害，安平太。乐与饵，过客止。道之出口，淡乎其无味，视之不足见，听之不足闻，用之不足既。

〖译文〗坚守大道则天下归顺。天下归顺，人们互不伤害而安享太平的日子。人们沉浸在音乐和美食中，不再忙忙碌碌像过客一样。道用语言表述是淡而无味的，道看又看不见，听又听不到，但是它的作用却是无穷无尽的。

【解析】

本章主要论述按“道”治理国家的好处和结果。

“执大象”，指按照社会发展的客观规律管理国家、治理社会，也就是老子提倡的“无为而治”的治国理念，是“太上”的统治。

“道之出口，淡乎其无味，视之不足见，听之不足闻，用之不足既”，是对坚持守“道”的好处的总结，意思是“道”虽然无味，看不见、听不到，但是只要能坚持“道”，什么事都能做成。

【观点】

“大道”就像音乐和美食，无须夸耀，自能吸引人们跟随与遵从。统治者要想天下长治久安，只需加强个人修养，掌握“大道”即可。遵道树德，天下归一；天下归一，则共享太平。

“大道”虽然品味不到、感觉不到，但它的作用无处不在，无穷无尽。所以，人们不要以为“道”看不见、摸不着，又不像美食那样有味道就可以忽视或不尊重、不遵守。“道”的作用无处不在，遵“道”的好处无穷无尽。

第三十六章

【原文】将欲歙[1]之，必固张之；将欲弱之，必固强之；将欲废之，必固兴之；将欲取之，必固与之。是谓微明。柔弱胜刚强。鱼不可脱于渊，国之利器不可以示人。

注：①歙，xī，收敛。

〖译文〗要收敛它，必须先张开它；要削弱它，必须先使其强大；想要废掉它，必须先使其兴盛。想要获得它，必须先给予它。这叫作小事情藏有大道理。柔弱可以战胜刚强。鱼不能离开深深的水体，国家的利器不能用来炫耀吓唬人。

【解析】

本章老子主要讲矛盾的相互转化，且强调矛盾没有达到转化的条件时，要创造条件促使其转化。

“将欲弱之，必固强之；将欲废之，必固兴之”，这一论述符合“强大处下，柔弱处上”的原理（第七十六章），即事物强大之后就进入向下转化的通道，只不过这里有人为干预使事物按照人们期望或预想的速度尽早达到“强大”，进而及早转弱的意思。

“是谓微明”，老子讲的四组反向操作的生活常识，有的容易操作和理解，有些稍加思考就能明白。老子把这些上升到了治国安邦的层面，就不是一般人能做到的了。所以，能做到这些，可以说在小事情上做到了大聪明，也就是“微明”。

“微明”，指细微处都明亮，比喻聪明的程度已经达到了方方面面，甚至到骨子里了。

【观点】

物极必反、盛极而衰的自然规律大家都知道，但能遵守规律的人却不多。本来当政者就像水里的鱼，离不开老百姓这渊池水，历史发展过程却恰好相反，结果是“其兴也勃然，其亡也忽然”。所以统治者不要向老百姓炫耀国家的利器，更不能吓唬老百姓。统治百姓，要做到先予后得。

本章主要用物极必反的道理阐述治国的方法与措施。值得注意的是，物极必反需要一个过程，这个过程有时还会很漫长。所以，为了使其尽快地达到“极”的状态，老子用了四个“必”，就是人为地使其加速达到“极”，从而尽早实现“反”的目标。“物壮则老”“强梁者不得其死”就是典型的“物极必反”。

社会现实中，一些官员，对下横眉冷对，专横跋扈，唯我独尊，结果往往在可见的有限时间里被人们厌弃，有的甚至沦为阶下囚，遭人们唾弃。这都是本章阐述的原理的现实反映。

本章还表达了另一层辩证思想：没有张开，就没有收敛；没有强，就没有弱；没有兴，就没有废；没有给予，就不能有获取。

第三十七章

【原文】道常无为，而无不为。侯王若能守之，万物将自化。化而欲作，吾将镇之以无名之朴。无名之朴，夫亦将无欲。不欲以静，天下将自定。

〖**译文**〗道通常是不会有意主动作为的，结果什么都是依道而行。侯王如果能够坚守道行，世间万物就会按照道自由成长发展。在自由成长的过程中产生了异常情况，我就用朴实无华的道加以纠正。用朴实无华的道做事，世上就没有人会产生不当欲望。没有不当的欲望，心则自然静定，这样天下自然而然就会达到安定。

【解析】

“道常无为，而无不为”，“道”的为与不为都不是“道”的主观意愿，而是“道”运行的客观结果。所以，“道”虽然不主动作为，但世间一切事物变化的结果都是“道”作为的结果。这就是“无为，而无不为”的全部含义。

“侯王若能守之，万物将自化”，此处的“万物”包括一切生命。

“化而欲作，吾将镇之以无名之朴”，自然万物的变化，不一定都符合人类的需要，虽然一切变化都是在按“道”运行。比如果园里的果树因为遭虫害而停止生长，从“道”的角度看，虫吃果树也是生命的一个自然过程，没有什么不合理的，但是人类需要的是果树长出的果子，而不是虫，所以果树在成长的过程中因虫害而停止生长，人类就要想办法除掉虫子，但还要保证果树能继续生长结果，而不是把果树砍掉，体现了“镇之以无名之朴”。在人类社会，个体在成长过程中都会犯错误，对犯错误者，采取的方式应是教育、批评和改造，而不是消灭，这也符合“镇之以无名之朴”。

“镇之以无名之朴”与第五十一章“长之育之，亭之毒之”意思相近，但“亭之毒之”程度更甚。

【观点】

这一章是老子“无为而为”核心理念的具体体现，明确提出“无为而为”的方法：侯王只要按“道”来治理国家，让人民自由发展，侯王只是负责纠正那些自由发展过程中偶尔出现的错误行为，如贪欲、盗抢、杀人越货等，这样就可达到无为而治。

本章老子用“无为”“天下将自定”结束了《道经》。用“道”的“无为，而无不为”来暗示侯王的统治如果能够遵循“道”的精神和原则，则也能达到“无为，而无不为”，使天下自定。

第三十八章

【原文】上德不德，是以有德；下德不失德，是以无德。上德无为而无以为，下德无为而有以为。上仁为之而无以为，上义为之而有以为，上礼为之而莫之以应，则攘臂而扔之。故失道而后德，失德而后仁，失仁而后义，失义而后礼。夫礼者，忠信之薄，而乱之首。前识者，道之华，而愚之始。是以大丈夫处其厚，不居其薄；处其实，不居其华。故去彼取此。

〖直译〗上德不表现出有德，是真正的有德；下德处处表现出有德，其实质是无德。上德的人不作为，是认为不需要作为。下德的人不作为，是认为有的可以作为。上仁的人作为，是认为没有什么不能作为。上义的人作为，是认为有的能作为。上礼的人以礼待人，却没有人以礼回应，于是撸起袖子、挥挥手，也抛弃了礼仪。所以不讲究道才要求有德，没有了德才提倡仁，仁也没了才讲究义，义也没了才制定礼仪。所以，礼仪是忠信不足的结果，是动乱的开端。那些所谓有先见之明的智者，徒有道的虚表而行愚昧之实。因此，大丈夫以敦厚待人而不关注轻薄的礼节，心存朴实轻于外表浮华。因而取舍有道。

【解析】

“上德不德，是以有德；下德不失德，是以无德”还可以这样理解：“上德”看不出来是有德的样子，这才是真的有德；“下德”给人的感觉总是很有德，实际上这不是真的有德。这是从第三方看“上德”的行动，即“上德”的结果；译文中的翻译关注“上德”的主观意愿在行动中的体现情况。

“上德无为而无以为”，“上德”指上乘的品德或德性；“无以为”不是无心作为，而是认为不需要作为。无心作为，不仅是态度的问题，还有能力的问题；认为不需要作为，则是认知上的问题，是经过思考认识到不需要作为，只有真正懂得了“道”的真谛的人才能达到此等境界。这与第二章“圣人处无为之事”有相通之处。

“下德无为而有以为”，“下德”的无为是有选择性的不作为：有的可以不为，有的可以为。“下德”的无为和“上德”的无为有本质的区别，“下德”的无为则是态度上的问题，甚至是品德的问题。“下德”不作为，同样也是经过了思考，但思考的结果则是有选择性地不为，也就是有的需要为，有的不需要为，这个“不需要的为”就是“下德”的无为。

“上仁为之而无以为”，此处的“无以为”是什么都能做到的意思。“上仁无以为”是因为具有“上仁”的人主观上认为自己能力很强，什么都能做得到，所以他就要去为之。有个词叫“仁者无敌”，是说仁者要做的事情，是没有人能够抵挡得住的。仁者“为之”是因为仁者认为没有什么是做不到的（无以为），所以他要“为之”。

“上义为之而有以为”，“上义”之人的为之是有选择性的，即有的不能作为，有的能作为。此处的“有以为”与“下德”的“有以为”又有所不同。“上义”的“有以为”是有些能作为有些不能作为。义者，即讲义气的人，愿为朋友两肋插刀的人。假如不是朋友，他就不会这样做了。所以，义者“为之”，是要看为谁而为（有以为），这就是有选择性的为。

可见仁者和义者是有区别的，仁者做事可以不顾一切，义者做事则是有选择的。所以“仁”和“义”也是有区别的。

“上礼为之而莫之以应，则攘臂而扔之”，指讲究礼节的人按礼节为人处事，可是因为礼节烦琐不实用，一般人不愿意跟随，这样讲礼节的人也就觉得自己没有必要讲礼节了，于是大家都不再讲礼节了。

因为“上德”是真正的有德，其言行都符合“道”；“下德”是表面形式上有德，其言行有的符合“道”，有的则不符合。“上仁”支配行动的主观愿望太强，“心”是好的，却往往事与愿违；“上义”做事情是有选择性的，其行为准则往往是表面“为人”，实则“为己”在先。而“礼”就不同了。“礼”与“德”就根本挂不上边，因为“礼”往往是表面的东西，而不是来自内心。因此，老子把“礼”定为忠信不足的产物是有道理的。

另外，“上仁为之而无以为，上义为之而有以为，上礼为之而莫之以应，则攘臂而扔之”中的“上”理解为“尚”可能更符合老子的本意，因为老子把“仁”“义”“礼”各作为一类人进行概述，不分上下。

“上德”的无为，是从主观意识上认为不需要作为。

“下德”的无为，是从内心认为有的需要作为，有的不需要作为。

“上德”的为之，是无为而为，是意识到客观上需要作为。

“下德”的为之，是有为而为，是内心（情感上）愿意作为。

“上仁”的为之，是能为而为，从能力上认为能够为。

“上义”的为之，是要为而为，从感情上认为要作为。

“上礼”的为之，是在形式上为，从面子上认为要作为。

“失道而后德，失德而后仁，失仁而后义，失义而后礼”与第十八章“大道废，有仁义；智慧出，有大伪；六亲不和，有孝慈；国家昏乱，有忠臣”在写法和意思上都有相通之处，保持了前后一致。

〖**意译**〗上德不表现出有德，是真正的有德。下德总是口不离德，其实质是无德。上德的人不作为，是认为不需要作为。下德的人不作为，是认为有的可以不为、有的可以为。上仁的人作为，是认为没有什么不能作为。上义的人作为，是认为有的不能作为、有的能作为。上礼的人以礼待人却没有人以礼回应，于是乎撸起袖子、挥挥手也抛弃了礼仪。所以，不讲究道才要求有德，没有了德才提倡仁，仁也没了才讲究义，义也没了才制定礼仪。可见，礼仪是忠信不足的结果，是动乱之开端。那些所谓有先见之明的智者，徒有道的虚表而行愚昧之实。因此，大丈夫以敦厚待人而不关注轻薄的礼节，心存朴实而轻于外表浮华。因而取舍有道。

【观点】

本章老子明确倡导“上德”，因为“上德”是基于对“道”的理解、尊重和遵行。“上德”是根植于心的德性，是基于对客观事物的理解，从思想上、内心情感上认识到要遵循客观规律做事，不主观刻意做事。因此，具备“上德”的人，实际上就是指圣人，因为只有圣人才能做到“处无为之事，行不言之教”。

本章讲“德”因何而生，因何而亡。“道、德、仁、义、礼”，按顺序看实际是一种倒退。“礼”是忠信不足的产物，而且是祸乱的开端。“先知”不过是懂得了“道”的皮毛，由此愚昧开始产生。《道德经》写到这里，就好像社会发展也完全脱离了“道”的本源，做什么都讲究礼仪，似乎要穷途末路了，因此才有了老子第三十九章的感慨。

老子虽然提倡“上德”，但没有否定“上仁”“上义”，否定的是“上礼”，因为“礼者，忠信之薄，而乱之首”，完全不符合“道”。

本章老子阐述的“道、德、仁、义、礼”仿佛是当时社会的真实写照。同时也可以看出，老子提倡“上德”，与同时代孔子提倡的“仁、义、礼、慈、孝”的思想并不相融。

第三十九章

【原文】昔之得一者，天得一以清，地得一以宁，神得一以灵，谷得一以盈，万物得一以生，侯王得一以为天下贞，其致之。天无以清将恐裂，地无以宁将恐废，神无以灵将恐歇，谷无以盈将恐竭，万物无以生将恐灭，侯王无以贵高将恐蹶。故贵以贱为本，高以下为基。是以侯王自称孤、寡、不谷。此非以贱为本邪，非乎？至誉无誉，不欲琭琭如玉，珞珞如石。

〖**译文**〗开天辟地之初，天地生万物之时，天是晴朗的，地是安宁的，神是灵验的，河谷有流水，万物自由生长，侯王清明，天下安详。其状态达到极善极美。（反过来讲）天不清了就会发生崩裂，地不安宁了就会被废弃，神如果不灵验了就不会有人供奉，山谷没有水就会干涸，万物不能生长就要灭种，侯王不能使百姓安详就要被废除。所以，贵以贱为根本，高以下为基础。因此侯王们自称“孤”“寡”“不谷”，这不就是以贱为根本吗，不是吗？最高的荣誉无须赞美，不要美玉般的光彩，愿像山石那般朴实。

【解析】

老子在这里用事物初始的“好”来映衬当下的“不好”，以此来暗批或者警示统治者避免“不好”的情况发生，提醒统治者要时刻把握自己的地位，不要不知足，盲目追求，因小失大。

“昔之得一者”，是指当初事物开始的时候，而不是指事物得“道”。

这里的“一”不能理解为“道”，因为在第四十二章，老子讲“道生一”。所以，“一”应该理解为事物的初始状态或初始阶段。从另一方面讲，天、地、神、谷、万物都是“一”，它们本身都是在按“道”运行，而不存在“得道”与否。

“至誉无誉”，字面意思是最高的荣誉无须赞美，引申意思是作为统治者，已拥有了世上至高无上的荣誉，还要额外的赞美吗？或者，统治者们获得的荣誉已经够多了，不要再想着去争荣誉了。

【观点】

天地“得道”，万物明；反之，则万劫不复。王侯“得道”，以下为根本，才能保证江山稳固。老子以天道来类比王道，希望统治者以天地为借鉴来统治自己的百姓。老子对现实不满，幻想初始的状态，任何事物开始总是很好，时间久了，各种问题也就突显出来了，这既是规律，更提醒人们注意，事物的变化是由量变到质变，只有慎终如初，才可保持长久。这也是老子一贯的思想。

本章老子因不满现实而幻想万物之初的美好，暗喻统治者要返璞归真。

第四十章

【原文】反者道之动，弱者道之用。天下万物生于有，有生于无。

〖**直译**〗循环往复是道在运动，柔弱安静是道在作用。天下万物生于有，有是从无变化而来。

【解析】

本章阐述了两个哲学观点：“动”与“静”的关系，“有”与“无”的关系。

“反者道之动”有两层意思：第一层是说运动是不停止的。“反”，无论是指向相反的方向运动，还是指循环往复的运动，都反映出这个运动不停歇。第二层是说运动是“道”的运动，换言之，运动是“道”在起作用。但是世界上的万事万物，我们看到的还有另一种情况，那就是“弱”直至“静”。那么，“弱”又是什么原因呢？难道“道”此时不起作用了吗？这个问题老子也想到了，老子说“弱者道之用”，“弱”也是“道”在发挥作用，或者是“道”发挥作用的结果。

“动”是“道”的作用，“弱”也是“道”的作用，这不是矛盾吗？这就是事物的两面性，“动”和“静”本身就是一对矛盾，而且矛盾也可以相互转化。更重要的是，“静”也是“动”的另一种表现形式，因为万事万物只有运动才是绝对的，静止是相对的。以上是从哲学角度看“动”与“静”的关系。从微观上看，“动”更是绝对的。

再从现实生活中看“动”与“静”，两者也是相对的：例如两列火车相近停靠，当你乘坐的火车慢慢启动而另一列火车不动时，用眼睛的余光看另一列火车，你会觉得是那一列火车在前进，而你乘坐的火车却是静止的或后退的。

所以，这前两句话老子要告诉世人的是：“道”对于物的作用，有时表现为“动”，有时表现为“静”或“弱”；“动”是“道”在起作用，“静”“弱”也是“道”在发挥作用。正像第三十四、七十三章所描述的那样，“大道泛兮，其可左右”，“天网恢恢，疏而不失”，“道”的作用不会在任何一个地方和方面失去作用。

“天下万物生于有，有生于无”。“有”和“无”，在本章有以下意思：

（1）“有”指天地，与第一章的“有”对应起来，也与第二章的“有无相生”一致。“无”也可以理解为第一章的“无”（名），指天地前的无名物质。不过，这样理解虽然是正确的，但本章这两句话的意思就与第一章和第二章的意思有些重复，似乎没有必要。

（2）“有”表示一种初始的状态，比如地里有麦苗、山上有树等；“无”则表示“有”的另一种情形，如地里没有麦苗、树上没有叶子和果实等。

（3）“有”是产生万物的物质基础，没有物质基础就不会产生万物，比如长出小麦需要有种子、土壤、水、阳光等；“无”则表示产生物质基础的先决条件。

（4）“无”和“有”表示新事物的诞生。比如世上本来并没有汽车，但是后来有了，这是从无到有的过程。汽车又是怎么生于“有”的呢？有汽车是因为产生了可以组装成汽车的配件，而这些汽车配件又是由各种更原始的材料加工产生的，汽车就是这样从无到有的，即“有生于无”。

（5）“无”和“有”表示新兴事物。比如以前人们靠写信联系，现在靠打电话联系，这是通信方面的新生事物。打电话的方式也是从无到有的，而且并非从无形到有形。

将“有”理解成有形物质并不能完全表达“天下万物生于有”的本意，因为第一章“有名万物之母”，“有”是指天地，而天地的形状到底是什么样呢？另外，本章的“无”不可以理解为空无、没有，而是指事物或新事物产生之前的状态。

“有生于无”，本章既有第一章和第二十五章“天地生于无”或无名物质的意思，也有新生事物（生成之前是“无”）生于已有事物的意思，但本章更注重后者。这样，后两句表达的意思就与前两句对应起来：前两句表达事物运动与静止的往复循环，后两句表达事物“有”和“无”的循环往复变化。

现代科学已经证明了质量守恒定律和能量守恒定律，认为物质的质量可以相互转化，比如燃料燃烧后，燃料并没有消失，而是变成了另外的物质，其本质是燃烧后的物质（燃烧前是“无”）是由燃料（燃烧前是“有”）燃烧产生，即“天下万物生于有”；而燃烧后的物质（“有”）在燃烧前是没有的（“无”），即“有生于无”。能量守恒也是如此，能量的每种形式都可以转换为其他形式，但能量不能消灭或无端产生。

总之，本章说了两对矛盾，即“动”与“静”的矛盾和“有”与“无”的矛盾；说了两对关系，即“动”与“静”的关系和“有”与“无”的关系，它们都是相互转化、相互依存的关系。

鉴于此，我们完全可以按照现代人对于物质世界的认识，将本章翻译成：运动是绝对的，静止是相对的；天下万物是一个从无到有和从有到无的循环过程。

由此可见，老子对于自然的认识是多么深刻，多么超越时代！

老子说“天下万物生于有，有生于无”，这既是哲学的，又是科学的。首先，天下万物，包括天和地都是产生于天地之前的“无名”，即“混成之物”，所以“天下万物生于有”的“有”就是指“无名”这种物质；“有生于无”的“无”则是指“有之前的无”，比如有天地之前是无天地的，有万物之前也是无万物的。所以“天下万物生于有，有生于无”中的两个“有”并不是同一个意义上的“有”。如果把天地也纳入“万物”之中，本章的“有”和“无”就具有更普遍的哲学意义。因此为了尊重原文的意境，本章还有一种译法。

〖**意译**〗循环往复反映了道的运动特性。柔弱安静是道发挥作用时的另一方面。因为有才产生天下万物，而有也是从无开始变化并产生而来。

【观点】

因为有形的物质是受无形的规律所左右，所以老子暗示人们不要被现象所蒙蔽而违背自然规律，那是要受惩罚的。

本章老子敏锐地提出了物质与运动的关系：运动与静止都是物质变化运动的过程，“有”和“无”的变化包含其中。

本章虽然只有21个字，但反映的思想是非常深刻的。

第四十一章

【原文】上士闻道，勤而行之；中士闻道，若存若亡；下士闻道，大笑之。不笑不足以为道。故建言有之：明道若昧，进道若退，夷道若纇[①]。上德若谷，大白若辱，广德若不足，建德若偷，质真若渝。大方无隅，大器晚成，大音希声，大象无形，道隐无名。夫唯道，善贷且成。

注：①纇，lèi，疙瘩，缺点，毛病。

〖**译文**〗上士得知了道，深信不疑而辛勤地去践行。中士得知了道，将信将疑而无动于衷。下士得知了道，大笑了之——不被笑话仿佛就不成其为道了。所以有人这样形容："道"仿佛光明的道儿隐藏着看不见的阴暗，向前的道儿也有暂时的后退，平坦的道儿会有崎岖不平。上德虚怀若谷，纯粹的白更容易受到污染，施德于天下也有达不到的地方，培养德行要无声无息，质朴纯真也会有瑕疵。方正的物体大到一定程度就没有棱角，更大的器具总是在最后完成，声音大到一定程度就没有声息了，物体大到一定程度就没有形状了。道是一种隐含的力量，而没有具体的名称。但只有道，才能使万事万物有始有终。

【解析】

本章老子讲了一件事、一个道理、一个思想：一件事是"士"对"道"的态度；一个道理是"道隐无名"；一个思想是辩证的思想。

一件事：只有"上士"能做到"闻道而行"。

一个道理："明道若昧，进道若退，夷道若纇"，这三句话里的"道"字明面上都是指生活中人走的具体的道儿，本质则是用现实中具体的道儿来说明"道"的形态是变化的，要具体情况具体对待，否则就会出现偏差。真正的"道"是使事物有规律变化的力量。

"明道若昧……"，老子在这里用了一连串的"若"，不能将其理解为好像，比如将"进道若退"理解为前进的道好像后退是不符合逻辑的，而只能说前进的道儿也会有曲折，甚至暂时倒退。

"明道若昧"，光明的道儿也隐藏着看不见的阴暗，这一点我们在现实生活中是有体会的，比如在道路上行驶，远看某段路一片明亮，实际是道路反光，或者路面上有一段低洼地充满了水。"进道若退"就更好理解了，在走盘山路时，时常不得不与前进方向相反（180 度拐弯）；"夷道若纇"，平坦的大道经常出现高低不平的情况更是司空见惯。

“明道若昧，进道若退，夷道若纇”，这三句话还有解释为什么“不笑不足以为道”和“道隐无名”的隐意。

一个辩证的思想：“上德若谷……大象无形”，“上德若谷”是指具有“上德”的人，其胸怀像山谷一样，看似空旷却能包容一切。“大白若辱”，纯白更容易被污染，这是常识。“广德若不足”，个人不管怎么积德也不可能面面俱到；为天下人施德，也不可能满足每一个需要的人，也有达不到的地方。“建德若偷”，建立德性要默默地进行，不能大张旗鼓。“质真若渝”，美玉也会有瑕疵，不可追求完美无缺。“大方无隅”，指物体很大很大的时候棱角就不明显了，比如一个直径一厘米的六棱体，如果放大1000倍甚至更大，那么你就感觉不到它是个六棱体了。“大器晚成”，在古代生产力低下的情况下，形状相同的物件，做一件大的比做小一点的总是要花更多的时间和精力，比如要做一批款式、材料、工艺相同，只是尺寸不同的陶罐，在陶工技术水平相当、各种条件相同的情况下，那个尺寸最大的肯定是最后才能完成的那一个，这是自然而然的。“大音希声”，就是声音大到一定程度，也就听不到声音了；也可以指在极度嘈杂的环境中就什么也听不到了；也可以理解为很大的声音较少发生，这就与“希言自然”发生了联系。“大象无形”是说很大的物体其形状就不明显了，比如我们都知道地球是圆的，但却无法站在地球上体验到地球的形状。

本章在论述“士”对“道”的态度，而不是“士”理解“道”、践行“道”的能力。

另外，本章的“士”可能不仅指“士”，还可能指具有普遍意义的“人士”，即三种不同类型的人。后者更具有普遍意义。

【观点】

深刻的道理不被一般人理解，甚至被嘲笑；世间的一切也好似“大道”一样，虽然使万物善始善终，却总是被肤浅的人嘲弄。对“道”的态度，反映出一个人的德性。只有“有德”才配“得道”。“道”含而不露，但决定一切事物的过程和结果。有言道：不是不报，时候未到。说的就是这个意思。

本章老子着重强调“修道”“得道”需要经历艰难曲折，也要坚持不懈地努力。

第四十二章

【原文】道生一，一生二，二生三，三生万物。万物负阴而抱阳，冲气以为和。人之所恶，唯孤、寡、不谷，而王公以为称。故物或损之而益，或益之而损。人之所教，我亦教之。强梁者不得其死，吾将以为教父。

〖直译〗道产生了一，一经过变化生成了二，二再变化产生了三，三不断地变化最后生成了世间万物。万物背靠大地面向太阳，通过气形成和谐的整体。人生在世，所讨厌的唯独为孤独、寡居、空间狭小，而王公却用这些字眼来称呼（形容）自己。因此，事物往往因为损失（王公的自称是一种谦虚）而有获取，或者因为获得而有损失。大家都这么说，我也这么教育人。逞强的人往往在不该死的时候而死，我将以此为教育的首倡（我教育人的首要任务是让人们明白这个道理）。

【解析】

本章是《道德经》最富哲理的章节之一，其中讲了三层意思：一是万物产生的过程，二是万物生成后怎么保证健康成长，三是凡事不可走极端。

“道生一”的“道”应该是高于一切的。因为这里所说的“道”，既不是第二十五章里那个混成之物，也不是天地之始那个“无名”，而是比混成之物更早或更高的东西，或者是凌驾于混成之物之上的，因为“道生一”，而这个“一”可以理解成第二十五章里所指的混成之物。这样，老子把宇宙的诞生问题又推到了一个更高的层次，置于所有的物质之上。如果这个“之上”是一个先后的关系，那么混成之物由“道”而产生，“道”就是一个无解的“道”，没有人再能回答这个问题了。因为，无论宇宙是由质点爆炸而成的现代宇宙观中的质点，还是老子所说的先天而生的混成之物，但它们是怎么来的都没有答案。到了这个境界，“道”就真的成了“玄之又玄”的了！但如果把“道生一”理解为“道”是一种客观存在，那就与第二十五章“强字曰道”及其结论“道法自然”一致了：“道”是一种客观存在，“道生一”则是说“一”是因为“道”而产生的，而不是“道”生成了“一”。

所以“道生一，一生二”还可以这样翻译：客观存在着一种物质，这种物质生成了天和地这两种物质，或者一种本来（客观）就存在的物质，生成了天和地。

“一生二”好理解，就是混成之物这个“一”生成了天和地这个“二”。

“二生三”中的“三”不应该理解为数量三，即不是三种、三类、三个等，而是排序三，是第三种起决定作用的物质。此时老子心目中的万物是指具有生命的万物，虽然《道德经》中的万物有时也会指非生命的山川、河流等，但此处的“三”肯定是指有生命的。产生生命的基础是什么呢？现代科学已经证明，生命的最初形态就是细胞。有了细胞这个生命的基础，才可能产生这生机勃勃的万物。虽然老子当时还不知道细胞，但他已经悟透了万物生生不息的法则。

“三生万物”，意为地球上的生命，无论是简单的还是复杂的，其最基本的元素都可归结到细胞，而能够构成细胞的则是比细胞更小的碳类化合物。因此，无论这里的“三”代表细胞还是碳类化合物，它都是生成生命万物的基础——第三类物质。

“万物负阴而抱阳，冲气以为和”，意为天阳地阴，万物依赖天体的阴阳和谐发展。同时也就有生命中的阴气和阳气，只有这两者相冲才能产生和气（平衡），也就是阴阳平衡的意思。因此，“三”不是指阳、阴、和三气，也不是指阳、阴、和三气产生了万物。因为阳和阴已经包含于“一生二”（阳为天、阴为地）的“二”之中了，这是原因之一。原因之二，阴阳二气可看作真实存在的，两者生成和气就有些勉强了，因为和气只是想象出来的，难道这阴、阳就不产生恶气吗，这也属于“二生一”

呀？因此，这句话主要是讲万物产生之后的状态：万物背阴而向阳（依靠大地吸收养分，面向太阳吸收阳光），阴阳交错平衡才能有序生长发育。这是“人法地，地法天，天法道，道法自然”的另一种表述，也是万物生存的法则。

接下来“人之所恶，唯孤、寡、不谷，而王公以为称。故物或损之而益，或益之而损。人之所教，我亦教之。强梁者不得其死，吾将以为教父”，这段话似乎与前面没有什么关系。有学者认为与前半部分不符，疑为第三十九章错简，当删。本章前半部分与后半部分乍一看似乎没有内在的逻辑关系，但仔细想想还是有些联系的。

“万物负阴而抱阳，冲气以为和”是本章的中心句，是老子要表达的中心思想：世间万事万物必须在平衡中才能生存和发展，一旦失去平衡，任何事物都难以正常发育成长，而“孤”“寡”“不谷”都是属于极端现象，是不平衡的结果，“王公以为称”，是王公知道自己处在一个不平衡的状态和境地，是一种“险境”，要时刻保持警惕，否则就不会长久。

综上所述，本章第一部分“道生一，一生二，二生三，三生万物”是讲“道”生万物的过程，以产生万物为止；第二部分“万物负阴而抱阳，冲气以为和”是讲“道”产生万物之后，万物怎样生存发展，即和谐与阴阳平衡；第三部分讲的则是万物之一的人，人为什么厌恶这些事物及其会招致怎样的后果。这样来看，后面的内容与前面就有了一定的内在逻辑关系：“道”生万物，万物负阴抱阳而达到阴阳平衡、和谐发展（万物遵“道”）；人也是如此，如果片面地发展哪一方面（不遵“道”），就会招致失衡而损毁灭亡，王公及其统治也是如此。所以老子要用这个道理来教育人，这是树德的最高境界，是老子自身遵守和倡导的“德”。这其中的道理也符合第三十九章的逻辑。

由此可以看出，老子在论述“道”的时候，比如“有物混成，先天地生”，“强字之曰道”，“道生一，一生二、二生三，三生万物”，我们感到他仿佛看到了宇宙形成前的样子，其想象力令人惊叹。虽然老子所说的

"道"是一个哲学概念而不是物质本源概念，也不是研究论述客观物质世界，但是老子对客观物质世界的认知却达到了当时无人能及的深度和高度，甚至今天也很少有人能做到。

老子对"道"的描述，客观上提出了宇宙产生的顺序："道生一"（混成之物），"一生二"（混成之物生成天地），"二生三"（天地之和产生的第三类物质，可以理解为构成生命的有机物或者细胞）。这与《中子的内部结构及微观元素诠释》和《第一类物质》中，有关物质世界（宇宙）产生的观点极其类似：宇宙诞生前，存在一种物质（"一"），在运动中产生了电子和正电子（"二"），电子和正电子结合产生了中子和质子，中子和质子组成了原子核，原子核与电子结合，形成了原子（"三"），不同的原子相结合造就了丰富多彩的物质世界，就是整个宇宙。

由本章可见，"道"不是指具体的物质，而应指引起物质产生、发展、变化的那个无形无状、看不见、听不到、摸不着的力量（第十四章）。这个无形的力量用现代理论来解释，就是物质的运动及其运动规律。而促使物质运动的更深一层的原因是什么呢？那一定是力！力又是怎么产生的呢？唯有万有引力和静电引力（这也是《中子的内部结构及微观元素诠释》一书中的观点）。

从这一章我们还可以看出，老子从宏观上"勾勒"或"猜想"了物质世界，即宇宙的诞生过程，这个过程是这样的：

因为"大道"产生了一种混成之物（"道生一"），这个混成之物因为长期的运动变化产生了天地（"一生二"），天和地在不断的运动变化中产生了构成生命的基本物质细胞（"二生三"），细胞的不断运动和组合形成了丰富多彩的生命，即"三生万物"。

老子对宇宙形成和万物产生过程的这个猜想，与当今的宇宙大爆炸理论完全不同。

所以说，老子是从宏观上猜想了宇宙形成的过程，虽然没有深入论述混成之物是什么、天地是怎样形成的、世界万物是怎样产生的，但这个猜想是有意义的。

同时，老子不仅猜想了世界万物产生的过程，还指出了世界万物健康成长的必要条件，这就是“万物负阴而抱阳，冲气以为和”。

“人之所教，我亦教之”表达了老子尊重世俗，同时也流露出一种无奈的心境。

〖**意译**〗混成之物是天地之前的唯一存在，称作道（道生一），混成之物经过运动变化产生了天和地（一生二），天地相互作用孕育了生命的最初形态（二生三），由此经过千变万化产生了世间万物（三生万物）。万物都有阴和阳两个方面，阴和阳通过气的交换保持平衡。人生在世，所讨厌的唯独为孤独、寡居、空间狭小，而王公却用这些字眼来称呼和形容自已。因此，事物往往因为损失而有获取，或者因为获得而有损失。大家都这么说，我也这么教育人。逞强的人往往在不到死的时候而死，我将以此为戒并教育别人。

【观点】

“道”虽然独一无二，但存在着相互转化的两个方面。王公若能够谦卑自律，则可以成全自己的统治。对于任何人，一定要看到事物的发展、变化及相互转化，不能用静止的观点、封闭的思维想问题、办事情。

本章老子阐述了两个重要的哲学观点：一是平衡是稳定长久的前提，即万事万物必须在和气平衡中才能正常发展和长久存在；二是舍与得，有舍才有得。

第四十三章

【原文】天下之至柔，驰骋天下之至坚，无有入无间。吾是以知无为之有益。不言之教，无为之益，天下希及之。

〖**译文**〗天下看似最柔弱的东西，却可以在天下最坚硬的东西间自由穿梭。无形之物可以进入致密无间隙之物中。我因此认识到无为的益处。

不言的教导，无为的好处，普天下很少有人能够认识到并做得到。

【解析】

“驰骋天下之至坚”，“驰骋”形容“天下之至柔”就像骏马在旷野自由驰骋一样。

【观点】

柔可克刚，无形可穿透有形，不可小看任何事物，要善于发现它们的长处。世间一物降一物，天生我材必有用，这些道理人们都懂，但现实中要做到正确认识自己、正确认识他人，人尽其才、物尽其用，却不是一件容易的事。

本章老子通过讲柔可克刚的道理，来强化他的“不言之教，无为之益”思想理念。

第四十四章

【原文】名与身孰亲？身与货孰多？得与亡孰病？是故甚爱必大费，多藏必厚亡。知足不辱，知止不殆，可以长久。

〖**译文**〗名声和生命相比，哪一样更重要？生命和货利相比，哪一样需要给予更多关注？得到和失去相比，哪一个更有害处？所以过分的爱必定耗费更多的精力和物力，积敛过多的财富失去时也必然更多。懂得满足，就不会受到屈辱；懂得适可而止，就不会遇见危险，这样才可以保持长久的平安。

【解析】

本章主要讲个人得与失、知足与不知足的利害。

“得与亡孰病”，“病”在这里是害人、害处的意思。

“知足不辱”，人若不懂得满足，就会贪得无厌，进而会做出一些不道不德的事，不道不德就会被人们厌弃，甚至羞辱。所以，只有懂得了满足，才能停止追求不需要的东西，就不会做出不道不德之事，当然也就不会被人们羞辱了。

"知止不殆"，知道适时停止，也是知道满足的表现；不知道停止，一味地前行，就会走向事物的反面，正如第七十六章所言，"强大处下，柔弱处上"（强大了处在了向下的境地，弱小时处在上升的通道）。

【观点】

在生命面前，一切都是小事；人不应为了小事而损害生命，名利在生死面前轻如鸿毛。老子对生命和名利的认识也达到了很高的水平。

本章老子着重论述精神与物质的关系。同时，再次强调"甚""多"的害处。

第四十五章

【原文】大成若缺，其用不弊。大盈若冲，其用不穷。大直若屈，大巧若拙，大辩若讷，大赢若绌。静胜躁，寒胜热。清静为天下正。

〖译文〗再大的成就也会有不令人满意的方面，（但）它的作用不受影响。再怎么完美的收获也有不尽人意的地方，（但）它的作用（同样）不会被削弱。再直的东西也存在弯曲，再灵巧也有时会显出笨拙，再怎么善辩也有说不出话的时候，再大的赢也有亏的方面。保持安静能防止急躁，寒冷可以平衡酷热。清明安静是天下人追求的正道。

【解析】

本章是老子辩证思想的集中体现：一是世间没有完美，也无须追求完美；二是世间没有绝对；三是矛盾双方相互作用、相互影响。

"若"是好像的意思，但这里的"若"译作好像似有不妥，应该用肯定的语句来表达其本质的含义，例如"大直若屈"译为"大直好像弯曲"既不符合事实也不符合逻辑；译为"再直的东西也存在弯曲"，则是从绝对和相对来说直的程度，符合哲学原理，"若"的用法与第四十一章有些类似。

例如，将"大成若缺"译为"最完美的东西好像残缺一样"，这不符合逻辑和生活常识。当真有一件完美的物件呈现在你的眼前，你绝不会感觉它好像是残缺一样，但可以说它也有不足之处，比如这件东西很好看，非常完美，但是它不实用，或者颜色我并不喜欢等。从看的角度，可以说是完美，但从用的角度，它就有不足。同样，判断一件事物也是没有绝对的标准，比如绝对的直也是不存在的。

由此可见，老子对事物的认知已经达到了现代的科学理论水准，而且是唯物且辩证的。

【观点】

世上没有完美之事，无须追求完美；世上没有绝对的事物，所以不要说过头的话、做过头的事；要善于利用矛盾的两面性，做到宁静致远。这是老子提倡的一种美德。

本章老子强调的是看问题、做事情不要走极端，保持平衡是关键。这同“万物负阴而抱阳，冲气以为和”隐含的道理是一样的。

第四十六章

【原文】天下有道，却走马以粪。天下无道，戎马生于郊。罪莫厚于甚欲，咎莫憯[①]于欲得，祸莫大于不知足。故知足之足，常足矣。

注：①憯，cǎn，同惨。

〖译文〗天下有道，放马归田。天下无道，怀孕的战马在荒郊野外生下马驹。罪过没有比贪得无厌更大的了，错误没有比贪心更惨的了，祸患没有比不知足更大的了。所以，知道什么是足而做到满足，就能经常保持满足了。

【解析】

本章主要论不知足的坏处及其产生的原因，希望天下人，尤其是统治者能够知足，避免让战争殃及百姓，甚至战马也不能幸免。

“道”，此处指“大道”，即客观规律，非指具体的道路。老子描绘了“有道”和“无道”两种不同的结果，暗示人们，尤其是统治者要学会懂得满足。

“天下无道，戎马生于郊”，战马在野外产子，既说明战争频繁，也说明战争的残酷与无情。因为战马怀孕和生产时应有一个好的环境，而战争却使怀孕的马都要参与其中，这不是很无道吗？

“罪莫厚于甚欲，咎莫憯于欲得，祸莫大于不知足”，“罪”“咎”“祸”是老子痛批的统治者的三大罪状。引起三大罪状的原因是“甚欲”“欲得”“不知足”。“甚欲”等于犯罪，“欲得”等于犯错，“不知足”等于招祸。反过来讲，要避免犯罪就要克制欲望，要避免犯错就要克服贪心，要避免招祸就要克服不知足。这一切的根本原因是统治者不知道什么是足。所以，知足是规避犯罪、犯错、招祸的最好办法。

战争，往往是由于统治者的不满足而引起的。

【观点】

人们始终在知足和不知足之间选择和斗争，能知足者少，不知足者多。不知足，如果能正确运用，即依据“道”去追求满足，那它就会成为个人成长和社会进步的动力。否则，就会带来灾难，对于个人，他将得不到快乐；对于有权者，那将是社会的灾难。

本章老子主要强调要知足，暗指统治者要满足已有的天下并把它治理好，不要为了满足私欲而扩张地盘、发动战争。在春秋时期，发生的多数战争都是因统治者的贪婪而起，如楚国在春秋时期就灭国42个，其中老子的祖国陈国就是被楚国所灭。因不知足发生的战争，使少数人得到了满足，大多数人则处在苦难中，连战马也不能躲过。

本章的“足”和“不知足”与第四十四章的“足”和“不知足”不同，本章是指统治者，第四十四章是指个人。统治者因欲望过多过强而犯罪，更是对天下人犯的罪；统治者因想得到而犯的错，更是对天下人犯的错；统治者因不知足而招致的祸患，更是对天下人造成的祸患。所以，统治者“不知足”比个人“不知足”所带来的危害更大、范围更广、时间更长。

第四十七章

【原文】不出户，知天下；不窥牖，知天道。其出弥远，其知弥少。是以圣人不行而知，不见而明，不为而成。

〖译文〗不出门便知天下事；不看窗外便知日月星辰的运行情况。外出越远，所知越少。所以，圣人不需外出而知世间万事，不需亲眼所见也能判明事物真伪是非，不需亲力亲为而能成就万事。

【解析】

本章论述读书的重要性，要不出门而知天下事，只有读书才做到。

老子曾经是图书管理官员，知道读书带来的好处，读万卷书，胜走万里路，这也许是老子根据自己的经历得出的结论。反过来，行万里路，若读万卷书，可以吗？令人不解的是“其出弥远，其知弥少”，难道一个人行万里路去求知不可以吗，去了解外面的世界不也是求知吗？唐僧西天取经、不出夔门难以成龙这些历史事实和典故没有意义吗？

“不出户，知天下”是从广义上讲读书的重要性，“不窥牖，见天道”则是具体的行动，讲读书能获得的能力。“不窥牖，见天道”译成“不看窗外便知日月星辰此时此刻的位置”更符合实际，也更贴近老子的本意。如果译成“不看窗外就知道宇宙万物之道”，这是很难做到的。

【观点】

圣人懂天道，不必舍近求远，舍近求远乃妄为。本章老子主要讲读书的重要性，不承认外出求知有用，从这方面看，老子的认识是偏狭的，这与老子终身没有离开过皇城有关；反过来，这种认识也妨碍了老子了解外面世界的欲望和可能性，以至于老子对于周朝以外的世界基本无所知。

本章老子强调知识的重要性，知识来源于读书学习，这或许是老子针对当时社会，尤其是上层社会普遍没有读书习惯而发出的感慨和警示，也对今天的我们有所启发。

第四十八章

【原文】为学日益，为道日损。损之又损，以至于无为。无为而无不为。取天下常以无事，及其有事，不足以取天下。

〖**直译**〗做学问的人学问会一天天增加，修道的人主观作为的欲念则会一天天减少。一天比一天少，以至于达到完全没有作为的欲念，不主观地去作为反而什么都能做到。拥有天下最好是永远没有事情，等到有事情了，那就不能拥有天下了。

【解析】

这里的“取天下”不是夺取天下，而是获取天下人的信任。如果一个国家整天事发不断，按下葫芦起来瓢，这个国家还能安定吗？作为统治者还能取得百姓的信任吗？这里，老子是要告诉统治者怎样做才能取得百姓的信任，使国家保持稳定。

“为学日益，为道日损”，难道修道不是一种学问吗？此处的“学”可能专指学习那些实用知识吧，否则就解释不通了。另外，第四十七章“不出户，知天下”暗含了在家读书，这不是为学吗？看来，老子对求学的方式和方法也存在矛盾，或者说要看什么人读什么书了。再者，“日益”也不是什么不好的事，所以老子应该没有贬低学问增加的意思，只是对比为学和为道的结果而已。所以，有些学者把“为学日益”译作“求学的人，其情欲文饰一天比一天增加”似有不妥。

也许是这样的，做学问，随着知识的不断积累增加，想利用知识做事情的意识和愿望就会变强烈，至少会有想把自己的知识分享给别人的冲动。所以，为学，就会想作为。修道，随着对客观事物和客观规律的认识增加，会越来越意识到，世间的万事万物都有其自然的规律，好与坏、快与慢、正确与错误、善与不善，都是万物自然发展的结果，何必去干预、评判、改变呢？所以，为道者就觉得没有什么事可以去主动作为了。

“无为而无不为。取天下常以无事，及其有事，不足以取天下”。什么是“无事”？就是不要给百姓生事；什么是“有事”？实质上就相当于乱作为。

〖**意译**〗做学问的人学问会一天天增加，修道的人主观作为的想法则在一天天减少。一天比一天少，以至于达到完全没有作为想法的境界。不主动地去作为反而什么事都能达到目标。要获取天下人的信任，最好是永远不要给百姓找事情（让老百姓自己做）；经常给百姓找事情（整天指手画脚让老百姓干这干那），就不能得到百姓的信任，也就无法保证天下长治久安。

【观点】

治理国家的人要遵循“无为”，即不妄为，民众才能安居乐业。“无为”就是不要人为地去做事，比如制定一个目标、一个标准等要人去实施完成，而是让老百姓按照内心愿望自由发展。保障老百姓自由而全面地发展就是“无为而为”。

本章老子给出了求知与修道的不同之处，目的是要人们遵道而行。

第四十九章

【原文】圣人常无心，以百姓之心为心。善者，吾善之；不善者，吾亦善之，德善。信者，吾信之；不信者，吾亦信之，德信。圣人在天下，歙歙①焉为天下浑其心。百姓皆注其耳目，圣人皆孩之。

注：①歙歙，xī xī，无所偏执貌。

〖**译文**〗圣人永远没有自己的心事，以百姓的心事为自己的心事。对于善者我以善对待，对于不善我也以善待之，这是真善。对于守信用的人，我以守信对待，对于不守信用的人，我也以守信对待，这叫真信。圣人顶天立地于天下，摒弃自己的私心杂念是为了天下人也没有私心杂念。百姓只需去做耳闻目睹的事情就行了，圣人使他们都回到孩童般的状态。

【解析】

本章主要是讲德善和德信，表面上是指圣人，隐含的意思是希望统治者对天下百姓德善和德信。也就是说，统治者要做到德善和德信，处理好两个阶级整体之间的关系。至于个人之间是否要做到德善和德信，不是老子此处关注的重点。

“圣人常无心，以百姓之心为心”，是说圣人通常没有自己的心事，以百姓的心事为自己的心事。“无心”不是“私心”，是强调圣人在思考问题、考虑决策时从来不会从自身的利益和名誉得失出发，而是以天下百姓的利益和名誉得失为出发点；圣人考虑的事情总是为他、利他，所以圣人能做到德善、德信。

“善者，吾善之；不善者，吾亦善之，德善”，对善良的人以善对待，大家都能认可，多数人也能做到，这是一种朴素的道德观和价值观。对于不善的人，是善待还是不善待呢？首先，老子没有否定“不善者，吾亦不善之”的行为，因为这也符合一般的价值观、道德观，况且，有时候“不善者，吾亦不善之”的行为也可以从某种程度上抑制不善者，这些都是普通人能做到的。所以，老子在这里只是肯定了善待的行为，并称这种善为“德善”。一般情况下，人们判断善的标准是真善与伪善：真善是出自内心的善，伪善则是表面的善，是从行善者出发来讲善的真伪。发自内心的善在没有受到外界影响时，容易坚守；在面对善与不善的现实时仍能坚守善，这不是一般人能做到的，更能检验善的真伪。所以，德善是对“善者，吾善之；不善者，吾亦善之”更准确的表达和赞美，“善”的含义更丰富、更饱满。

真善，不是你善我就善，你恶就我恶，那样的善不算真善。同样，真信，不是你讲信用我才讲信用，你不讲信用我也不讲信用，那不是真信。所以德善和德信字面意思可以理解为有德的善良、有德的信用；真善并不能准确表达德善的内涵，真信也不能准确表达德信的内涵。之所以翻译成真善、真信，是为了更符合现代语言习惯，让读者更容易理解，仅此。

【观点】

私心的含义很广泛，圣人也要吃喝休息，这算不算私心？本章并不是说圣人完全没有私心，而是说圣人谋事处事是从别人的角度出发，而不是围绕自己。比如真善的问题，如果从自己的角度考虑，你对我不善，我为什么要对你善？这也符合老子“报怨以德，安可以为善”的思想。但是圣人并不这样想，而是从对方的角度考虑，对方与我不善，也许是有其他原因，比如不了解我、不了解事实的真相、受人胁迫等，所以你不善待我，我也善待你。圣人这样“无心”，用自己的道感化百姓，日久天长，百姓也能回到婴孩般的纯朴状态。从另一个角度看，这种境界能起到表率作用，发挥榜样的力量。

本章老子要阐明的是德善和德信，认为只有德善和德信才能真正感化别人，从而使别人追随，达到“美行可以加人”的目的。

第五十章

【原文】出生入死。生之徒，十有三；死之徒，十有三；人之生，动之于死地，亦十有三。夫何故？以其生生之厚。盖闻善摄生者，陆行不遇兕①虎，入军不被甲兵。兕无所投其角，虎无所用其爪，兵无所容其刃。夫何故？以其无死地焉。

注：①兕，sì，古书上所说的雌犀牛。

〖译文〗出世为生，入地为死。能够正常活着，达到长寿的占十分之三；短命而亡的占十分之三；本来可以正常活着，但因自己的不当行为招致死亡的也占十分之三。为什么会有这些情况发生呢？这是其为了活而求生过度造成的。据说善于保持生命的人，在陆上走不会遇到犀牛和猛虎，当兵不会被安排去冲锋陷阵。犀牛找不到刺角的地方，老虎找不到下爪的地方，武器找不到用武之地。什么原因呢？因为他没有进入死地。

【解析】

本章描述“善摄生者”的两种情形，并不是说“善摄生者”不会被老虎、武器伤害，也不是说犀牛找不到刺角的地方、老虎找不到下爪的地方、武器找不到用武之地，而是说“善摄生者”不会到有犀牛、老虎出没的地方行走，也不会被安排去冲锋陷阵，这样就不会遭遇相应的危险。从另一个角度看，犀牛、老虎、武器之类也就不能实施危害了。“摄生”翻译成“保持生命”也许更准确。

“以其生生之厚”，因为他们为了生而过度地求生，这样就使生命进入了非正常的状态中，也相当于进入了险地。所以，“以其生生之厚”也是造成短命的重要原因。换言之，无论怎样，长寿之人不会去做会危及生命的事，这是长寿的必要条件。

【观点】

善待生命，按规律生活，才会平安一生。老子通过观察，发现了人死亡的三种主要情况，得出结论——六成短命，而短命者中有一半是自己的不当行为造成的，其原因是过于爱惜生命。这个结论是否正确？本来生活好一点，吃穿不愁，寿命应该长一些，老子怎么就得出了相反的结论呢？老子在写《道德经》时已经是 86 岁的老者了，不用说在当时，即使在今天也算是很长寿了。所以，老子自然看到了那些生活条件优越的王公贵族反而短命的事实。再看看当下，虽然物质条件很好，人的自然寿命也增加了不少，但是有很多富贵病，比如“三高”、肥胖症等。还有的人专去干那些危险的事，如徒手攀爬峭壁和高楼、做极限运动、飙车等，不都是有可能伤及性命的不当行为吗？老子对于生命的认识如此深刻且超前，真令人钦佩！

本章老子阐明的观点是：要长寿，就要敬畏生命，按规律生活。

第五十一章

【原文】道生之，德畜之，物形之，势成之。是以万物莫不尊道而贵德。道之尊，德之贵，夫莫之命而常自然。故道生之，德畜之，长之育之，亭之毒之，养之覆之。生而不有，为而不恃，长而不宰，是谓玄德。

〖**译文 1**〗道生成万物，德养育万物，物形区分万物，顺势成就万物。故此，万物没有不尊重道而且珍贵德的。道被遵守了，德被珍贵了，这样就没有什么生命不会不保持长久自然了。因而，道产生万物，德涵养万物，按照生长规律生长的加以培养，停止生长的加以剔除，养育万物保护万物。促成事物的发生但不据为己有，保障事物的进展但不自持有功，事物健康发育时不进行干涉，这叫作深藏不露的高尚品德。

〖**译文 2**〗万物因道而生成，因德而存活，因形而区分，因（顺）势而长成。故此，万物没有不尊重道而且珍贵德的。道被遵守了，德被珍贵了，这样就没有什么生命不会不保持长久自然了。因而，道生成万物，德涵养万物，按照生长规律生长的加以培养，停止生长的予以剔除，养育万物保护万物。促成事物的发生但不据为己有，保障事物的进展但不自持有功，事物健康发育时不进行干涉，这叫作深藏不露的高尚品德。

【解析】

本章给出了两种译法，其区别主要在前四句“道生之，德畜之，物形之，势成之”。

译文 1 前四句的翻译体现了“道、德、物、势”的主动和主导地位，意思是世间万物是因为“道、德、物、势”而产生、成活、成形和达到目标，万物是被动的。但我认为这不符合老子的思想，与整章的意思也不太吻合，尤其第四句。第四句老子要讲的是万物顺应“势”才能达到目标和结果，类似顺应时势而成为英雄，不是说“势”能促成事物达到结果，即不是时势造就英雄。

译文 2 前四句的译法使得万物处于主动地位，意思是万物只有顺应了道才能生成，只有符合德才能存活，只有长有不同的外形才能彼此区分，只有顺应趋势才能达到各种目标，进而有结果。

因此，我认为译文 2 更符合本章老子要表达的思想，因此以下以译文 2 进行解析。

本章讲了三件事：一是世间万物从产生到结果的过程和原因，以及万物为什么尊道贵德；二是如何对待万物从产生到结果的过程；三是对待万物最好的行为是玄德。这三件事彼此有内在逻辑关系，而且层层递进。

第一件事：“道生之，德畜之，物形之，势成之”，清楚地表达了世间万物为什么能来到这个世界，是因为符合“道”；来到这个世界之后怎么才能确保存活在这个世界，是因为有“德”；万物通过什么来区分彼此，是因为外形与众不同；万物怎么做才能成才，进而达到自己的目标，只有顺势，即符合“道”或规律。

为什么万物因“道”而生成？因为任何物的生成都要符合“道”，否则就不会产生。比如一粒种子要生根发芽，那这粒种子就必须是健康的种子，健康就是符合“道”的；再比如一架飞机要在天空安全飞行，那它的所有配件都必须是符合质量标准的，符合质量标准就是符合“道”。

为什么万物因“德”而存活？因为如果没有“德”，就不会被这个世界所容纳。如果一个物种因为自己的存活而让别的物种不能存活，那最后它也无法存活。比如有一种叫紫藤的植物，会攀爬在别的植物上汲取养分养活自己，后来把攀附物压倒死亡，最后紫藤自己也枯萎而死；有的细菌与其他生命共生共存，而有的细菌则导致其宿主生病，甚至死亡，这就是没有“德”的生命，必然会遭到围追堵截。

为什么万物因“形”而区分？世界上没有完全一样的两片树叶，说的就是这个意思。如果物不能区分，其后果是非常严重的！比如无法分别彼此，就会产生所谓的“同类”相残的命运和结果。

为什么万物顺“势”而长成？一个事物要达到最后的目标和结果，必须顺势，也就是遵照事物的发展趋势。比如一般的植物只有在春天发芽开花，才能在秋天获得果子；如果这些植物不按照自己的生长规律，在秋天开花，必然不会在来年有所收获。

因此，“物形之，势成之”的意思是：万物因外形不同得以区分，因为顺势而作最终获得成功。

这就是一个生命生成、存活、区别和成功的全部奥秘！

这里的“万物”主要是指具有“生命”的万物，包括人类。

老子这段文字可以说是一气呵成，气势恢宏，揭示了天下万物自然循环的规律，也道出了人生哲理。

正因为此，“万物莫不尊道而贵德”，因为只有“道之尊，德之贵”，才能“莫之命而常自然”。

第二件事：如何对待万物，自然是指人类如何处理与人类自身生存息息相关的其他生命、人与人之间、强者与弱者之间的关系。有的学者把“道生之，德畜之，长之育之，亭之毒之，养之覆之”中的“德”去掉，变成“道生之畜之，长之育之，亭之毒之，养之覆之”，原因是把“道”当主语，理解成“道”对万物“长之育之，亭之毒之，养之覆之”。这么理解是不正确的，因为“道”只负责“生”万物，而万物的结果是由万物自身决定的，万物若能“有德”“顺势”，就能够获得成功，“道”本身对万物的结果没有希望、没有责任、没有义务，所以，“道”不会对万物“畜之，长之育之，亭之毒之，养之覆之”。那么，谁会这样呢？当然是人类。人类对万物的结果有希望、有要求，所以就要“畜之，长之育之，亭之毒之，养之覆之”。本句老子要表达的意思是：万物虽然因为“道”而产生了，因为“德”而能够存活下来，也未必就能达到人类所需要的结果。比如一片苹果树林，从种子发芽到长成树木都符合“道”、符合“德”，但之后有的树结果了，而有的总是不结果，有的甚至受到病害，对这些不结果和得病的树木，人类需要进行治疗，治不好的就会剔除掉；对于人类社会也是一样，一些人来到这个世界上，犯了错，人类对他进行教育；教育不好的，甚至有的犯了罪，就通过法律的手段除掉。以上就是“亭之毒之”的含义。同样，结苹果的，人类就格外培养；人类社会中那些有能力、品行好的人，人类也会格外地培养他。这就是“长之育之”的含义。

这第二件事实际是老子告知人们万物诞生之后，人们对待万物的态度和方法。

第三件事：人类行为的最高标准——“玄德”。“玄德”是指“道”还是指“人”呢？即“生而不有，为而不恃，长而不宰”，是指“道”还是指“人”？如果是指“道”本身，那么就没有必要用“德”来赞美

“道”，因为“道”本身就是高于“德”的，用“生而不有，为而不恃，长而不宰”这种评价人的标准赞美“道”，称“道”有“玄德”是对“道的品格”的降低，所以，这里只能是指“人”。但能做到“玄德”的，现实社会中只有“有道之人”。而文字却没有指出是“有道之人”，老子是希望人，尤其统治者能够做到有“玄德”。这样理解之后，“生而不有”就不能理解为生成万物，而应是促使事物的发生。

【观点】

本章是《道德经》最富哲理、最精彩的章节之一，用简短的12个字，完成了对生命从生到死的全部历程的精彩描述，对生命过程理解得深刻而到位，昭示人类要尊道贵德。还指出统治者要修炼好的德性，做到无为而为，使老百姓按照自然规律生活。社会稳定，百姓健康快乐，并不是统治者的功劳，统治者不能以此炫耀、居功自傲。达到了这种境界，才是真正拥有了高尚品德。

本章老子强调尊道贵德的重要性，希望人类有能达到“玄德”的自觉和境界。

第五十二章

【原文】天下有始，以为天下母。既得其母，以知其子；既知其子，复守其母，没身不殆。塞其兑，闭其门，终身不勤。开其兑，济其事，终身不救。见小曰明，守柔曰强。用其光，复归其明，无遗身殃，是为袭常。

〖**译文**〗天下万物都有开始的源头，这个源头可以称为“母体”。既然知道万物的母体，就能认识万物；既然认识了万物，又遵循万物的根本，那么终身都不会有危险。塞住他欲念的孔穴，关闭他欲念实现的通道，终生不会有烦扰之事。打开了他欲念的感官，成就他世间的庶事，终身都不可救治。能看见细微，叫作明；能坚守柔弱，叫作强。用智慧的光芒照亮内心，使其达到能见细微的明，不给自身留下遗患，这是亘

古不变的道理。

【解析】

本章主要讲人们认识事物的方法及如何加强个人修养。从怎样认识事物说起，探讨产生欲念的原因和克服的措施，提出保持清静寡欲的方法。

“天下有始，以为天下母”，“天下”实际是指天地之间的万事万物，也就是说天地之间的万事万物都有自己的开始，而每一个开始都可看成是之后事物的母体。结合第一章“无名天地之始”，“无名”也是天地之母，而万物是从天地之后才有的，所以“天地是万物之母”，这样，“无名万物之始”从逻辑上就说不通了。

“天下有始，以为天下母。既得其母，以知其子；既知其子，复守其母，没身不殆”，这一段话告诉我们：知道万物是怎么发生的，才能知道万物怎么发展及结果如何；反过来，要确保事物发展的结果，就要遵循事物最初发生的规律。由此推导出，人要确保一生平安无事，就要找到引起问题的根源，采取相应的防范措施。对于个人而言，那就是内外兼修。

“塞其兑，闭其门”，是指控制住一个人内心的欲望和引起内心欲望的外部通道。欲念由心而生，但如果没有外部环境也难以实现，外部环境是实现内心欲念的重要因素。只有坚持内心清净无欲，又不被环境因素所诱惑，才能保证一生平安 。“开其兑，济其事”，也就是放纵内心的欲念，开放外界引起欲念的环境和通道。可见，修身要内外兼修。

第五十六章也有“塞其兑，闭其门；挫其锐，解其纷；和其光，同其尘，是谓玄同”，两处“塞其兑，闭其门”的意思一致，都是讲内外兼修。但其在本章是指所有人，在第五十六章专指智者。

【观点】

无欲则刚，纵欲是万恶之源。了解事物的起源，掌握发展规律，按照规律行事；清心寡欲，不会招致祸患。个人要做到内无欲念，外无实现欲念的通道。用今天的话讲，就是加强道德修养，树立正确的世界观、价值观和人生观，其次是要远离诱惑，不给私欲滋生的土壤和环境。

万事都有因果关系，要从结果分析问题发生的根源，从而找到解决问题的办法。

第五十三章

【**原文**】使我介然有知，行于大道，唯施是畏。大道甚夷，而人好径。朝甚除，田甚芜，仓甚虚，服文采，带利剑，厌饮食，财货有余，是谓盗竽。非道也哉！

〖**译文**〗即使我坚信自己有所认知，在大道上行走，还是害怕走上了邪路。大道虽然平坦，但有的人就是喜欢走捷径。朝纲都已废除，田地百般荒芜，仓库十分空虚，还穿着华丽的服饰，腰带佩剑，美食吃到不想吃，私人财富多而有余，这就是个强盗。多么无道啊！

【**解析**】

“介然”，形容坚定执着的样子。

“大道”，本意是用于通行的宽广的道路；“径”，本意是小道、斜道。老子在这里指的是思想意识或行为上的“大道”和“邪道”。

“而人好径”，“人”指现实中所有的人，联系上下文，此处专指人君或统治者。相比通行本中的“而民好径”，其指向性更明确、更强烈。

“走捷径”是人的共性，人主观上都喜欢这么做。这里主要是指客观上，虽然自己对事物有正确的认知和判断，还是怕不自觉地走错了方向。主观上没有走邪路的想法都可能走上邪路，更何况行动上不加约束、不加限制呢？

因此，本章是用现实中的现象来比喻统治者治国：即使是主观上想治理好国家，客观上也可能犯错，更何况主观上就想走捷径，能不犯错吗？

本章很有画面感，一个身穿华服、腰佩宝剑、终日美羹佳肴、骄奢淫逸、专横跋扈、耀武扬威的强盗跃然纸上。

【观点】

朝政腐败，民不聊生，君主还耀武扬威，骄奢淫逸，无异于强盗，是在走邪路，岂有不亡国之理！改朝换代是迟早的事。

同理，如果这样的事发生在一个企业，其结果就是企业倒闭；发生在一个家庭，家庭就会走向败落甚至解体。

本章老子表达了对朝政的不满，痛斥他们的行为就是强盗行为。

第五十四章

【原文】善建者不拔，善抱者不脱，子孙以祭祀不辍。修之于身，其德乃真；修之于家，其德有余；修之于乡，其德乃长；修之于邦，其德乃丰；修之于天下，其德乃普。故以身观身，以家观家，以乡观乡，以邦观邦，以天下观天下。吾何以知天下之然哉？以此。

〖译文〗善于创业的不会半途而废，善于守成的不会随意放弃，子孙学习创业者和守成者就会生生不息。把这个道理用于自我修身，其个人的品德就会纯真；用于修家，说明他的德还有盈余；用于修乡，他的德会保持长久；用于修邦，他的德就达到丰硕；用于修天下，他的德就能普度众生。所以，以自身观察他身，以自家观察他家，以自乡观察他乡，以自邦观察他邦，以此天下观察彼天下。我怎么能够知道天下会是如此呢？就是采用了这样的方法。

【解析】

本章主要讲如何修身及判断修身的效果。提出要向创业者和守成者学习，以修炼自身；通过与“他”比较，来看自己修炼的效果和达到的境界。

“善建者不拔，善抱者不脱”，“建”有建设、建筑、成立、创立等意思，结合上下文，“建者”是指创业的人。善于创业的人，都有一种坚韧不拔的精神，能坚持到底而不半途而废。

“抱”，指用手臂围住，也就是抱住已有的东西。联系前文，创业者创下了事业，后来者就要守住这份事业，所以抱住的就是创业者创下的事业。“不脱”就是不放弃。子孙后代经常用祭祀的方式不断强化创业者和守业者的这种“不拔”“不脱”的精神，就能把事业不断地传承下去。

“以此”的“此”是指“以身观身，以家观家，以乡观乡，以邦观邦，以天下观天下”这些观察世界和事物的方法。

【观点】

加强自身修养，能保持事业代代相传，生生不息；要善于对比，向他人学习，提高自身的修养。老子用创业者和守成者的成功经验，告诫子孙保持长久不衰的奥秘。如果能把创业者和守成者的经验用于加强自身的修养，就会不断提高自己的德性，同时也会带动身边人乃至天下修养德性。

例如有些企业能传承百年，甚至几百年，而有的企业一二十年就开始衰败，有些家族很少能富过三代，主要原因是子孙后代没有传承“善建者不拔，善抱者不脱”的精神。

本章老子指出了保持事业千秋万代、长久不衰的方法，暗示人们和统治者要不忘创业者和守成者的这些精神。

第五十五章

【原文】含德之厚，比于赤子。蜂虿[①]虺[②]蛇不螫，猛兽不据，攫[③]鸟不搏。骨弱筋柔而握固，未知牝牡之合而朘作，精之至也。终日号而不嗄，和之至也。知和曰常，知常曰明，益生曰祥，心使气曰强。物壮则老，谓之不道，不道早已。

注：①虿，chài，蝎子一类的毒虫。②虺，huǐ，一种毒蛇。③攫，jué，抓取。

〖**直译**〗德性涵养深厚的人，就好比初生的婴孩。毒虫不螫他，猛兽不伤害他，凶恶的鸟不搏击他。他的筋骨柔弱，但拳头却可以握得紧

紧的。他虽然不知道男女交合之事而小生殖器却能勃然举起，这是精气至此的缘故。他终日哭号不断，但嗓子却不会沙哑，是和气至此的结果。知道和叫作常识，知道常识叫作明白，善于养生能够保持安详，心浮气躁易于逞强。事物过于强壮就会衰老，这叫不合于道，不符合道就会提早死亡。

【解析】

本章主要讲个人修养。当个人修养达到一定境界，就能与自然和人类自身和谐共处，并保持长久。

“含德之厚，比于赤子。蜂虿虺蛇不螫，攫鸟猛兽不搏”。在我们的认知中，“蜂虿虺蛇”“攫鸟猛兽”都是一些危险的生物，会对人类构成危险和伤害，现实也是如此。我们对于这些危险的生物应该敬而远之，更何况是脆弱的婴孩呢，难道老子不知道这个事实吗？当然不是，老子知道的更深刻：

首先，在自然界，如果不是生物链上被当作食物的时候，没有哪个生命会被攻击。

其二，当一个生命不被攻击或自身不会受到生命安全威胁时，也不会主动去攻击别的生命（获取食物例外），从而自身也不会遭到反击。

其三，最初的生命都会得到父母最周全的保护，没有什么可以攻击他。

婴孩不会攻击别的生命，不会威胁到其他生命的安全，自身也就不会遭到攻击。第五十章“善摄生者，陆行不遇兕虎”和此处要表达的意思是一样的。同时我们还应当看到，老子举出的“蜂虿虺蛇”“攫鸟猛兽”这些生物都是一些相对较大的危险生物，通常婴孩不会进入这些生物的领地，当然不会受到这些生物的攻击和伤害。老子以此来形容“含德之厚”不伤害他人。

因为“赤子”纯真且不威胁其他，所以也就不被其他所害。所以，老子用“赤子”来比喻厚德之人，因为厚德之人就是那些品格好、利他不为己的人，他们的这些品格就像“赤子”那样，纯真而不害人。

“骨弱筋柔而握固，未知牝牡之合而朘作，精之至也”对“赤子”的描述也是客观事实，是一种自然的状态，用“赤子”这些合乎自然的现象来比喻厚德之人的言行符合自然，符合“道”。符合“道”也可以实现“蜂虿虺蛇不螫，攫鸟猛兽不搏”。

“和”有平和、和缓，和谐、和睦等意思。“和之至也”，表示一种平和之气导致的结果，可以引申为一种自然的状态。

“常”有一般、普通、平常，不变的，固定的，时常，常常、常态等意思。“知和曰常”，即知道“和”是自然的、常规不变的，即常理，就能够做出明智的选择。所以“知和曰常”的“常”既有常规、常态、常识的意思，又有长久、不变的意思。“知常曰明”的“常”则主要是常识、常态、常规的意思。

“益生曰祥，心使气曰强”，其中“益生曰祥”一般有两种解释：一是从正向看，善于养生能够保持安详；二是从反向看，人为增加生命叫作不详（凶灾）。两句连着看，前面正着说，后面反着说，也符合逻辑；两句都反着说也说得通。按照第二种解释，这两句的意思是：用一些额外的办法使生命更好，从而达到延长寿命，这种行为是不详的，可能起到相反的效果，比如古代所谓的长生不老药、仙丹等；心气很高但能力又达不到，还非要去做就叫逞强。“心使气”类似于心有余而力不足，却要强行而为。结合后面的“物壮则老，谓之不道，不道早已”，第二种解释更好一些。

“物壮则老，谓之不道，不道早已”，本来“物壮则老”是自然的规律和常识，为什么老子说此为“不道”，而且会“不道早已”？其实，这里的“物壮”是指不正常状态的“物壮”，尤指人世间那些为了一定目的而及早达到“物壮”的情况，这种“物壮”属于“不道”，则会“不道早已”。

〖**意译**〗德性涵养深厚的人，就好比初生的婴孩。毒虫不螫他，猛兽不伤害他，凶恶的鸟不搏击他。他的筋骨柔弱，但拳头却可以握得紧紧

的。他虽然不知道男女交合之事但小生殖器却能勃然举起，这是精气至此的缘故。他终日哭号不停，但嗓子却不会沙哑，是因为婴孩哭泣是一种自然的状态。知道什么是自然的状态叫作常识，知道什么是常识就可以做出明智的选择。盲目养生增寿叫作不祥，随心而为气力所不及叫作逞强。事物过于强壮就会衰老，这就叫作不合于道，不符合道就会提早死亡。

【观点】

本章继续谈个人修养问题，认为修养达到一定境界，就能不受外界侵害；修养的极高境界就是像“赤子”一样，保持纯真，顺应自然，隐含了人与自然和谐共处的思想理念。

本章老子强调“有德”的重要性，因为“有德”就是“守道”，“守道”就是合乎自然，合乎自然就能保持长久。

第五十六章

【原文】知者不言，言者不知。塞其兑，闭其门；挫其锐，解其纷；和其光，同其尘，是谓玄同。故不可得而亲，不可得而疏；不可得而利，不可得而害；不可得而贵，不可得而贱；故为天下贵。

〖**直译**〗真有知识的人不轻言，轻言的人不是有真知的人。塞住自己欲言的孔穴，关闭实现自己欲言的门径；除去自身浮躁的锐气，消除自身与他人的纷争；发扬共同的优点，像尘一样相融，这叫作妙不可言的大同。因此，不因得到与人为亲，不因得到而与人疏远；不因得到而有利于人的想法，不因得到而有害于人的想法；不因得到而尊重他人，不因得到而轻视别人；所以能得到天下人的尊重。

【解析】

这一章仍然是谈个人的修养，但主要是指那些有知识的人。本章讲了三个方面：一是怎样做一个“知者”；二是怎样与人相处；三是怎样做到客观对待别人，即不因别人对你的态度而改变你对别人的态度。

“知者不言”，不是说有知识的人不说话或不多说话，而是不轻易发表言论或不言过其实，即不说自己不知道的，或不说自己做不到的，也就是不轻言、不妄言。有句俗语叫“祸从口出”，意思是一个人说话多了，无论正确的还是错误的，中听的还是不中听的，都会给听者带来不适，会招来祸患。所以，不轻易发表各种议论和意见，坚持提高自己的修养，是受到人们尊敬的重要条件之一。

“知者”在这里指有知识的人，泛指有知识的群体或阶层。老子为这样一个群体的修养提出了方法和标准。

为什么专指这群人呢？从《道德经》看，“圣人”是完美之人，会自我约束，无须这样的指点；“道者”是尊道守道的人，其品行与人格仅次于“圣人”，无须在个人修养上加以特别的指点；“士者”，“微妙玄通”，非一般人能达到或理解，所以也是不需要外人指点的；占社会绝大多数的百姓不是《道德经》要教育的对象，所以只剩“知者”这样一个群体，他们代表一个社会阶层，在社会管理和上层统治中起着重要的承上启下作用，他们的道德水准对社会进步有重要影响，而他们在知识、智慧方面又达不到“圣人”“道者”“士者”的水准，所以老子特别给他们指出了个人修养的目标和方法。

“知者不言，言者不知”，有学者译为知道的人不说话，说话的人不知道。这样一来，“知道的人”品质就有问题了，知道了为什么不说？同时，想说话的人也就不敢说话了，因为只要说话就是不知道，这显然不符合现实，也不符合情理。

“塞其兑，闭其门”，是对“言者”而说的。“塞其兑”是指体内，自身，“闭其门”是指体外，外界。这句话是指有知识的人在提高自我修养时要做到内因和外因同时控制，不让外因影响内因，也不要让内因冲破外部。其实这就是矛盾的两个方面：内因是根本，外因是条件；内因通过外因而发生改变，外因通过内因而发生作用。内外兼修才能达到修身养性的目标。

“挫其锐，解其纷”同样是讲内外两个方面，“挫其锐”是指自身，

“解其纷”是指自身与他人。

“和其光，同其尘”，光有赤橙黄绿青蓝紫七种颜色，但平时我们是分辨不出的（只有在特殊情况下，比如雨后出彩虹时七种颜色混合到一块），各种颜色不分彼此，都显示一种颜色，这就是融合的最高境界；空气中有尘埃，但我们无法分别尘埃和空气，感觉不到尘埃的存在，我们知道“有”，但感觉好像“无”，这就是尘与空气的关系——似有若无。在此，老子用“光”和“尘”来形容人世间相处关系的两种境界。

“玄同”，指在不经意间达到了一致，这种“同”不是刻意而为，也不是外力导致的“同”，更不是表面上的“同”。所以“玄同”就是一种你中有我、我中有你的水乳交融，就是尘与空气融合的那种“同”。

这种你中有我、我中有你的关系，就叫作“玄”，但不是“玄奥”，而是无法分清彼此，所以，老子把这种关系叫作“玄同”，形容人与人之间亲密无间。同样，把知识恰如其分地化为行动叫作“玄通”（第十五章）；把不被人们觉察、知晓的“德”叫作“玄德”（第十章、五十一章、六十五章）。

“不可得而亲，不可得而疏”，意为不因为得到了什么而亲近给予的人，不因为得到了什么就疏远那些没有给予的人。这句话还可有更广泛的含义：比如对于物，不要因为你得到了，就说这个物好，没有得到就说它不好；对于事，不要因为这件事对你有利，你就说它好，对你没利，就说它不好；对于人，不要因为他对你好，就说他好，他对你不好，就说他不好；对于人的行为，不要因为一个人帮助了你或给了你什么，你就说他好，没有帮你或没有给你什么，你就说他不好；等等。

之后的两句也可以这样理解。

就整章而言，有知识的人，只要做到不轻言、不妄言，加强自身的修养，通过“塞其兑，闭其门；挫其锐，解其纷”达到“和其光，同其尘”的境界，自己的德行就提高到不因为得与否而产生亲疏之感、利害之想、贵贱之分的境界。

这一章也很有画面感：真正有知识的人，平时从不外出招摇撞骗、夸夸其谈，无事在家修身养性，不思、不想、不见能引起欲望的东西和事物；养成沉稳、遇事不急的性格，保持和气安静的状态，不去与人们发生各种纷争；接受每个人的优点，跟大家和谐相处，达到一种妙不可言的趋同境界。为人处世，从不因为得到与否而有亲疏、利害和贵贱之分别，所以世人都会很尊敬这样的知者。

〖**意译**〗真正有知识的人不轻言，轻言的人不是真正有知识的人。塞住自己内心言语欲望的孔穴，堵住产生言语的外部通道；除去自身浮躁的锐气，消除与他人之间的纷争；与人交往像光一样均匀和谐、不分彼此，能达到尘埃浮于空气那样似有若无的状态，这叫作妙不可言、水乳交融的和谐共处。因此，不因得到与否而有亲疏之感；不因得到与否而有利害之想；不因得到与否而产生贵贱之别；所以真正有知识的人能得到天下人的尊重。

【观点】

本章继续谈个人修养问题，沉默是金。善言也是被好表现的欲望驱使的结果。所以，能够收敛自己的言语欲望，才是最高境界，也会获得众人的尊重。

知者类似今天的知识分子这一群体，这个群体的修养和道德水准对社会的影响是很大的，需要给予高度关注和重视。

本章老子论述知者如何做到内心与行为相一致，即知行合一。

第五十七章

【原文】以正治国，以奇用兵，以无事取天下。吾何以知其然哉？以此：天下多忌讳，而民弥贫；人多利器，国家滋昏；人多伎巧，奇物滋起；法令滋彰，盗贼多有。故圣人云：我无为而民自化，我好静而民自正，我无事而民自富，我无欲而民自朴。

〖**译文**〗治国要走正道，战争要出奇制胜，保全天下是要天下无事。我为什么知道应该是这样的呢？事实证明，天下的禁忌越多，老百姓就越会贫穷；多数人有利器，国家就越会陷入混乱；人们都讲究技巧，各种奇怪的事情和物品就会不断出现；法令越详明，说明盗贼也多。所以圣人有这样的说法：我什么都不做，人民反而会自然自我净化；我保持安静，人民就会自我取正；我不无事找事，人民就会自行富足；我不想这想那，人民就会自然纯朴。

【解析】

本章老子给统治者提出了治国安民的方法：以正治国，以奇用兵，以无事取天下。

“以正治国”是从整体来说国家治理的方法，即用正确的方法而不是歪门邪道。什么是正确的方法？那就是符合“道”，符合客观规律的方法。具体到某一国家而言，要用适合本国实际情况的政策来治理。比如建设中国特色社会主义，就不能套用西方资本主义模式。

“以奇用兵”是从战争层面讲治理国家，意思是在遇到战争这种不得已而为之的事情时，要做到出奇制胜，这是策略。

“以无事取天下”则是从保持国家长治久安的层面来说的，意思是要想保持国家长治久安，就不要制造各种事端让老百姓无所适从。

所以，“以正治国，以奇用兵，以无事取天下”的本意是用正确的方法治理国家，用出其不意的策略战胜敌人，用不滋扰百姓的政策安定天下。这三句话从三个方面说明国家行政管理、军事保障、社会稳定需要遵循的一般原则。

“天下多忌讳，而民弥贫；人多利器，国家滋昏；人多伎巧，奇物滋起；法令滋彰，盗贼多有”，是从反面来阐明“以正治国，以奇用兵，以无事取天下”的核心要义，这是老子仔细观察社会得出的结论。

“我无为而民自化，我好静而民自正，我无事而民自富，我无欲而民自朴”，这是借圣人之言进一步阐明“以正治国，以奇用兵，以无事取天下”的核心要义。

反面和正面里都包含了“以正治国，以奇用兵，以无事取天下”实施的方针政策。

【观点】

本章主要是谈治国理政，认为国家法律法规越多，说明社会的问题越多，这是符合客观事实的。例如有些国家的法律允许个人持有枪支，初衷是个人自卫，结果是无数无辜之人受到枪杀或伤害。所以圣人认为，统治者无事可做，才表明社会处在最良好的运行状态，是社会治理的最高境界。

本章老子通过讲治国理政来进一步强化“无为而治”的治国理念。

第五十八章

【原文】其政闷闷，其民淳淳；其政察察，其民缺缺。祸兮福之所倚，福兮祸之所伏。孰知其极？其无正。正复为奇，善复为妖。人之迷也，其日固久矣。是以圣人方而不割，廉而不刿①，直而不肆，光而不耀。

注：①刿，guì，刺伤。

〖直译〗国家政令少而简单，其民众就纯朴厚道；国家政令详细而分明，其民众就虚伪狡诈。祸呀，福分与它相伴；福呀，灾祸藏在其中。谁知道最后的结果呢？它没有一个定准吗？正又变为邪，善又变为恶。人们的迷惑，时日实在很久了。所以，圣人不因需要方正而去切割，不因锋利而去刺伤，不因率直而去放肆，不因光亮而刺眼。

【解析】

本章主要是讲事物的两面性及其相互转化，从而告诫人们，不论说话行事，还是看人看事物，不仅要关注当下，还要放眼将来；不要为眼前一时的景象所迷惑，好的要坚持，否则就会走向反面；不好的，不要一竿子插到底，将来有可能变成好的。

本章体现了“无为而治”的理念，如“其政闷闷，其民淳淳”，国家政令少而简单，其民众就纯朴厚道，这是治国的一个方面。但在这里，老子只是用这件事的结果来说明事物的相互转化。这样，理解本章就不难了。

“其政闷闷，其民淳淳；其政察察，其民缺缺”，“闷闷”，愚昧、浑噩的样子；郁闷不乐；不作声，闷声不响。“察察”，明辨，清楚。这两个词用于形容个人，意思很明确，如“众人察察，我独闷闷”，但用于形容国家政治政令是什么意思呢？联系下句，“察察”也就是什么事都明明白白，清清楚楚，反过来看，国家统治或政令“闷闷”，可以理解为统治者很少发布政令，即使偶有发布，也是简单且容易执行的，没有那么详细明了。国家的政令少而且不详细，一般认为这样不利于国家治理，不是件好事，而结果却是民众淳厚朴实；相反，国家政令多而且都写得清清楚楚，表面看起来是好事，其结果却造成了民众的狡诈和虚伪。因而，老子才得出“祸兮福之所倚，福兮祸之所伏”的结论。因此感叹：明明看着是正直的、善良的，怎么又变成了邪恶的？老百姓不明白，但老子认为这一切都是“变”的结果。所以告诫人们要慎终如始。

“其政察察，其民缺缺”也承袭了第五十七章“法令滋彰，盗贼多有”的思想。

“方而不割，廉而不刿，直而不肆，光而不耀”从四个方面反映了圣人的品格。“方而不割，廉而不刿”本来是讲物性，即要想得到方正的就必须切割，锋利的东西是用来刺伤对手的。用在这里，“方而不割”是比喻圣人不为了达到一定的目的而去强行作为，就像具体物件不方正时去切割以达到方正一样，切割会伤物，强行作为会伤人，所以圣人做事既讲原则又讲究灵活性。“廉而不刿”是指圣人拥有锋利的东西也不会用来刺伤人；“直而不肆，光而不耀”则是从性格方面来表现品格。

〖**意译**〗国家政令少而简单，其民众就纯朴厚道；国家政令详细而分明，其民众就虚伪狡诈。是祸吗？也许福分就伴随着它；是福吗？也许灾祸就藏在其中。谁知道最后的结果呢？它没有一个定准吗？正又变为邪，善又变为恶。人们对此种现象的迷惑，时日实在很久了。所以，圣人讲原则而不死板，是非分明而不伤人，率直而不放肆，光鲜而不炫耀。

【观点】

本章老子告诉统治者怎样治理国家和统治人民，讲福祸的辩证关系，阐明事物的可变性。所以，即便是圣人也要警惕，防止事物向不好的方面转化。虽然大家都知道物极必反，但不是人人都能把握必反的那个“极”。知道道理，把握过程是最重要的。

本章老子主要强调事物的两面性和相互转化，提醒人们得意之时不要忘形，失落之时不要灰心。

第五十九章

【原文】治人事天，莫若啬。夫唯啬，是谓早服。早服谓之重积德，重积德则无不克，无不克则莫知其极。莫知其极，可以有国。有国之母，可以长久。是谓根深固柢，长生久视之道。

〖译文〗管人治天下，没有什么比得上俭省的了。能够做到俭省，叫作预防。能够做到及早防范是重视积德，重视积德则可战无不胜，战无不胜则力量无法估量。无法估量则可以保全国家。有了国家这个母体，个人才能长久。这叫作强基固本，保持长盛不衰之道。

【解析】

这一章是讲治国理政的方法之一——“啬”。

“治人事天，莫若啬”，有的版本把“天”理解为“天道”，“事天”则为“事奉天道”，我认为不妥。首先“天道”是无须事奉的，因为“天道无亲”，你事奉与否，它都不会对你有偏倚，只有一种情况例外，那就是善，因为“天道无亲，常与善人”；其次，联系下文的“啬”，祭祀天的时候要求做到“啬”，好像不符合常理，似有不敬之意。所以，我更倾向于“治人”和“事天”是从微观和宏观两个方面来说统治者的统治行为。

“啬”，本意是把小麦收回到仓库，后作爱惜自己、节俭、小气，不挥霍浪费。无论是收粮入仓还是小气，都可以看作节俭和早做准备。所以“啬”这里不应理解为吝啬鬼，而是一种好的品质。所以，“治人事天，莫若啬”这句话还可以这样翻译：管人治天下，就是要“小气”，这样更加重了节俭的程度，并突出其重要性。

“早服”，是预防，防范不测之时。

“早服”与“重积德”的逻辑关系是什么呢？作为统治者，不能只顾眼下，还要想得长远。在风调雨顺、粮食丰收的时候，也要做到节俭，以备不时之需；在遇到灾害年景时，国家有余粮救济百姓，使百姓不至于挨饿，甚至饿死，难道这不是积德吗？

“有国之母，可以长久”，这句话与我们现在提倡的“有国才有家”有着相似的意义和作用。

“根深固柢”比喻人的修养像植物那样根深蒂固。怎样才能做到根深蒂固呢？在平和富足的时候要做到勤俭节约，才能在遇到不测时不慌不忙。能做到这样就是积累德，有了德才能战胜一切困难，国家才能保全。而国家保全了，自己也就长久了，对于国家而言就是做到了“根深固柢”。谁能做到这一点呢？显然只有统治者。可见，这里的个人修养上升到了统治者的修养，是对统治者树德的要求。

【观点】

本章既谈治国之道，又讲个人修养，告诉统治者从什么角度治理国家和统治人民成效最大。节约永远是一种美德，因为自然资源是有限的，浪费有限的资源，在哪个时代都是犯罪，挥霍和奢侈的行为都应该摒弃。

本章老子提醒统治者不要老想着花天酒地，要节约，做好储备。2020年新冠肺炎疫情突袭而至，许多家庭因没有足够的储备而无法应对，充分说明了这一点。

第六十章

【原文】治大国，若烹小鲜。以道莅天下，其鬼不神；非其鬼不神，其神不伤人；非其神不伤人，圣人亦不伤人。夫两不相伤，故德交归焉。

〖译文〗治理大的国家，要像煎烹小鱼那样小心翼翼。用道治理天下，鬼都不灵验了。不是因为鬼不灵验，而是鬼对人起不到作用。不仅鬼对人起不到作用，圣人也没有圣人的作用了。两者都不起作用，这样，德的作用就发挥出来了。

【解析】

本章老子讲的是治国的方法：一是要小心；二是要以“道”治国，最后归于以德治国。

用“烹小鲜”来比喻治大国要做到小心翼翼，这个可以理解，因为国大则人事多且杂，政策实施起来需要一个过程，要停下来也需要一个过程，就像一个质量大的物体由静止到运动需要克服惯性，由运动到静止也需要克服惯性一样，所以，一旦国策有变就难以控制和纠正。那么，为什么以“道”治国，鬼神和圣人都靠边站了呢？

在老子那个年代，信鬼神应该是一种常态，无论在民间还是在官方，一些拜神求鬼的活动经常发生，甚至将此作为治理国家的重要内容之一，比如官方定期举行祭祀天地的活动、拜神求鬼的仪式等。如果能用“道”来治理天下，这些仪式和方法就没有必要了。因此，“其神不伤人”应该理解为鬼神不再对人的思想行为产生影响，否则，就无法理解“圣人亦不伤人”这句话了。因为在《道德经》中，圣人被当作“神”一样的人来推崇，圣人是遵道有德的代表和化身，起着正面作用。所以要能做到用“道”治理天下，就不需要用鬼神和圣人来引领百姓了，德就会返璞归真，发挥其应有的作用。德政才是统治者治理天下的最高境界。

圣人为什么能伤人呢？其实，圣人的存在本身就是对普通人的伤害，因为普通人在圣人面前显得很卑微。老子希望的是人人平等的社会。所以，圣人治理天下也不是老子的终极追求。

“孔德之容，惟道是从”，德发挥作用，就是按“道”行事。

【观点】

从本章也可以看出，老子是不相信鬼神的，或者说，鬼神的存在，是因为没有认识“道”、遵循“道”，没有按“道”来治理天下。同时，虽然老子崇尚圣人治国，但这也是不得已而为之。社会真正到了海晏河清之时，也就不需要圣人了。

第六十一章

【原文】大邦者下流，天下之牝，天下之交也。牝常以静胜牡，以静为下。故大邦以下小邦，则取小邦；小邦以下大邦，则取大邦。故或下以取，或下而取。大邦不过欲兼畜人，小邦不过欲入事人。夫两者各得所欲，大者宜为下。

〖译文〗大一点的国家要像江河的下游，江河的下游处在百川交汇之后的位置，无声地汇聚了天下的河流，这种情形也像天下的雌性。天下的雌性通常是以静守的方式赢得好动的雄性，因为静达到了处下的态势。所以，大国谦让小国，就会取得小国的信任；小国礼让大国，就会得到大国的尊重。因此，要么以谦让得到信任，要么以礼让得到尊重。大国不可过分想要兼并统治小国，小国也不能过多介入大国的事务。大国与小国双方根据自已的需要（双方要得到各自需要的）建立关系，大的一方应做到礼下谦让。

【解析】

本章老子主要讲国与国之间的关系：大国要有谦容小国的胸怀，小国要有礼让大国的肚量；国与国之间要相互尊重，不干涉别国内政；互利共赢，各得所需。

“大邦者下流，天下之牝，天下之交也”，江河的下游，不需要主动作为和争取，就能汇聚到上游百川河流的来水，因为下游所处的位置好，决定了其只需静静地等待就能赢得这一切。在繁衍后代的过程中，雌性不需要去主动争取雄性，而只需静静地等待合适的雄性到来，这也是因为雌性所处的“位置”——雌性是繁殖后代的载体，这是“天”赋予的，是“道”赋予的。这里“大邦者”是指大一点的国家，而不是指绝对的大国。春秋时代有许多诸侯国，诸侯国之间的关系错综复杂，大国兼并小国的事时有发生。所以，“大邦者”如果仅指那个时代的那个绝对大国，就不需要加一个“者”了。这也表明，老子在阐述国与国之间的关系时，也是讲一般的原则，而非特殊或特定的情况；如果是绝对的大国与小国的关系，恐怕就没有什么意义了。另外，加“者”的表现手法在《道德经》中还有很多，如“道者”“佳兵者”等。所以这里讲两国相处时，凡是大一点的国家都要遵循这样的原则：“大邦者下流，天下之牝，天下之交也”。

“牝常以静胜牡，以静为下”，这句话是对“大邦者”为什么是“天下之牝也”的解释。在自然界中，雄性动物为了获得交配权，它们之间要进行权力之争，而雌性此时什么都不用做；在鸟类之中，即使没有这样的战争，雄鸟也是极尽表演之能事以获取雌鸟的欢心，而雌鸟只需在旁边静静地观看。“牝常以静胜牡”表现的就是这样一个过程。所以这里的“胜”不是战胜的意思，而是赢得、获取的意思，因为雌雄此时的关系不是敌对关系，而是为了各自的需求。老子用雌雄繁殖后代来比喻大国与小国之间“两者各得所欲”的关系，极具哲理性，也非常恰当。之后用“以静为下”也是说明要获取对方的信任或尊重，就要保持“下”的策略。

“大邦以下小邦，则取小邦；小邦以下大邦，则取大邦”，这里的两个“以下”意思是不一样的。大对小的“下”应该是一种谦让的姿态；小对大的“下”应该是一种礼让的姿态。因为大对小时，大最容易骄横而使小产生警觉；小对大时，小最容易为了自尊而故意表现蛮横，使大不满。两个“取”的结果也是不同的：大要取的是小对大的信任；小要取的是大对小的尊重，这样，双方就各得所需了。

本章还讲了这样一个道理：你若是那个有吸引力的，无须争抢、无须强取豪夺，也会得到你想要的。

本章用河流的下游和雌性为下，说明怎样赢得自己想要的，这种“得”是一种被动的“得”。

“得”有两种方式，一是主动得到，二是被动得到。本章的“得”是被动的，是说只要你做好自己，就会得到，不需要主动去争取、取得。

【观点】

老子提倡睦邻友好，这也是中华民族的优秀传统，但当今的世界却偏不是这样。时至今日，大国干预小国内政的现实依然盛行；一些小国过多介入大国事务的情况也比比皆是。有些小国家与大国为邻，却偏偏与超级大国交好，与邻国为敌，增加了邻国之间的矛盾。中国有一句老话叫“远亲不如近邻”，上升到国与国的关系也是这样。如果大国没有欺凌小国的想法和行为，小国应避免与大国对抗，这样对各国都有好处。否则，平添不稳定因素，消耗的是人的情感和有限的资源。

本章老子主要阐述国与国的关系，其外交思想可圈可点。老子认为国与国的相处原则是：大国不能欺凌小国，谦让小国才能得到小国的信任；小国礼让大国才可得到大国的尊重，彼此和睦融洽相处。这个原则至今也是适用的。

由此展开，人类社会生活中，人和人之间、家庭和家庭之间、单位和单位之间，何处不需要遵循这样的原则呢？做最好的自己，会不争而胜。

第六十二章

【原文】道者，万物之奥，善人之宝，不善人之所保。美言可以市尊，美行可以加人。人之不善，何弃之有？故立天子，置三公，虽有拱璧以先驷马，不如坐进此道。古之所以贵此道者何？不曰：求以得，有罪以免邪？故为天下贵。

〖**直译**〗得道的人，了解万物的奥秘，善良的人把他当作宝，不善的人也要用他来保全自己。美的言辞让人愉悦（能获得人的尊重），美的行为让人跟随。不善良的人，有什么理由放弃他呢？因此，在天子即位、设置三公的时候，虽然有拱璧在先、驷马在后的重礼，不如把这样的道者进献给他们。古人所以尊重这样的得道之人，是何原因呢？不是说：求他，能够得到满足，有灾也可以避免吗？所以，道者受到天下人的尊重。

【解析】

本章讲道者能给人们带来各种好处，从不善之人到三公、天子都要尊重道者。

以往大家对本章的理解各不相同，有些混乱不清，主要问题在于对道者的理解不同。所以，有必要对道者做一个阐述。

本章的道者到底是指"道"本身，还是指得道的人呢？

首先，如果道者是指"道"本身，则完全可以用"道"字来表示，加一个"者"不能增加人们对本章的理解，反而会产生歧义，不符合老子的一贯风格。

其次，本章最后一句"故为天下贵"，贵的是什么？是指"道"，还是道者？如果贵的是"道"，那就说明当时的人们都已经重视"道"了，甚至连不善良的人都知道利用"道"来保全自己。那老子写《道德经》还有什么必要呢？天下人都尊贵"道"，再给别人讲"道"不是多此一举吗？

最后，"贵此道者"，"道"本身没有"此道"和"彼道"之分，只有得道的人才有彼此之分。

综上可见，道者应该是指得道的人，天下贵的应该是道者，即得道之人，而不是"道"本身。

"美言可以市尊，美行可以加人"，这两句是在比喻道者的作用。

美言市尊作为一个成语，意思是优美动听的话可以博取尊敬，是否也与老子这句话有关？

另外，大胆设想一下："市"是否为"示"的通音，或者"市"为

"示"的误读或错写,"人"是"入"的错写?这样,"美言可以市尊,美行可以加人"就是"美言可以示尊,美行可以加入",意思就更容易理解了。

"求以得,有罪以免邪?故为天下贵"。"罪",这里应该做灾难讲,灾难来自客观,来自外界,可以采取一些办法和措施予以避免;罪则来自内心,来自自我,犯罪在人类社会是不为法律所允许的,都会受到惩罚。"道"不应该也不可能有免罪的功能,是否免罪是人类社会的功能,由法律决定。

本章老子说古人如此尊重得道之人,也为老子在第七十章批评今人(老子那个时代)不认识、不尊重道者埋下了伏笔。

〖**意译**〗得道的人洞悉万物之奥秘,善良之人视他为宝,不善的人以他作保。得道的人好比:美的言辞让人愉悦,美的行为让人跟随。如此,人若有不善之想、不善之举时有什么理由不想起得道的人呢?所以,在天子即位、设置三公的时候,虽然有拱璧在先、驷马在后的重礼,不如倾听这样的道者坐而论道。古人如此尊重这样的得道之人,是何原因呢?不是说:求他,能够得到想要的、有灾免灾、有罪可以解脱吗?这就是得道之人受到天下人尊重的原因。

【观点】

本章整体而言,是在赞美道者,即得道之人的丰富知识及其所拥有的能力和作用,提倡人们尊重道者,实际上也就是尊重知识和知识分子。

第六十三章

【原文】为无为,事无事,味无味。大小多少,报怨以德。图难于其易,为大于其细。天下难事,必作于易;天下大事,必作于细。是以圣人终不为大,故能成其大。夫轻诺必寡信,多易必多难。是以圣人犹难之,故终无难矣。

〖译文〗想作为却没有什么可以为，想做事却没有什么事可以做，想品味又没有什么需要品味。大的可以由小而生成，多的可以由少而积成，以恩德报答仇怨。解决难题从简单的地方入手，做大事要从小事开始。天下的难事，必须从容易做的做起；天下大事，必须从细微的小事做起。因此，圣人从来不贪图大，反而成就了他的大。轻易许下诺言必定少有做到守信，总爱挑容易的做必定难事更多。所以圣人总是愿意去做难事，最后也就没有什么难事了。

【解析】

本章老子主要讲做事情要从小做起、从易开始，不要眼高手低。做事的方法是由易到难、由简到繁，因为难事由易事组成，大事由小事组成。这是对一般人的原则和要求，但圣人则不同，圣人主观上不追求大，行动上不拈轻怕重。

“为无为，事无事，味无味”，意思是按照“道”去看待社会和人生，就会发现世间是没有什么需要你去作为的，因而也就没有什么事好去做了，味道就是那个味道，你品与不品都一样，所以也就不需要去品了。这是人生的最高境界。

“天下难事，必作于易”，是说天下的难事由简单的事构成，所以从简单的事做起，难的事情到最后也就不难了，这是从做事的顺序上讲如何把难事做好，也是从微观角度讲如何做事。

“是以圣人犹难之，故终无难矣”，圣人做事情总是挑难的做，所以到最后就没有什么难事了。这是从做事的态度上讲如何做事，也可以说是从宏观上讲做事的方法，并可以引申为一个人的人生态度。

【观点】

做事不要好高骛远，从零开始，日积月累，终能成大事。这也是“遵道”的表现。看似简单的道理，未必人人都能体会到它的好处，想一口吃成个胖子，想一夜暴富的大有人在。就整个社会进程来看，一切的浮躁很大程度上由快速致富的心理所致。

本章老子论述了人生的境界：“为无为，事无事，味无味”。同时指出，做事要从小、从简单开始。

先说“天下难事，必作于易”，之后又说“圣人犹难之”，两者是否存在矛盾呢？当然不是。前半句是从解决具体事情，从微观上说明做事的方法或次序，也是从难事的构成角度来说明做事的原则。所以遇到难事要从容易做的入手，最后难事也就不成为难事了。后半句则是从做事的普遍性来说明做事的原则，更是说明对待困难的态度。如果遇到问题总是绕着走，最后剩下的就都是问题了。所以，“天下难事，必作于易”属于战术问题；“圣人犹难之”则是战略和态度问题。

第六十四章

【原文】其安易持，其未兆易谋。其脆易泮，其微易散。为之于未有，治之于未乱。合抱之木，生于毫末；九层之台，起于累土；千里之行，始于足下。为者败之，执者失之。是以圣人无为故无败，无执故无失。民之从事，常于几成而败之。慎终如始，则无败事。是以圣人欲不欲，不贵难得之货；学不学，复众人之所过，以辅万物之自然而不敢为。

〖**译文**〗时局安定时容易保持，事情未出现征兆时容易谋划。事物脆弱时容易消解，事物初期微弱时容易消散。做事要从没有的时候开始，治理要在未乱之前。合抱的大树，生于细微的萌芽；九层的高台，起于每一层夯土；千里远行，从脚下第一步开始。强行作为必定会失败，即使得到了也会失去。所以圣人不去作为也就不会有失败，没有执掌天下也就不会失去天下。人们做事，经常在快要成功的时候却失败了。始终谨慎如初，则就不会有失败的事情。因此，圣人有所欲有所不欲，不看重难得之物；有所学有所不学，复学众人曾犯过的错误。以这样的方式顺应万物的自然本性而不敢贸然作为。

【解析】

本章主要讲做事情要从点滴开始，做到始终如一，以及圣人“欲不欲”“学不学”的道理。

“其安易持，其未兆易谋。其脆易泮，其微易散。为之于未有，治之于未乱。合抱之木，生于毫末；九层之台，起于累土；千里之行，始于足下”。这一段话表达的意思与第一章“常无欲以观其妙；常有欲以观其徼”有些相近，只是侧重点不同：本章侧重于对事物，第一章侧重于对生命，都是指要从细微处加以重视。

“慎终如始”，是指慎重对待一直到最后，就像刚开始那样，而不是慎重对待结果像对待开始一样。

“圣人欲不欲，不贵难得之货”，此处圣人的“不欲”就是“不贵难得之货”，即不看重难得之物。但“不贵难得之货”只是“不欲”之一，而非全部。

“学不学，复众人之所过”，是说圣人有所学有所不学，此处的有所学就是“复众人之所过”，即复学众人曾犯过的错误。“复众人之所过”是为了不再犯众人曾经犯过的错误，即从教训中汲取经验。

【观点】

凡事要从小处做起，且要持之以恒，否则会功亏一篑。圣人之所以能成为圣人，就是坚持了常人没有坚持的方法和原则。怎样做到“为之于未有，治之于未乱”，那就要“常无欲以观其妙”，这就是“为无为之事”。在事情还没有发生的时候观察事物的微妙变化，在未乱之前采取措施加以治理。“为无为之事”就要做到“为之于未有，治之于未乱”，这需要智慧和能力，再加上责任与担当。

本章老子所说的“慎终如始，则无败事”值得谨记。

第六十五章

【原文】古之为道者，非以明民，将以愚之。民之难治，以其智多。故以智治国，国之贼；不以智治国，国之福。知此两者亦稽式。常知稽式，是谓玄德。玄德深矣，远矣，与物反矣，然后乃至大顺。

〖**译文**〗古代用道治理国家的人，并不是教导百姓聪明智巧，而是使

百姓醇厚朴实。百姓难以治理，是因为他们智巧太多。因此，用智巧治理国家，是国家的祸害；不用智巧治理国家，是国家的福分。知道此二者的利害，并制定检查考核的规矩。经常知道按规矩检查考核，这是深藏不露的德性，可称为“玄德”。玄德影响深、作用远，在实践中与具体事物反复相互作用，然后社会就会达到顺应自然发展，国富民强。

【解析】

本章提出了治国的理念和方法措施。治国的理念是“不以智治国”，方法措施是“稽式”。所谓“稽式”，就是检查考核的制度。因为检查考核能够保证制度的执行，只有制度得到认真执行，才能达到制定制度的目的。做此事的人，就是有“玄德”的人。

“古之为道者，非以明民，将以愚之”，此处的“道者”既不是指“道”本身，也不是指得道之人，而应与“为”连在一起构成一个词——“为道者”，指用“道”治理社会的人。如果把“为道者”理解为修道的人，那就只是一个专业的自然人，他不具备治理社会的条件，也就无从“非以明民，将以愚之”。本句表达的意思可能是曾经的事实，也可能是一种假定的理想情况。“将以愚之”的意思是让人们单纯朴实，而不是让人们愚笨。因为在那些所谓“聪明人”的眼中，淳朴老实就是愚笨。老子在这里用“愚”字代替淳朴老实，既是为了语句上的对称简洁，也是为了形象地表示淳朴老实的样子就像“愚木”。

“愚”，本意是性格孤僻，不谙熟人情世故。本指常年野居，很少和世人接触的人，他们不但消息闭塞，还养成了孤独的性格。

“知此两者亦稽式”，“稽”有停留、考核、计较、至等意思。“式”有物体外形的样子、特定的规格、典礼、有特定内容的仪式，自然科学中表明某些关系或规律的一组符号，一种语法范畴，表示说话者对所说事情的主观态度等意思。

“以智治国”和“不以智治国”，一害一利，仅知道不行，更重要的是要施行。怎么施行？那就要经常进行检查、考核，否则怎么知道是“以智治国”还是“不以智治国”呢！因此，“稽式”理解为考核更准确。

"知此两者亦稽式"，意为知道"以智治国"和"不以智治国"的害与利，并经常进行检查考核，是一种看不见的积德行为，是国家的福分，坚持下去，反复施行，就能达到天下大治。"玄德"是一种看不见、藏而不露的德性，其实就是第三十八章所讲的"上德"，因为"上德不德"。

本章"民之难治，以其智多"与第十九章"绝巧弃利，盗贼无有"、第五十七章"人多技巧，奇物滋起；法令滋彰，盗贼多有"等具有相通之处，反映了老子思想的一贯性。

【观点】

老子并非告知统治者要采用愚民政策来治理国家，而是提倡用淳朴的方式治理国家。"民之难治，以其智多"，当下社会中钻法律空子、伪造"合法"文件、网络诈骗等形为，哪个不是因为"智多"？所以，醇厚朴实是大智慧，智巧伪诈是小聪明，治理国家要用大智慧而非小聪明。

本章老子提倡的治理国家的方法是"不以智治国"；措施是"知此两者亦稽式"。检查考核的方法，老子在2500多年前就提出来了，今天我们仍在使用。

第六十六章

【原文】江海之所以能为百谷王者，以其善下之，故能为百谷王。是以欲上民，必以言下之；欲先民，必以身后之。是以圣人处上而民不重，处前而民不害。是以天下乐推而不厌。以其不争，故天下莫能与之争。

〖**译文**〗江海之所以成为百川汇流的地方，是因为它善于处在低下的位置，所以成为百川之王。因此要统治人民，必须用谦虚的语言表达对百姓的尊重；要领导人民，必须把自身放在百姓的后面，以示百姓重要。这样，圣人处于上位而人民不感到沉重，处于前位而人民不感到害怕。所以，天下百姓拥戴而不厌恶他。因为他不争，所以天下没有谁能与他争。

【解析】

本章老子以"江海"不争而为"百谷王"的自然现象，讲圣人不争

“故天下莫能与之争”的道理。但这只是表面意思，其更深层的用意是告诫侯王怎样做一个好的统治者，即要像江海那样善待统治下的百姓。这种“善下”要体现在语言上、行动上，类似于今天的以人民为中心。能够做到这些，则人民会更拥戴统治者，也就达到了不争反而没人能与之争的效果。

“是以欲上民，必以言下之；欲先民，必以身后之”，是说领导者在态度上要尊重百姓，在名誉面前要让与百姓，这样百姓才会尊重你、爱戴你。“言下之”“身后之”表示说话要谦逊，做事要低调，并不是有的人认为的“虚伪”和“阴谋”的意思。

本章老子所讲的江海和圣人的不争都是从事物的结果推到过程，结果是必然，而过程非刻意而为。所以，无须怀疑老子的动机。

【观点】

本章阐述了老子的人民观。自古至今，真正的智者都尊重百姓，以人民为重。

本章老子提倡的“不争”理念与第六十一章有相通之处，都强调只要做最好的自己，必有意想不到的收获。

本章继续阐明“不争”的思想理念和“不争”的好处。

第六十七章

【原文】天下皆谓我道大，似不肖。夫唯大，故似不肖。若肖，久矣其细也夫。我有三宝，持而保之。一曰慈，二曰俭，三曰不敢为天下先。慈故能勇；俭故能广；不敢为天下先，故能成器长。今舍慈且勇；舍俭且广；舍后且先；死矣！夫慈，以战则胜，以守则固。天将救之，以慈卫之。

〖**译文**〗天下人都这么（质）问我：道大？看起来却不像。正因为大道无形，所以道才不像任何具体的事物。如果它像任何一个具体的事物，道也会因长久发挥作用而变得细小了！我有三件宝贝，坚持而保持不变：

第一件叫作慈爱，第二件叫作节俭，第三件叫作不敢处于天下人前面。慈爱，所以能勇敢；节俭，所以能够大方；不敢处于天下人前面，所以能接纳万物之长。现今舍弃仁爱而要勇敢，丢弃节俭而要大方，舍弃退让而要争先，结果是死定了！慈爱，用于进攻，就能够胜利；用于守卫，就能稳固。天要拯救他，就用慈爱来保护他。

【解析】

本章讲了两件事：一是“道”的形态。“道”的名声作用与人们的感觉不同：“道”被叫作“大道”，作用大、名声广，但看起来却不像，也就是“大道”给人们的感觉是名不符实，引发了人们的议论和猜疑。老子解释了“不像”的原因。所以，老子用自问自答的方式，来回答那些质疑“大道”看起来却不大的人。二是我的三宝及其作用。

“道大，似不肖”，与第三十二章“道常无名，朴。虽小天下莫能臣也”，第三十四章“大道泛兮，其可左右……以其终不自为大，故能成其大”，第三十七章“道常无为，而无不为”等都有相通之处。

“慈故能勇”，慈和勇敢、勇武有什么逻辑关系吗？慈即仁爱，是宽仁慈爱，是人间大爱。仁爱是一种上对下的爱，可以是父母对子女、长辈对晚辈的爱，也可以是君王对臣子的爱。在战争中有仁义之师，仁义之师就是正义之师；在民间有舍生取义之说，能够舍生取义，也就能舍身为仁。为了正义能够舍弃生命，不就是勇敢么。

“俭故能广”，由于节俭，不过度消费有限资源，把暂时用不上的积存起来，在有需要的时候就可以派上用场；反之，灾难来临时拿什么补给，战争消耗拿什么补足，没有补给怎么能够胜利？所以，第五十九章已将“啬”（节俭）作为积德来弘扬。

“不敢为天下先，故能成器长”是一种谦逊的态度。由于谦逊，才能容天下难容之事，才能博采天下万物之所长来丰富自己。这一句的意思隐含着第六十六章的思想：“是以欲上民，必以言下之；欲先民，必以身后之。是以圣人处上而民不重，处前而民不害。是以天下乐推而不厌。以其不争，故天下莫能与之争”。

"今舍慈且勇；舍俭且广；舍后且先；死矣！"舍弃慈爱的勇敢，那是鲁莽；舍弃节俭的大方那是穷大方；舍弃谦虚而去争先，那是与人争名争利。这样的人，这样的行为，结果还有不死的？

"夫慈，以战则胜，以守则固"，对天下怀有仁爱之心，不得已而战时，将士哪有不勇敢的，正义之师哪有不胜利的？遇到强敌入侵时，施行仁爱政策的国君，哪有人民不忠心保卫的？

【观点】

君王对百姓仁爱，百姓岂有不爱戴君王的！仁政强于暴政。国家爱惜人民，人民就爱护这个国家，就会为这个国家去奋斗、去牺牲。

本章老子是以自身喻他身。

老子的"三宝"——慈、俭、不敢为天下先，也应该成为我们每个人的"三宝"，这于个人、家庭和国家都有利，于社会健康发展、文明进步也有利。

第六十八章

【原文】善为士者不武，善战者不怒，善胜敌者不与，善用人者为之下。是谓不争之德，是谓用人之力，是谓配天古之极。

〖**译文**〗善于统兵的人不炫耀武力，善于征战的人不因怒气出兵，善于战胜敌人的人不与敌方正面交锋，善于用人的人对人谦让。这叫作不与人争的品德，叫作用人的能力，叫作符合天地诞生以来的最高法则。

【解析】

本章主要描述掌兵统帅的品质和能力，品德是"不争"，能力是"用人"。

"善为士者"，"为士"是管理、调用武士和士兵的意思，"为士者"即为统兵的人。

"善战者"，指擅长指挥打仗的人，并非指自身直接对抗敌人的人。

“善胜敌者”，是指挥作战取得胜利的人，即常胜将军。

“善用人者”，善于用人，能发挥人的才能的人。

以上四个“善”都是擅长的意思，即擅长用外力而不是自身的力量。所以“是谓不争之德，是谓用人之力”。

“不争之德”“用人之力”都是赞扬“善为士者”的个人品质和能力。所以，“是为用人之力”的“力”是指个人（自己）的能力，即自身用人的能力，而不能翻译为“用他人的能力”。

“是为用人之力”如果省去“之力”改为“是谓用人”，那这句话的意思就是“用他人之力”，与整体意思不符。

“不争之德”是指“善为士者”的“不武”“不怒”“不与”“为之下”；“用人之力”是指“善为士者”的“善战”“善胜”“善用人”。

【观点】

不争让人沉静，谦让使人高贵，善于用人使自己强大。不争与谦让是亘古不变的高贵品格；能够发挥每个人的战斗能力，是三军统帅必须具备的能力。

本章老子虽然只是歌颂善于统兵的将帅的品格和能力，但是现实社会中，各行各业、各个组织的领导者们，也需要这样的品格和能力。

第六十九章

【原文】用兵有言：吾不敢为主而为客，不敢进寸而退尺。是谓行无行，攘无臂，扔无敌，执无兵。祸莫大于轻敌，轻敌几丧吾宝。故抗兵相若，哀者胜矣。

〖**直译**〗用兵的人有这样的话：我不敢主动进犯，而采取守势；不敢前进一寸，而宁可后退一尺。这就叫作排兵布阵却没有行动，撸起袖子并不挥动手臂，投掷的对象却不是真正的敌人，手握兵器却并不真正打仗。祸患没有比轻敌更大的了，轻敌差点丧失了我的宝贝。所以，两军实力相当的时候，有怜悯（慈爱）之心的一方将取得胜利。

【解析】

这一章阐述了老子的战争观，具体是：不主动发动战争，而是采取防御政策。

第二句是讲怎样做好防御：

首先，“行无行”中第一个“行”应读 hánɡ，是行伍、队伍、军队的意思，还有行阵之意，即排兵布阵。第二个“行”应读 xínɡ，即行动的意思。“行无行”就是排兵布阵进行军事演练但并不采取军事行动，也就相当于今天的军事演习。

“攘无臂”是对“行无行”做出具体解释，即排兵布阵进行演练，就像打架前撸起袖子做好打架的准备，但并不急于出手与对方搏击。“攘”本义表示退让，谦让，引申为卷起、撩起，即卷起袖子或撩起袖子。“攘臂”就是捋起袖子，伸出胳膊。“攘无臂”的“无臂”不是没有胳臂，而是不挥动胳臂，是与对手搏击前的准备和警示动作及行为。因此，“攘无臂”也可以理解为单兵进行体能和技能训练的场景。

其次，“扔无敌”是指单兵进行的投掷训练，所以目标并不是真正的敌人。“执无兵”则是手握武器但不是要刺杀敌人，而是用于威慑敌人。

所以，“行无行，攘无臂，扔无敌，执无兵”是对前面“吾不敢为主而为客，不敢进寸而退尺”，也就是不主动出战做出的进一步说明，不挑起战争并不意味着不准备战争。所以，这四句是说备战情况：排兵布阵是为真正的战斗做准备；撸起袖子是准备迎战对手；投掷锻炼使战斗时更有力量、方向更准确；手拿兵器是防止和威慑敌人，让他们不敢轻举妄动。

再次，如果不进行战争准备，麻痹大意，就会在战争时处于危险境地，甚至导致国家灭亡。

最后，如何取得战争的胜利呢？那就是永远保持低调，因为骄兵必败。

“祸莫大于轻敌，轻敌几丧吾宝”，“轻敌”与“吾宝”有什么逻辑关系呢？第六十七章说“我有三宝，持而保之。一曰慈，二曰俭，三曰不敢为天下先”。“慈”为我的三宝之一，“慈，以战则胜，以守则固”。慈是仁爱，进攻时轻敌冒进容易遭到挫败；平时不训练、不备战，就会在战争时无力抵抗，这两种情况都会招致战略上的失败。失败了，人民就要遭殃，这是对人民最大的不仁不爱。对人民不仁爱，怎么能“战则胜，守则固”？故轻敌就失去了制胜之宝。

“祸莫大于轻敌，轻敌几丧吾宝”这句话与前面的“行无行，攘无臂，扔无敌，执无兵”之间的跳跃性比较大，这四句说的是战争准备，与轻敌似乎没有关系。但事实是，不做战争准备就是轻敌的一种表现。

我们再来对“行无行，攘无臂，扔无敌，执无兵”的翻译与传统翻译进行比较。传统翻译是：这就叫作虽然有阵势，却像没有阵势可摆一样；虽然要奋臂，却像没有臂膀可举一样；虽然面临敌人，却像没有敌人可打一样；虽然有兵器，却像没有兵器可以执握一样。这样的理解，可以说是从战争的艺术来讲的，甚至有些玄奥。本书的翻译是：这就叫作排兵布阵却没有行动；撸起袖子并不挥动手臂；投掷的对象却不是真正的敌人；手握兵器却并不真正打仗。这样理解就变成了完全的战争准备问题。传统翻译这段与其前后文逻辑关系不紧密；本书译文既与其前后文有比较紧密的逻辑关系，也符合古今的战争法则。

〖**意译**〗用兵的人有这样的话：我不敢主动进犯，而采取守势；不敢前进一寸，而宁可后退一尺。这就叫作演练排兵布阵却不主动出击；撸起袖子拉开打仗的架势，但并不挥动手臂真正打仗；练习投掷的对象并不是真正的敌人；手握兵器刺杀的并不真正要刺杀的敌人。祸患没有比轻敌更大的了，轻敌几乎丧失了我的宝贝。所以，两军实力相当的时候，示弱的一方将取得胜利。

【观点】

战争的原则：不主动发起战争，但要备战；不备战便是轻敌，轻敌将会带来灾难；两军相遇，重视对手才能胜利。

老子的军事战略思想对我们当下仍有指导意义，例如世界各国每年进行的各种军事演习，就是“行无行、攘无臂、扔无敌”；我们不首先使用核武器，但是我们必须拥有核武器，就是“执无兵”。

本章老子从战争准备讲战争，而不是从战争艺术讲战争。

第七十章

【原文】吾言甚易知，甚易行。天下莫能知，莫能行。言有宗，事有君，夫唯无知，是以不我知。知我者希，则我者贵。是以圣人被褐而怀玉。

〖译文〗我的话很容易理解，很容易施行。可是天下就是没有人能理解、没人来施行！我说话有根据，做事情有目标，只因（世人）都不知晓这些，因此也就不理解我。懂我的人很少，效法我的人更是难能可贵（效法我的人就更少了）。所以，圣人只能身着粗衣、怀揣美玉行于坊间无人识。

【解析】

本章老子表面是在说自己，实际是暗批统治者不愿接受圣人的思想。

“言有宗，事有君”，“宗”有祖宗、家族、宗派、派别、宗旨等意思，此处指说话有来源、有出处。“君”古代国家的最高统治者，可引申为做事的标准或目标。因此“言有宗，事有君”是指说话有出处、有根据，做事情有方向、有目标。

“夫唯无知，是以不我知”，“无知”是指“言有宗，事有君”，即世人不知道老子“言有宗，事有君”，而不是指人们缺乏知识。因为人们不知道老子“言有宗，事有君”，所以就不了解老子（也可以指代圣人）这个人，“是以不我知”。

“知我者希，则我者贵矣”，“贵”有价格高、价值大，评价高，以某种情况为可贵，地位优越等意思。这里既可以理解为某种情况为可贵，也可以理解为某种情况很稀少。

“圣人被褐而怀玉”，此句形容圣人外表朴实，与穿粗布衣服的普通人没有什么两样，但内心却是如玉一般纯净和珍贵。这既是说圣人品格朴素的一面，也是说圣人不被认知的一面。发生在老子之后的和氏就是一个很好的例证。这句话既是对圣人境遇的描述，也是老子自身怀才不遇的情绪流露。老子说“吾言甚易知，甚易行”，想必老子曾经对自己所能遇到的达官显贵进行过苦口婆心的劝说，但始终没有人能够听进去，更不用说践行老子的思想了，所以他就情不自禁地感慨“天下莫能知，莫能行”。

【观点】

老子说“吾言甚易知，甚易行”，可是2500多年过去了，我们对于《道德经》还是“仁者见仁，智者见智”。是老子对自己的评价错了，还是老子对于自己的《道德经》判断错了？更或是世人很愚笨，还是世人不愿知、不愿行？客观来讲，《道德经》中除了那些论述“道”的章节比较难理解外，老子所讲述的各种道理、方法都是很容易理解的，也不难践行。

超越时代的思想认识不被当时的人理解，是每个时代都会有的特征。难道今天的我们还没达到老子的思想境界吗？显然不是，只是因为人们的思想和行为总是为现实所左右，为利益所驱使，为欲望所控制，为贪婪而裹挟。

在本章中，老子有以圣人自喻的意思，又好像抱怨上层阶级不了解自己，怀才不遇，使自己只能像圣人那样穿粗衣而怀揣美玉。字里行间流露出一点小情绪，这也许是老子晚年离京隐居的原因之一吧！

第七十一章

【原文】知不知，尚矣；不知知，病也。圣人不病，以其病病。夫唯病病，是以不病。

〖直译〗知道自己还有不知道的，是高尚的；把不知道的当作自己知道，是害人的。圣人之所以不会害人，是因为圣人知道害人的东西能害人。唯有知道了害人的东西会害人，才不会害人。

【解析】

老子单独用一章来赞美圣人的品格：永远利他而不利己，这种品格使圣人成为圣人。如果圣人关心自己是不是有缺点、有毛病，那么圣人就不是圣人了，因为“圣人常无心，以百姓之心为心”（第四十九章）。

“知不知，尚矣”，意为知道自己有所不知，是高尚的。

“不知知，病也”，意为把不知道的当作知道，是有害处的。“病”有以下意思：生理上或心理上发生的不正常的状态；害处，私弊；缺点，错误；祸害，损害；责备。结合本章整体意思，“病”应该取祸害之意。

“知不知，尚矣；不知知，病也”，这是在阐述知与不知的好处与害处。如果一个人能够客观地认识自己，对外界的事物知道多少就是多少，不知道就承认自己不知道，在遇到事情需要解决时，自己能凭所知解决自然是好事，自己所知不能解决也无妨，不耽误别人来解决。如果相反，自己所知不能解决问题还硬去解决，结果是不但问题得不到解决，还耽误了别人去解决的时机。两相比较，前者自然是高尚的，后者肯定是害人的。因为圣人具有利他的品格，知道什么事是害人的，所以不会做害人的事。圣人不会害人，是从结果上来说，而不是从主观上来讲的。对于一般人而言，只有知道了害人的东西能害人，不做害人的事，也就不会害人。

“圣人不病，以其病病”，圣人不会做出害人的事，是因为圣人知道什么是有害的，有害的会害人。这里的害人是指客观上的，而不是主观上的。因为圣人主观上是绝对不会去害人的，但如果因为主观上认为是好的，或没有意识到对人不利，结果造成了对他人的伤害，这就是客观上发生的伤害，而圣人不会让这种客观伤害发生，所以“圣人不病，以其病病”。

“夫唯病病，是以不病”，进一步阐述怎样做到客观上不害人。只有知道了什么是有害的，知道了有害的会害人，才不会去做害人的事。

本章传统一般译为：知道自己有所不知，那是最好的了；不知道而自以为知道，那就是大毛病了。圣人之所以没有毛病，那是因为他把“不知知”这种毛病当作毛病，所以就没有毛病。根据这样的理解，本章是讲圣人有自知之明，因此没有缺点或毛病。老子单独拿出一章来写圣人没有缺点，好像没有必要，因为《道德经》中的圣人本身就是完美的化身。自身有没有缺点，也不是圣人关注的重点，因为“圣人常无心”，圣人所思、所想、所为都不是以自己为中心，而是以百姓、他人为中心。所以，有没有缺点根本不是圣人关心的问题，圣人关心的是对他人的利与害的问题。

综上所述，对本章的理解，传统翻译的圣人是为了自己没有缺点而“知之为知之，不知为不知”，本书翻译的圣人是为了不害他人而“知之为知之，不知为不知”，两相比较，圣人的格局一目了然。

〖**意译**〗知道什么是自己不知道的，是高尚的；自己不知道的还以为知道，是害人的。圣人不会害人，是因为圣人知道害人的东西会害人。唯有知道了害人的东西能害人，才不会害人。

【观点】

本章让圣人永远无私、永远外其身的高尚形象跃然纸上。这难道不是我们人人要修炼的品格吗？不仅主观上不能害人，客观上也不能害人，这应该叫作“玄德”。

本章老子歌颂了圣人始终利他的品格，显示了圣人有大格局。

第七十二章

【原文】民不畏威，则大威至。无狎其所居，无厌其所生。夫唯不厌，是以不厌。是以圣人自知不自见，自爱不自贵。故去彼取此。

〖**译文1**〗当百姓不畏惧威压时，那么可怕的危险就要到来了。不要挤压百姓的安居之地，不要堵塞百姓的生活道路。只有不压迫百姓，百姓才不厌恶统治。因此，圣人保持自己的良知而不强推自己的主张，自我珍爱而不自恃高贵。所以要保留此舍弃彼。

〖**译文 2**〗当百姓不畏惧威压时，那么可怕的危险就要到来了。不要使人民居无定所，不要使百姓生无出路。只有不压迫百姓，百姓才不厌恶统治。因此，圣人保持自己的良知而不强推自己的主张，自我珍爱而不自恃高贵。所以要保留好的，舍弃不好的。

【解析】

本章主要讲被统治者与统治者的关系，指出“没有压迫就没有反抗”。

统治者无德，欺压百姓，使百姓居无定所，生无出路，就会造成“民不畏威”。圣人从统治者压迫的结果得出结论，那就是要“自知不自见，自爱不自贵”，因为如果没有良知而强行推行自己的主见，自己爱惜自己且觉得自己高人一等，必然会给百姓带来无尽的伤害。所以要去彼取此。

“去彼取此”，“彼”是指“狎其所居”“厌其所生”“自见”“自贵”等，代表一切不好的；“此”与“彼”相反，是指“自知不自见”“自爱不自贵”等，代表一切好的，利于他人，利于人民。反过来，这也是暗示统治者对百姓不要“狎其所居，厌其所生”。

【观点】

做人做事都要留有余地，让别人生，自己才能更好地活。治理国家、统治人民也是这个道理。这个道理也适用于处理国与国之间的关系。

本章老子抨击了统治者无德，歌颂了圣人不自贵的品格。

第七十三章

【原文】勇于敢则杀，勇于不敢则活。此两者，或利或害。天之所恶，孰知其故？是以圣人犹难之。天之道，不争而善胜，不言而善应，不召而自来，繟①然而善谋。天网恢恢，疏而不失。

注：①繟，chǎn，舒缓，坦然。

〖译文〗勇于表现敢为的就会招致杀身之祸，勇于承认自己不敢为的就可以保全性命。这两种勇敢，一利一害。天要这么做，谁知道什么原因呢？对此圣人也是难以做出解释的。天之道，不争更容易取胜，不言语更容易应对，该来的时候自然会来，用平常心坦然处之更使谋划周全。天道宽广无边，对万事万物都发挥作用，一点儿都不会疏漏。

【解析】

本章讨论两种“勇”对于生命产生的不同结果，从而指出“勇”要顺应天道，因为天道无处不在。

“勇于敢则杀，勇于不敢则活”，这两句实际是说勇敢的两种情况：敢于做某事；敢于承认不敢做某事。我们知道敢做需要勇敢，承认自己不敢做更需要勇气，也是一种勇敢。通常情况下，敢做是勇气可嘉，不敢做是懦弱胆小的表现，为人们所不齿。但这里老子却不这么认为，老子观察的结果却是敢做反招致杀身，不敢做却能活命。就生命而言，这两种勇敢，一种有利，一种有害。所以“或利或害”是对两种勇敢的总结，是并列的关系，即这两种勇敢是一利一害。

“天之所恶 ，孰知其故”，字面意思是天厌恶的事情没有人知道是什么原因，因为这种事并不符合人的常规认知。

勇敢本来是人的一种高尚品格，在老子这里却成了批评的对象，说明在当时的社会，勇敢已经是一种叫人讨厌的行为了。所以，所谓的勇敢者遭到天谴而死亡。老子对那种不符合天道的勇敢厌恶到极点，否则，就不会用“天之所恶，孰知其故”来评判了。

其实“勇于敢”就是争，只是争的程度更甚；“勇于不敢”就是不争，不争的行为显得“懦弱”，是被动的不争而已。

这里天道的表现是“不争而善胜，不言而善应，不召而自来”，“天网恢恢，疏而不失”。同时，这也是“道常无为，而无不为”（第三十七章）在天道方面的体现。

天网即是天道，因为本章讲的就是天道。

【观点】

勇敢是一种优良品质，但也要看为什么勇敢，符合天道的勇敢，不仅能够保全性命，还能受到人们的敬仰；否则，那就不是勇敢，而是鲁莽，是没有好结果的。比如那些以身涉险的攀高者、追求刺激的飙车人等。所以，生活中为正义去勇敢、为保全而不敢那才是真的勇敢，才符合天道。

本章老子的目的是告诉人们什么是天道，怎样遵守天道，以及遵守天道的好处。遵守天道即是遵守道，因为“天法道”。

第七十四章

【原文】若民恒且不畏死，奈何以杀惧之？若民恒且畏死，则为奇者，吾将得而杀之，夫孰敢矣？若民恒且必畏死，则恒有司杀者。夫代司杀者杀，是代大匠斫[①]也。夫代大匠斫者，希有不伤其手矣。

注：①斫，zhuó，大锄；引申为用刀、斧等砍。

〖**译文**〗如果人民都不畏惧死亡，为什么要用死刑来吓唬他们呢？如果人民真的畏惧死亡的话，对那些作恶的人，我就把他们抓起来杀掉不就行了，这样谁还敢再作恶呢？如果人民真心对死亡有恐惧感，则肯定存在专门掌管人民生死的杀人者。代替专门掌管杀人者任意杀人，就像代替木匠去砍伐。伐木匠去砍伐，很少有不伤着自己的手的。

【解析】

“若民恒且必畏死，则恒有司杀者”，这句话老子表达的是：人民畏惧死亡的原因不是因为刑罚，而是触犯了死亡的底线，即“天规”。所以，这里的“司杀者”不是指行使法律职责的刽子手，而是指“天谴”。

【观点】

不要把人逼到连死都不怕的地步，如果人连死都不怕了，还有什么可怕的，正所谓“舍得一身剐，敢把皇帝拉下马”。永远不要用人民不在乎的东西去吓唬人民，那是没有用的。

本章老子是在针砭时弊，暗讽统治者滥用死刑。

第七十五章

【原文】民之饥，以其上食税之多，是以饥。民之难治，以其上之有为，是以难治。民之轻死，以其上求生之厚，是以轻死。夫唯无以生为者，是贤于贵生。

〖译文〗人民之所以遭受饥饿，是由于统治者吞吃赋税太多的缘故，所以人民才陷于饥饿。人民之所以难以统治，是由于统治者喜欢乱作为致使人民不知所从，所以就难以统治。人民之所以轻视生命不怕死，是由于统治者过分厚待自己的生命，所以人民觉得以命抵命死了不算什么。所以那些不为了自己的生去胡乱作为的人，好于只顾自己生命的人。（此处也是正话反说：统治者只有不以自己的生存为重，让老百姓好过一些，也看重自己的生命，社会安定而统治者有保障，这样做比一味地重视自己更好一些）。

【解析】

本章老子是在批评统治者自私自利，而造成天下百姓的“饥”“难治”，从而“轻死”，以死相搏。告诫统治者，只有让百姓好过，自己才好过；让百姓生，就是让自己生。

“民之轻死，以其上求生之厚，是以轻死”，老百姓之所以把死看得很轻，是因为管理他们的人过分地厚待了自己的生命（使百姓感觉自己的生命不值钱），从而也就不怕死。

“民之难治，以其上之有为，是以难治”，此处用“其上之有为”的不良后果来反证“无为之治”的好处。

“夫唯无以生为者，是贤于贵生”，这句话有点拗口，其字面意思：那些不为了自己的生去作为的人，好于只看重自己生命的人。要正确理解这句话，就要理解好上一句：人民之所以轻视生命不怕死，是由于统治者过分厚待自己的生命从而忽视了人民的生命。人民觉得统治者的生命那么高贵，而自己的生命那么低贱，以命抵命死了不算什么，这就是老百姓轻视生命的原因。接下来，老子就提出了忠告：为了自己而不顾他人死活，别人也不让你好活。所以，只有不为自己活得好而去追求享受、乱作为，或者说自己过得好也让别人过得好一点，这样大家就不会嫉妒你而去伤害你，你就能过得好、过得久。这种做法比只看重自己更高明。

就统治者而言，重视百姓的生死，就是重视自己的生命，其隐含的意义仍然是：不争，反而能够得到。

从本章也可以看出“有为”的坏处，所以提倡“无为”。

【观点】

让百姓痛不欲生的原因，老子说得很清楚了，尤其“上之有为”这一条，至今也没有根除，乱作为仍然是人民痛恨的。“有为”的结果是：如果统治者让老百姓没法活，那统治者也别想好活。所以，和谐共处，公平公正永远是长治久安的法宝。

本章老子延续第七十二、七十四章，继续针砭时弊，暗示统治者不要忘记物极必反的规律。

第七十六章

【原文】人之生也柔弱，其死也坚强。草木之生也柔脆，其死也枯槁。故坚强者死之徒，柔弱者生之徒。是以兵强则灭，木强则折。强大处下，柔弱处上。

〖译文〗人活着的时候身体是柔软的，死了身体就变得僵硬了。草木生长的时候是柔嫩的，死了以后就变得干硬枯槁了。所以坚强的东西属于死亡的一类，柔弱的东西属于活的一类。因此，用兵逞强就会遭到灭亡，树木长大成材了就会遭到砍伐而摧折。强大了就开始走向反面，柔弱则走向强大。

【解析】

本章老子通过生与死的现象，讲强弱转化的道理。

“兵强则灭，木强则折”，“兵强”本身不会灭，是因兵强而乱用兵，在用兵的过程中自身消耗，同时病弱一方要么强化自己，要么联合起来共同对付强兵者，所以兵强的最终结果是灭。“木强”本身更不会灭，而是树木成为有用之物而被人为砍伐的结果。

“强大处下，柔弱处上”，强大了就呈现出向弱的方面转化的趋势，柔弱的时候会出现向强大方面转化的趋势。这是事物不断变化且相互转化的具体体现。

【观点】

谁都知道的自然现象，被老子赋予了深刻的哲理——柔和弱意味着“活”，硬和强预示着“死”。所以，人在生活中，不要过分追求表面的光鲜，更要看重平平淡淡后面隐藏的实质。作为统治者，治理国家、统治人民要用怀柔政策，而不是残暴强硬的方式。

本章老子用简约朴素的自然现象，阐述了生与死、强与弱的大道理。

第七十七章

【原文】天之道，其犹张弓与？高者抑之，下者举之；有余者损之，不足者补之。天之道，损有余而补不足。人之道则不然，损不足以奉有余。孰能有余以奉天下？唯有道者。是以圣人为而不恃，功成而不处，其不欲见贤邪？

〖**译文**〗自然的规律，不是很像张弓射箭吗？站在高处弓要向下，站在低处弓要向上；弓拉得过满了就把它放松一些，拉得不到位就把它拉足一些。自然的法则，是减少有余的补给不足的。可人间之道却不遵守这样的法则，而是减少本来就不足的来奉献给已经有余的。谁能够拿出有余的补给天下那些不足的人呢？只有有道德的人才可以做到。所以，圣人有作为但不夸耀自己，功成而不自居，他所不追求的不是很明显的吗？（“不欲”即不追求“损不足以奉有余”；“欲”即追求“损有余而补不足”）。

【解析】

本章主要歌颂天之道“损有余而补不足”，抨击人之道“损不足以奉有余”。指出，人间只有有道德的人才能实现天之道，圣人“为而不恃，功成而不处”的品格是符合天道的，体现了天道的精神。

“高者抑之，下者举之”，“高者”“下者”是指张弓的人，而不是指被张开的弓。“高者”是指张弓的人站的位置高于被射的对象，而不是指弓箭瞄准的方向比目标高；同样，“下者”也是指张弓的人站的位置比被射的目标低，而不是指弓箭瞄准的方向比目标低。

天之道犹如张弓射箭，“高者抑之，下者举之，有余者损之，不足者补之”，具体表现形式是“损有余而补不足”。

“其不欲见贤邪”，意为他所不追求的不是很明显的吗？“其不欲”是指不追求“损不足以奉有余”，而其欲（追求）是指“损有余而补不足”。这也是第六十四章“圣人欲不欲”，即有所欲有所不欲的再次体现。“不恃”“不处”本身也是圣人“不欲”的一个方面，但此处更是用两个“不”来强化“不欲”之“损有余而补不足”。

【观点】

“损不足以奉有余”的人间之道至今依然没有改观，贫富差距越来越大，这是违反天之道的，这种奇怪的“反道”现象，铸就了人间的不公平、不平等！据说“世界上2%的人占有了98%的财富”，且不管数字是否准确，98%的平民百姓供给2%的精英的确是反天道的。这样下去，即使个体不遭天谴，人类也将因此走向穷途。

本章老子抨击了人间的不公平，希望有道者能出来挽救这个世界。

第七十八章

【原文】天下莫柔弱于水，而攻坚强者莫之能胜，以其无以易之。弱之胜强，柔之胜刚，天下莫不知，莫能行。是以圣人云：受国之垢，是谓社稷主；受国不祥，是为天下王。正言若反。

〖译文〗天下没有什么东西比水更柔弱了，而攻坚克强却没有什么东西可以胜过水，以至于攻坚克强没有什么可以替代它。弱可以胜强，柔可以克刚，天下没有人不知道这个道理，就是没有人能想得通而做得到。所以圣人这样说：承受国家的屈辱，叫作百姓的主人；承受国家的灾难，叫作天下的君王。正面的话好像在反着说。

【解析】

本章以柔水能攻坚强的自然现象，来阐述“弱胜强、柔克刚”的道理，教导国家的统治者要想统治好国家，就要做到“受国之垢”“受国不祥”，因为百姓就是柔弱之水。

“受国之垢”和“受国不祥”，考验一个人耐受屈辱的能力和态度，也是一个人的优秀品质所在，能够做到，就是大丈夫能屈能伸。“能屈”表明人格中“柔”的特性。所以，老子从水之柔推到人之柔，从而有“受国之垢，是谓社稷主；受国不祥，是为天下王”的判断。

“正言若反”，是指“受国之垢，是谓社稷主；受国不祥，是为天下王”的表达方式。因为，这两句话正着说应该是：要做百姓的主人，就要能够承受国家的屈辱；要做天下的君王，就应该能承受国家的灾难。老子发现自己正话写反了，来了一次小小的幽默。

【观点】

在人们的印象中，统治者永远代表强大的一方，因为统治者掌握着强有力的国家机器；老百姓永远是软弱可欺的一方，因为老百姓手无寸铁、逆来顺受。虽是如此，但“弱之胜强，柔之胜刚，天下莫不知”，总有那么一天，柔弱的百姓在不知不觉中会使强大的统治者变得脆弱不堪，统治大厦将轰然倒下，因为“水可载舟，亦可覆舟”。所以统治者永远不要忽视百姓柔弱中蕴藏的无限能量。人类历史已经充分证明了这一点。

本章老子以“弱之胜强，柔之胜刚”的道理，暗示统治者不要忘记事物的相互转化。

第七十九章

【原文】和大怨，必有余怨；报怨以德，安可以为善？是以圣人执左契，而不责于人。有德司契，无德司彻。天道无亲，常与善人。

〖译文〗和解深重的怨恨，必然还会遗留下残余的怨情；用德报答冤仇，怎么可以算是妥善的解决办法呢？因此，圣人保存借据的存根，但并不以此要挟责难别人。有德的人只负责保存借据存根，无德的人负责税收。天道是没有亲疏之分的，但常常偏爱善良的人。

【解析】

本章论述如何对待“大怨”的问题，但不是“和”与“不和”及“结”与“不结”的问题。显然，老子是不希望结怨的，因为大怨一旦结下了，“和大怨，必有余怨”。

“和大怨，必有余怨，安可以为善？”这句话有两点需要关注：一个是“和”，一个是“善”。“和”做调和理解，“善”做善良、善意理解，整句可译成：调和大怨，必然留有余怨，怎么可以算作是善呢？“和”做和解理解，“善”做妥善理解，整句话可译成：和解深重的怨恨，必然还会遗留下残余的怨恨，这怎么可以算是妥善的办法呢？

如果按照第一种理解，表达的意思是第三者调解已经结下“大怨”的双方，则“安可以为善”评价的是调解人的行为。那么，这句话的中心思想是评价“调解人”的“善”与“不善”。调解“大怨”是不是一种“善”呢？如果是，老子为什么要问“安可以为善”；如果不是，老子不赞成调解“大怨”么？冤家宜解不宜结，老子不赞成吗？

如果按照第二种理解，表达的意思是已经结下“大怨”的双方，即使和解了“大怨”，也不能完全消除怨气，总还会留下一些无法消解的“余怨”，这是客观的描述。老子对这种行为发问：怎么是妥善的解决办法呢？显然，老子有其他解决办法，也不否定“和大怨”这个行为。

联系下文，第二种理解更符合老子本章所要表达的意思。

“天道无亲，常与善人”，如果理解为“自然规律对任何人都没有偏爱，永远帮助有德的善人”，“永远帮助有德的善人”还叫“天道无亲”吗？所以，“常与善人”应该是一种情感上的愿望，就像我们希望或祝愿好人一生平安一样。

“善”如果是擅长的意思，“善人”指擅长做某事的人，这样的“善人”做事实际上是按“道”行事的，容易成功，“天道”总是给予“善人”是讲得通的；“善”如果是指利他、为而不争，这是圣人之善，做事也容易成功，“天道”总是给予“善人”也讲得通；“善”如果指善良，那么我们也经常看到好人总是生活艰难，经常遭到委屈和误解。不是善良的人做事不符合“道”，而是符合“道”的常常被恶所改变。所以，对于“善人”，“天道”也只能是常常给予偏爱。

“天道无亲”与“天地不仁”有同样的意境，都是“天道”的具体表现形式，那就是公平。所以，“天道”虽然没有亲疏，但“善人”做善事，符合“道”的精神原则，会得到“天道”庇佑，得到好的结果，虽然不会“总是”，但却是“常常”。

【观点】

“和大怨，必有余怨”，怨仇宜解不宜结，因为怨仇一旦结下，即使日后和解了，怨恨也不能完全消除。这一点，无论在个人之间，还是在统治者与百姓之间都适用，无论何时都是如此。

“报怨以德，安可以为善？”老子也并不赞成以德报怨来化解怨恨，因为这不是最妥善的解决办法。那什么是最好的解决办法？当然就是不结怨！怎样才能不结怨？应该像圣人那样“执左契，而不责于人”。但我担心的是，这样会不会纵容那些老赖呢？当然，把这种方式用于政府救济有需要的百姓就无可担忧了。

即便老子提倡“报怨以德”，也是指统治者对百姓要“报怨以德”，因为本章整体是阐述统治者与百姓之间的恩怨。老百姓欠了统治者的钱结下恩怨，统治者不应责难百姓，因为百姓是“损不足以奉有余”的人。

"天道无亲，常与善人"，是符合"道"的精神的，"善人"与人为善，是有德的人，而德是"道"的体现——"孔德之容，惟道是从"。符合"道"就是按照客观规律办事，结果肯定不会差，因为"道冲而用之，或不盈"，所以"从事于道者同于道，德者同于德"，"同于道者，道亦乐得之；同于德者，德亦乐得之"。

第八十章

【原文】 小国寡民。使有什伯之器而不用，使民重死而不远徙。虽有舟舆，无所乘之；虽有甲兵，无所陈之。使人复结绳而用之。至治之极。甘其食，美其服，安其居，乐其俗。邻国相望，鸡犬之声相闻，民至老死不相往来。

〖译文〗 国家小百姓少。即使有各种各样的器具，却没有机会使用；使人民重视生命、畏惧死亡而不向远方迁徙。虽然有船只车辆，却没有乘坐的机会；虽然有武器军队，却没有用武之地。使人民再回复到结绳记事的生活状态。国家治理得好极了。人民享用美食，衣着美丽，居住安逸，安于世俗。邻国之间相互望得见，鸡犬的叫声可以听得见，但人们从生到死，也不相互往来。

【解析】

本章老子提出了一种理想的社会模式——"小国寡民"。老子为什么会有这样的想法？也许是因为他看到了大国形成过程中连年战争对百姓带来的痛苦和大国治理带来的各种问题，已经厌倦了所谓的大国形态，所以认为"小国寡民"是退而求其次的一种理想社会模式。老子生活在春秋五霸到战国七雄兴起的年代。据史书记载，春秋242年间，有36位君主被杀，52个诸侯国被灭，有大小战事480多起，诸侯的朝聘和盟会有450余次。老子通过史书和耳闻目睹了解这段历史，且看不到结束的进程，激发了老子对侯王不知足给百姓带来的灾难和痛苦的极度不满，表现了老子对灾难深重的百姓的深深同情，寄希望于没有兼并、没有战争、没有大国治理的小型社会，让百姓休养生息、安居乐业。

“使民重死而不远徙”是本章比较难理解的一句，关键是“死”与“远徙”有什么关系呢？首先，这里的“远徙”是民的自发行为而不是被强迫的。一般人类“远徙”的目的是“生”而不是“死”。“远徙”为什么会与“死”联系起来呢？是因为路途遥远，路上的艰辛和危险造成死亡的概率大吗？这个原因可以理解，但这并不是说这样做了，百姓就是不“重死”；是因为远徙的落脚点是别人的地界，会与别人发生纷争而导致死亡增加吗？这也有一定的道理。但这两点都不能说明“远徙”是不“重死”。

或许老子是想利用这两种情况的结果，来说明“小国寡民”的好处吧。国小了，人们就会自我约束，没有“远徙”的条件，就不会产生“远徙”的冲动和行为，也就能安居乐业，好好享受生命的过程了。

【观点】

本章描绘了“小国寡民”的美好和谐生活画面，那就是人们向往的桃花源。

理想终归是理想，现实中谁又能使“国小”“民寡”呢？要是能，还不是需要一个更理想、更有能力的权力集团来做这件事，那不又成了一个“大国”了吗？老子当时的视野还仅是一个周朝，要是放眼今天的整个世界，要想做到“小国寡民”，那更是一个“乌托邦”式的幻想了。当时的人怎么想的我们不知道，今天的人并不愿意过那种鸡犬之声相闻，人们老死不相往来的生活，因为“世界那么大，我想去看看”。

另外，“小国寡民”也不符合熵增定律，所以这只能说是一种理想而已吧。

老子也许真的找不到解决当时社会问题的好办法，或者因为自己没有能力解决，失望至极，才有了这种不切实际的幻想。徒有治国安邦之才，满腔热情已耗尽，最后不得不潇洒地挥一挥衣袖，作别周朝的云彩，乘坐青牛，头顶紫霞，离开那个令人生厌的世界往西方而去，过清静逍遥自在的生活，留下一个神秘巨人的背影——真可谓周朝是你周家的天下，与我何干！

第八十一章

【原文】信言不美，美言不信。善者不辩，辩者不善。知者不博，博者不知。圣人不积，既以为人己愈有，既以与人己愈多。天之道，利而不害；圣人之道，为而不争。

〖**译文1**〗实话不中听，中听的话不实诚。善良的人不辩解，辩解的人不善良。真正有知识的人不显示学识，显示博学的人反而是知识少的人。圣人不积攒财物，财物用于帮助别人，自己更加富有；给予了别人，则自己收获更多。天之道，是顺应万物而不是妨碍万物；圣人之道，是只做事不争名逐利。

〖**译文2**〗实诚的话不中听，中听的话不实诚。善良的人不辩解，辩解的人不善良。真正有知识的人不显示学识，显示博学的人反而是知识少的人。圣人不保守知识，知识用来帮助人时，自己的知识更加有用；知识授予人时，更多的人有知识，就像自己的知识更多。天之道，是顺应万物而不是妨碍万物。圣人之道，是只做事不争名逐利。

【解析】

本章给出了两种译法：第一种是从物质层面上理解，第二种是从精神层面上理解。

本章说了三件事：为人的三种品格；圣人的品德；“天道”和“圣人之道”。

第一件事不难理解，此处只对后两件事进行解析。

第二件事：圣人的品德。“圣人不积，既以为人己愈有，既以与人己愈多”是本章的难点，主要是对“积”的理解。

传统译法一般把“积”译为占有和私心。

“积”字本身有积累、积攒、留存等意思。积累、积攒、留存什么？知识和物质都可以积累，知识和物质都可以用来帮助别人或给予别人。可见，“积”的对象分物质层面和知识层面。

在物质层面，除了生活生产必需品和必要的备用，其他的应该说都是多余的、额外的。因此，“不积”应该是指“多余的”和“额外的”物品。圣人不积是可以理解的，因为圣人把这些多余的东西给予了需要的人，这是译文1所表达的意思。但是，物质的东西给别人了，客观上只能减少而不能增加，怎么会“己愈有”“己愈多”呢？因此，“己愈有”“己愈多”是从哲学上讲，指精神方面的“有”和“多”，这是又给出译文2的缘由。

知识永远没有多余和额外的，因此，如果把“积”看作知识的积累，甚至经验方法的积累，那么“不积”就说不通了，但我们可以把“不积”理解为不把知识当私人之物加以保守，这样知识可以帮助人，也可以授予人，自己不损失什么，反而在这个过程中会丰富和提高自己，因为知识、经验和方法得到了应用和验证。同样，用知识、经验和方法来帮助别人或将其给予别人，虽然不能减少自己的知识和方法，但也不能增加。所以，“己愈有”“己愈多”也是指精神方面的“有”和“多”。圣人将自己学到的知识经验和方法用来帮助别人，知识也起到了作用，而圣人本人也就成为别人眼中更有用的人，所以“既以为人己愈有”；当圣人把学到的知识经验和方法授予别人，别人会感激圣人、尊敬圣人，“是以天下乐推而不厌”，圣人因此在物质层面和精神层面更加富有，就是“既以与人己愈多”。因此，“不积”的对象为知识时，可翻译为“保守”，这是译文2所表达的意思。

联系本句前后意思，我认为本句主要是从精神层面阐述圣人的思想境界。因为其境界更高、范围更广、作用更大，也应该更接近老子的本意，所以我更倾向于译文2的译法。

第三件事：“天道”和“圣人之道”。“天之道，利而不害”，“天道”就是天走的道儿，这里天被拟人化。天走的道儿是“大道”，“大道”就是自然的规律，在此处表现出来的具体特点是“利而不害”。

“利而不害”，字面意思是有利而不危害，天地把万物当作刍狗，不会害谁也不会利谁。这里的“利而不害”是从时间纵轴来讲，在万事万